JN284925

日本の中央−地方関係

現代型集権体制の起源と福祉国家

市川喜崇 著

法律文化社

はじめに

　1990年代より、日本の中央－地方関係は分権改革の時代に突入した。シャウプ勧告（1949年）と神戸勧告（1950年）による地方分権改革構想が挫折した後、「分権」は長らく「かけ声」に過ぎなかったが、1990年代初頭から地方分権を求める議論が沸き起こり、それは2000（平成12）年の分権改革に結実した。その後も、2003～05年度のいわゆる三位一体の税財政改革や、民主党政権下の「地域主権」改革などに見られるように、分権改革は断続的に進められている。その中には、必ずしもその成果を手放しで喜べないものや、果たして「分権」の名に値するかどうか議論の余地がありそうなものも含まれているが、いずれにしても、日本の中央－地方関係が、再び変革の時代に突入したことは間違いないところである。

　さて、地方分権が叫ばれ、一定の分権化が実現した後も、なお引き続きその必要性が唱え続けられているということは、現在の日本は何らかの意味で集権的であるということである。それでは、現在進行中の地方分権改革が変革の対象としている日本の集権体制は、いつ、いかなる要因で成立したのであろうか。

　マス・メディアなどでしばしば見受けられるのは、「明治以来の集権体制」という表現である[1]。研究者のあいだでも、この認識は根強く支持されている。この認識に基づくならば、今日の日本が変革の対象としている集権体制は明治以来のものということになる。たしかに、明治も今も一貫して集権体制が続いていることに疑問を挟む余地はないであろう。問題は、集権体制が明治以来の

　1）　例えば、内閣府の「地域主権改革」のウェブサイトのトップページは、以下の文言から始まっている。「地域主権改革は、地域のことは地域に住む住民が責任を持って決めることのできる活気に満ちた地域社会をつくっていくことを目指しています。このため、国が地方に優越する上下の関係から対等なパートナーシップの関係へと転換するとともに、明治以来の中央集権体質から脱却し、この国の在り方を大きく転換していきます」（最終確認：2012年9月15日。傍点は市川）。

ものであるにしても、日本の集権体制は明治以来その基本的性格を変えないまま現代まで持ち越されているのか、それとも、何らかの大きな変容を経て現在に至っているのかということである。

　「明治以来の集権体制」という通俗的な理解とは異なり、研究者のあいだでは、現代日本において福祉国家型の中央－地方関係が成立しているという認識が一般化してすでに久しい。もし仮に、福祉国家型の中央－地方関係が成立しているとすれば、日本の集権体制が「明治以来」そのままということはありえず、歴史のどこかの時点で福祉国家に適合的な集権体制へと変容を遂げているはずである。しかし、日本の行政学はこれまで、この課題の解明に積極的に取り組んでこなかった。その結果、「明治以来の集権体制」という理解と、「福祉国家型の中央－地方関係」という認識が、未整理のまま混在している状況である。

　本書は、現代日本がまさに変革の対象としている集権体制が、いついかなる要因で成立したのかを解明することを課題としている。あらかじめ結論を述べれば、筆者は、現代日本の集権体制は、占領期に形成されたものと考えている。それは、それぞれ別々に起きた次の2つの過程が足し合わさった結果、生じたものである。第1の過程は、「民主化」を求める連合国軍最高司令官総司令部（以下「総司令部」と略称）が、内務省を中心とする旧来の集権体制の存続を許さなかったことである。次いで、第2の過程であるが、これは、基本的に、第1の過程と独立したものとして起こった。それは、戦時期から占領期にかけて、本書のいう「機能的集権化」が進展したことである。総司令部は、一般に信じられているところとは異なり、総体としてみれば、日本の徹底的分権化を求めたというわけではなかった。総司令部は、一方で旧来の集権体制の存続を拒絶しつつも、他方で機能的集権化を促進し、結果的に、新たな集権体制の形成に手を貸すことになった。以上の2つの過程が足し合わさった結果、「明治の集権体制」は「昭和の集権体制」へと変容したのである。そして、現在、日本が対応を迫られているのは、まさにこの「昭和の集権体制」である。

　これまで、日本の行政学では、いわゆる温存説が長く通説の地位を占めてきた。占領改革が不十分であった結果、戦前の集権体制がその基本的性格を維持したまま、戦後に持ち越されてしまったという理解である。明治期に起源をもつ機関委任事務制度の残存が、その主たる論拠とされてきた。この制度が占領

改革を経ても生き残ってしまい、その結果、戦後の地方自治は最初から大きな制約を負ってスタートしたと認識されてきた。機関委任事務制度は、2000年分権改革（2000年4月施行の地方分権一括法による改革）の結果、廃止されている。もし温存説がいうように、明治以来の機関委任事務制度が決定的な制約要因であったとすれば、日本の地方自治は、2000年分権改革の結果、地殻変動的な大変化を遂げているはずである。分権改革後すでに10年余りが経過しているが、そのような変化は、いまのところ観察されていない。戦前の集権体制の存続を主張する温存説は、日本の中央－地方関係史を誤って理解していた可能性が大きいといわざるをえない。

　本書は、温存説に代わって変容説を主張する。集権体制は、「占領改革にもかかわらず温存された」のではなく、「占領改革の結果、別の集権体制へと変容した」のである。本書は、この新しい昭和の集権体制を、機能的集権体制と名づける。機関委任事務制度は、占領改革を経て生き残った明治期に由来するほぼ唯一の集権的な統制手段であった。明治生まれのこの制度は、しかし、昭和の機能的集権体制に適合し、補助金や必置規制などとならんで、それを支える主要な構成要素のひとつとなっていった。

　機関委任事務制度を廃止させた2000年分権改革は、明治以来の集権体制を終焉させたのではなく、昭和の機能的集権体制を、その基本的な性格を維持したまま、より好ましいものへと組み直したものである。主要な骨組みのひとつであった機関委任事務制度を抜き取り、別の骨組みを差し込んで、しかし、構造物自体は基本的に維持しようと試みた。その過程で、不合理な、また不必要な統制の排除や、より適切な統制への切り替えが図られたのである。

　本書の叙述の主たる対象となる時代は、戦時期と占領期である。この時代に、旧い集権体制から新しい集権体制への変容が起きたからである。本書の第1の目的は、この変容の過程を描き出すことである。しかし、それだけでは不十分である。仮に温存説を棄却し、変容説をとる場合、日本の中央－地方関係史が、全体としてどのように解釈され直すかを示さなければならないだろう。シャウプ勧告や神戸勧告、あるいは機能分担論といった戦後の諸改革論議や、高度成長期のいわゆる「新中央集権化」現象、最近の2000年分権改革や三位一体税財政改革などがその対象である。そこで、第2の目的として、本書は、「変容説」

の立場から、ここに列挙した諸現象や諸改革および改革論議が、どのように整合的に再解釈されるべきかを提示するものである。このような中央－地方関係史の包括的な再解釈が行われて初めて、変容説は説得力をもつことになるであろう。そして、最後に、第3の目的として、本書は、福祉国家における集権と分権の関係を規範的に考察する。

　集権と分権は、一筋縄では行かない難しい問題である。もし仮に、現在の集権体制が「明治以来」の「過去の遺物」であれば、話は簡単である。そのような時代遅れの国の統制は、この際一切やめてしまえばよい。しかし、占領改革によって「明治の集権体制」はすでに過去のものとなり、その唯一の残滓であった機関委任事務制度も、2000年分権改革によって廃止された。現在の集権体制は、基本的に、現代の産物なのである。そして、その少なからぬ部分は、福祉国家における中央政府の責務にかかわるものである。

　最近の改革論議のなかから事例を拾えば、三位一体改革の折、義務教育費国庫負担金の存廃をめぐって、全国知事会のなかで、知事の意見が大きく割れた（2004年）。それは、基本的に、義務教育における国と自治体の責務をどう考えるべきかをめぐる対立であった。義務付け・枠付けの緩和をめぐる議論の際には、保育所の設置基準の設定権を国に留保するか自治体に移譲するかをめぐって、世論が大きく分かれた（2009年）。しかし、これらは決して目新しい議論ではない。いまから半世紀以上も前に、シャウプ勧告と神戸勧告への対応をめぐって、激しいやりとりが交わされているが、これらもまた、基本的に、福祉国家における国と自治体の責務をめぐる論争として理解できるものである。

　温存説による理解では、占領末期のシャウプ勧告と神戸勧告は、「明治の集権体制」の克服を目指したものであるとされ、その挫折が旧い集権体制の存続を許したものと考えられてきた。しかし、本論で詳述するように、この認識は正しくない。シャウプ勧告と神戸勧告は、成立まもない昭和の機能的集権体制と対決し、挫折したのである。そして、この、新しい昭和の集権体制が、その基本的性格を維持したまま、現在まで続いているのである。

　もとより、福祉国家に関係するからといって、国の統制のすべてが正当化されるわけではない。そこにこの問題の難しさがある。さらにいえば、現在ある国の統制のすべてが福祉国家に関係するわけでもない。分権改革を進めるにあ

たっては、国の統制手段の何を廃止し、何をどう存続させるかを慎重に吟味しなければならない。

いずれにしても、現代日本の集権体制の歴史的形成過程とその要因に関する正確な理解を欠いたまま、中央－地方関係の今後の制度設計を導くことなど出来ないはずである。

多くの歴史研究がそうであるように、本書もまた、「現在」を解き明かし、「未来」に寄与することを目的としている。本書は、現代日本の集権体制の歴史的形成過程を解明することを通じて、中央－地方関係の今後の制度設計への貢献を果たそうと意図するものである。

本書は、以上の問題意識に基づいて、行政学を専攻する研究者を主たる読者と想定して執筆された。しかし、この分野がきわめて学際的で、また実務とのかかわりの大きな領域であることを反映して、本書の想定する読者もそれにとどまらない。行政学に加えて、財政学、行政法学、教育行政学、福祉国家研究、総力戦体制論、占領研究などの分野や主題にかかわる研究者、地方分権に関心をよせる実務家、そして一般の方々にも、広く本書をお読みいただくことを願っている。

目　次

はじめに

第Ⅰ部　課題と視角

第1章　福祉国家における集権と分権 …………… 3

1　問題の所在——戦前戦後の連続（温存）・断絶・変容と福祉国家——　3
2　集権・分権と近代国家・福祉国家——予備的考察——　14
3　行政学創成期の「新中央集権」論　24
　（1）蠟山政道
　（2）辻　清明
　（3）長濱政壽
4　本書の主要概念および歴史叙述の特徴　41
　（1）単線的歴史理解とその問題点
　（2）本書の主要概念
　　　① 地方自治の〈一般的事項〉と〈個別行政〉／② 包括的集権、機能的集権、「内務省‐府県」体制
　（3）制度史と行政史
5　先行業績の検討　53
　（1）占　領　期
　　　① 辻清明／② 赤木須留喜／③ 高木鉦作／④ 天川晃／⑤ T. J. ペンペル／⑥ 小括
　（2）戦　時　期
6　時　期　区　分　74

第Ⅱ部:歴史篇　集権体制の変容

第2章　戦時期:旧体制のもとでの機能的集権化の進行……79

1　内務省-府県体制　79
2　地方行政の膨張と変容　84
　(1)　時局匡救事業
　(2)　農山漁村経済更生運動
　(3)　衛生・社会行政の増大——厚生省設置——
　(4)　時局関係事務の増大
　(5)　市町村指導の多元化と「総合指導」の試み
　(6)　まとめ
3　戦時地方制度改革　99
　(1)　戦時地方制度改革における5つの課題群
　(2)　内務省-府県体制の動揺
　　　①　内閣人事部構想／②　各省出先機関の新設・拡充／③　道州制構想
　(3)　市制町村制の改正
　　　①　農村自治制度改正要綱／②　1943(昭和18)年の市制町村制の改正
　(4)　補助金の増大と地方財政調整制度の創設
4　小　　括　133

第3章　占領改革期:旧体制の終焉と機能的集権体制の成立…136

1　内務省-府県体制の終焉——憲法制定と第1〜3次地方制度改革——　138
　(1)　日本国憲法の制定
　(2)　第1次地方制度改革
　(3)　第2次地方制度改革=地方自治法制定
　(4)　第3次地方制度改革=第1次地方自治法改正
　(5)　まとめ

2　連合国軍総司令部と機能的集権化　150
　　　（1）集権化をめぐるクロス・ナショナルな連合
　　　（2）出先機関の新設・拡充
　　　（3）社会福祉行政における機能的集権化の進展
　　　（4）シャウプ勧告と神戸勧告
　　3　小　　括　179

第4章　機能的集権体制の中の総務省：「連動システム」の形成
　　　とその管理……………………………………………………………183

第Ⅲ部　福祉国家と分権改革

第5章　中央‐地方関係史の包括的再解釈……………………………201
　　1　歴史篇のまとめ——集権体制の変容——　202
　　2　中央‐地方関係史の日本的特殊性　205
　　　（1）機関委任事務制度の残存
　　　（2）「土建国家」と地域開発型新中央集権
　　3　福祉国家と中央‐地方の共管領域　212
　　4　戦後の地方分権改革の諸構想と近年の分権改革の再解釈　217
　　　（1）シャウプ勧告
　　　（2）神戸勧告（事務二分論）
　　　（3）機能分担論（事務融合論）
　　　（4）2000年分権改革
　　　（5）三位一体改革
　　5　小　　括　230

　　おわりに　235

〔補論〕教育行政と機能的集権化　237

あ と が き　243
参 考 文 献　251
索　　　　引　264

図表一覧

図表1-1　集権化と分権化の2類型　16
図表1-2　地方歳入に占める補助金などの比率の推移　22
図表1-3　1949年度予算における地方自治体向け補助金（所管別）　22
図表1-4　地方歳出1934年度・1949年度比較　23
図表1-5　所管省別機関委任事務の設立年次　43
図表1-6　集権体制の変容　48
図表2-1　費目別時局関係経費　93
図表2-2　費目別戦争関係経費　93
図表2-3　機能別分類による地方歳出の推移　96
図表2-4　山口県の行政組織の変遷　97
図表2-5　道府県税課率高低状況　131
図表2-6　市町村税課率高低状況　131
図表3-1　総司令部組織図　151
図表4-1　旧内務省地方局の後継官庁（2001年の省庁改革前まで）　184
図表4-2　自治庁の組織環境　191
図表5-1　一般政府総固定資本形成の対GDP比の国際比較　208
図表5-2　地方向け国庫補助負担金等（一般会計＋特別会計）　211

第Ⅰ部　課題と視角

第1章　福祉国家における集権と分権

1　問題の所在——戦前戦後の連続（温存）・断絶・変容と福祉国家——

　本書は、日本における現代型中央集権体制の形成の問題に焦点を当て、中央－地方関係史の従来の理解を見直すためのひとつの試みである。
　一般に、福祉国家は集権化するといわれている。国家が国民に対して等しく最低限度の生活を保障しなければならないとされる現代福祉国家において、居住地の違いによって社会保障の程度が著しく異なることは許されないからである。また、現代福祉国家が伝統的な資源配分機能（公共財の供給）を超えて、経済安定化機能や所得再分配機能を積極的に果たそうとすれば、財政の一定の中央集権化は不可避となる。
　英米などアングロ・サクソン型の地方自治制度をとる国が福祉国家化を推し進めた時、そこでまず観察された現象は、中央集権化であった。[1] これらの諸国の場合、大陸型の制度をとる国に比べて、もともと中央政府と地方政府の関係は分権的であったが、中央政府は地方政府への介入を強めてゆき、中央政府の地方政府に対する統制手段が整備されていった。[2] 福祉国家化の進展は社会に対する行政の大規模な浸透をもたらすが、それによって行政の機能は著しく拡大するとともにその機能分化が起こる。福祉国家のもとでは、このように、機能分化した行政分野ごとにきわめて緊密な中央－地方関係が成立するのである。したがって、福祉国家は集権化するという場合の「集権化」とは、大陸型地方

---

1) William A. Robson, *Local Government in Crisis* (London: Allen & Unwin, 1966); Martin Loughlin, et al. (eds.), *Half a Century of Municipal Decline, 1935-1985* (London: Allen & Unwin, 1985); George C. S. Benson, *The New Centralization* (New York: Rinehart & Co., 1944).

制度をとる諸国において近代初頭に見られたような後見的な監督[3]（いわば地方自治そのものに対する監督）とは異なり、機能分化した個々の行政の実施統制手段を中央省庁がいかに確保するかという問題であった。

　さて、このような、現代国家型集権体制の日本における形成の問題について、行政学はこれまでいかなる議論をしてきたであろうか。

　ここではまず、日本の中央－地方関係史の展開に関する大きく対立する２つの学説を検討することから始めることにしたい。この２説の対立は、直接的には、占領改革が戦後の地方自治に与えた影響の評価をめぐるものであるが、実際には、中央－地方関係観をめぐる、より大きな認識の相違を包含している。２つの学説とは、温存説（連続説）と断絶説である。

　温存説は、戦前の集権体制が戦後も「温存」されたとする見解であり、辻清明や赤木須留喜らによって主張されてきた。占領改革の不十分性を指摘するこの見解は、明治期に由来する機関委任事務制度が戦後も存続されたことなどを問題視し、戦後の地方自治が初めから大きな制約を負ってスタートしたことを強調する。[4] 1978（昭和53）年に著した「地方自治法の意義と限界」という論文のなかで、赤木須留喜は、「新憲法後も地方官官制に象徴される集権支配はその中核構造に若干の変容をみたものの、その実質は新自治法典の内部に胎生の形で温存された」[5]と述べ、地方自治法の「意義」よりももっぱらその「限界」

2）こうした中央政府（連邦政府）による介入の強化が観察された後、英米では、それらが実態としても集権的なのか、それとも集権的な制度の下で実態は中央－地方間の協調的・相互依存的関係が成立しているのかをめぐって、議論が交わされてきた。R. A. W. Rhodes, *Control and Power in Central-Local Government Relations, 2nd ed.* (Aldershot: Ashgate, 1999) ; Deil S. Wright, *Understanding Intergovernmental Relations, 3rd ed.* (Belmont: Brooks/Cole Publishing Company, 1988).

　　重要なことは、英米の場合、現代型集権化の現象が確認された後に、こうした議論が起きていることである。しかし、日本の行政学では、後述するように、このような確認が行われることなく、したがって、戦後の集権体制の性格規定が曖昧なままにされてきた。

3）フランスでは、このような後見的な監督が1980年代のいわゆるミッテラン改革まで継続した。山下茂『体系比較地方自治』（ぎょうせい、2010年）２章１参照。

4）最近のものでは、例えば、姜再鎬「地方制度」森田朗編『行政学の基礎』（岩波書店、1998年）などを参照。

を強調している。赤木の先行世代に属する辻清明の場合、敗戦直後の論文においては必ずしも温存説ではなく、むしろ制定されたばかりの地方自治法を高く評価していたが[6]、後述のように、昭和20年代の後半になって温存説に転じている[7]。温存説は、戦後の行政学のなかで長らく通説の地位を占めてきた。

もうひとつは、断絶説である。村松岐夫は、1988（昭和63）年の著書のなかで、温存説を「戦前戦後連続論」と名づけて批判し、「戦前戦後断絶論」を対置している[8]。断絶論が重視するのは、占領改革により憲法構造レベルで民主主義が採用されたことである。村松は、この変化を、地方が「政治化」する潜在的な可能性を高めるものとしてとらえている。この「可能性」は、戦後ただちに発現することはなかったものの、高度成長期の地域開発や革新自治体の時代になって、地方が積極的に政治的な意思を表明するようになり、中央政府と交渉や対立をしつつ、自らの意図を実現し始めることによって大きく発現したととらえられている。温存説（連続説）が行政構造の連続に注目しているのに対して、断絶説は政治構造の断絶を重視していることがわかる[9]。

ところで、村松は、日本の行財政構造が集権的であることを否定していない。村松は、中央省庁のイニシアティブを強調する旧理論の集権論パラダイムを「垂直的行政統制モデル」と名づけるが、このモデルにも一定の説明力があることを認めている。しかし、高度成長期以後、このモデルでは説明できない現象が増加してきたと述べ、日本の中央－地方関係は、彼のいう「水平的政治競争モデル」と先の垂直的行政統制モデルとをあわせた「相互依存モデル」で説明されるべきだと主張する。村松理論が一定の折衷的性格をもっていることは間違いない。政治構造の断絶を強調する村松説は、一見するところ、行政構造の連続性に注目する旧理論と、両立可能なようにも見受けられる。

しかし、村松理論は、旧理論と容易に共存できない部分を含んでいる。それ

5） 赤木須留喜『行政責任の研究』（岩波書店、1978年）125頁。詳しくは本章5節（1）②参照。
6） 本章3節（2）参照。
7） 本章5節（1）①参照。
8） 村松岐夫『地方自治』（東京大学出版会、1988年）。
9） 戦前戦後連続論と断絶論については、本章註67も参照されたい。

は、村松が、日本の集権体制を他の先進福祉国家と比較可能なものとして位置づけていることである。

　日本は特殊に集権的な国家であるという認識が、かつては支配的であった。温存説も、基本的にこの日本特殊性論に依拠していたといってよい。日本には欧米のような地方自治がないことが自明視されており、それは、明治以降一貫して続いている不変の性格であると考えられてきた。[10]

　しかし、村松はこのような日本特殊性論を斥けている。現代福祉国家はそもそも集権的なのであり、日本もそうしたものの一類型として理解されるべきであるとの認識を示している。しかし、もし、村松のいうように、日本において現代福祉国家型の中央－地方関係が（少なくとも欧米と比較可能な程度に）成り立っているとすれば、明治以来の集権体制がそのままのかたちで現在まで継続しているということはありえず、歴史のどこかの時点で、旧い集権は福祉国家に適合的な新しい集権へと変容していなければならないはずである。そして、このような歴史理解は、明治期に形成された戦前の集権体制の継続を主張する温存説と、基本的に相容れないはずである。

　それでは、村松はこの問題にどう答えているのだろうか。結論からいえば、村松はこの問題について明確な解答を示していない。しかし、この問題を考えるためのいくつかの手がかりは与えている。

　村松は、「地方自治の3段階」として次のような仮説を提示している。少々長くなるが、引用することにしたい。

> 　第1の段階は、中央官僚制が、行政制度（機関委任）、財政制度（補助金と特別交付税）、人事システム（天下り）の手段を駆使して、集権的な中央地方関係の結合構造を形成した時期である。第2は、この結合構造を利用して、中央省庁が経済成長の目標をかかげて地方の協力を求め、地方がこれに応えた時期である。地域開発の時代である。第1の時期にあらわれたと同じ構造が機能したわけであるが、地域開発は単に中央の命令に従うのでは十分でなく、地方が自らの積極的な計画にもとづいて推進して行かなければならなかったため、地方レベルの政治的意思の形成がしだいに重要になって行った。……第3は、公害反対の住民運動と革新自治体に代表される時期で

---

[10] これを批判したものとして、例えば、Steven R. Reed, 'Is Japanese Government Really Centralized?', *The Journal of Japanese Studies*, 8（1）, 1982.

ある。この時期の地方自治は高度に政治化され、地方が中央に対立する時代である。……1960年代の中半以降、日本の地方は、その政治的リソースを蓄積してきた……。1960年代の中半以降に地方が利用しうるようになったリソースとして地元選出の国会議員がある。地元選出の国会議員はそれ以前にも地方の利益を中央に伝える大切な存在であったが、この頃から政権党が官僚制に比して政策形成における影響力を拡大させたために、一層有用な政治的リソースとなった。……1960年代以降、地方の側に政治的リソースとそれを利用する技術の蓄積ができた……。そのポテンシャルを派手な形で利用したのが革新自治体であるが、この頃から革新自治体を含む地方政府一般が、必要があれば中央に対して自己の主張を通そうとするようになっていたのである。[11]（括弧内は原著者）

村松は第1の段階を時期的に特定していないが、第2の段階が高度成長期を指していることは明らかなので、それ以前のどこかの時期ということになる。この時期までに、日本の集権的な中央－地方関係の結合構造が形成されたと村松が考えていることがわかる。また、村松は、別のところで、垂直的行政統制モデルは（戦前からの要素だけでなく）戦後の変化によって生じた要素も含んでいると述べている[12]。しかし、村松は、現代日本の集権体制の基本的な構造が、いつ頃どのような要因によって形成されたかについて、基本的に何も言及していない。上記の引用箇所を一読しただけでも明らかなように、村松の関心は、「あくまでも地方政府の自治の発見[13]」なのであり、集権的な行財政制度の歴史的形成ではなく、そのもとでの政治過程の実質的な分権性を論証し、従来の地方自治理解に変更を迫ることに力点を置いている。

村松はまた、現代福祉国家の中央－地方関係の特色を次のように概述している[14]。

　……国家が社会に関与して行く福祉国家の場合、近代国家はその性格を大きく変質させる。そして、その国家の任務の効率が、全国的ネットワークによる供給体制に依存するようになる。かくして、支配は日常生活の中に入ってゆくのであるが、同時に、

11）　村松前掲書161-163頁。
12）　同44頁。
13）　同「はしがき」vii頁。
14）　福祉国家における中央－地方関係については、村松前掲書のほかに、西尾勝「集権と分権」同『行政学の基礎概念』（東京大学出版会、1990年）参照。

第Ⅰ部　課題と視角

それは、地方が中央への影響力を拡大して行く過程でもあったのである。[15]

「全国的ネットワークによる供給体制」とは、この場合、いうまでもなく、中央政府と地方自治体を中心として構成される集権的なサービス供給システムのことである。要するに、国家が国民に対して等しく最低限度の生活を保障することが現代福祉国家の要請であるので、中央政府は、地方政府のサービス供給水準をコントロールするための実施統制手段を確保しなければならなくなり、福祉国家はいやおうなしに集権化するが、他方で、中央政府からみても、「福祉国家の事業の多くが地方に実施を依存する」[16]いわゆる実施依存の状況を作り出すから、それは、「地方が中央への影響力を拡大して行く過程」ととらえることもできるというのである。しかし、そのような体制がいついかなる要因で形成されたのかについて、村松はほとんど触れていない。

制度を基本的に「与件」とし、そのもとでの政治的影響力のあり方に関心を集中する政治過程論であればそれでよいかもしれない。しかし、制度そのものを考察の対象とする行政学が、日本における現代福祉国家型の中央－地方関係の形成時期と形成要因について未解明のまま放置しておくことはできないはずである。

村松理論はその後次第に浸透し、その結果もあって、日本においても福祉国家型の中央－地方関係が成立しているという認識が、少なくとも研究者のあいだでは主流になりつつある。日本特殊性論に依拠する理解がさすがに維持しにくくなったという事情もあるのだろう。しかし、他方で、明治以来の集権国家がいまでも継続している（あるいは少なくとも2000年分権改革の時点まで継続していた）という認識も、なお根強く残っている。問題は、本来相容れないはずのこの両者の認識が、あい交わることなく併存していることである。

日本における現代型集権体制の歴史的形成過程を解明する作業は決して容易な営みではない。アングロ・サクソン型地方自治制度をとる国の場合、中央政府と地方自治体との関係は、もともと分権的であった。そこに福祉国家化が進み、集権化が進んだ。それは、それまでの政府間関係の根本を覆しかねない顕

---

15)　村松前掲書171頁。
16)　同187頁。

著な傾向であったため、耳目を集めやすく、その歴史的把握は比較的容易であった。これに対し、日本のような大陸型の地方自治制度をとる国の場合、もともと集権的特徴の強かったところに現代国家型の中央集権化が進行したため、「旧い集権」と「新しい集権」の区分が不分明である。日本における現代型集権体制の歴史的形成を考察することははるかに困難な作業とならざるをえない。そのことが、これまでこの問題についての解明が進まなかったことのひとつの原因である。

　もうひとつは、村松説の受容過程にある。すでに述べたとおり、村松は、日本における現代福祉国家型集権体制の形成過程の解明という課題に取り組むことはなかった。村松の関心はあくまでも政治過程にあった。集権的な行財政制度のもとでも活発な地方自治が営まれうることを論証することが彼の学問的な課題であり、村松にとって、現代型の集権体制の存在は「与件」に過ぎなかった。しかし、問題はより根本的なところに存在していたように思われる。

　地方自治論の世界において、村松説と通説との本当の意味での対決が、実は起こらなかったことである。村松説は、たしかに、「戦後啓蒙」の問題意識を色濃く残していた当時の行政学界において一定の反発を招いたが、本当の意味での学問的な対決は起きなかったというのが、この問題についての筆者の認識である[17]。集権体制の弊害を病理学的に抉り出すことに強い使命感を抱いていた当時の多くの行政学者にとって、病理学的な診断よりも生理学的な記述、逆機能の析出よりも順機能の解明に関心を示す村松のスタイルは異質であった。そのため、一定の反発を招いたが、大きな学問的論争は起きなかった。学問的な対決が起きないまま、しかし、村松説は徐々に浸透していった。

　日本に福祉国家型の集権体制が成り立っているとすれば、当然のことながら、明治以来の集権体制は歴史のどこかの時点で変容していなければならない。しかし、これまで、この課題に誰も応えることなく、その結果、「明治以来の集

---

17) 新藤宗幸『行政改革と現代政治』（岩波書店、1986年）42-44頁、今村都南雄『行政の理法』（三嶺書房、1988年）245-258頁、同『行政学の基礎理論』（三嶺書房、1997年）17章など、一定の反応や反論もあり、論争が成立する余地がなかったわけではない。しかし、例えば、同時期に、政官関係論において官僚優位論の見直しをめぐって繰り広げられた議論などと比べて、その広がりは限定されていたように思われる。

権国家」という理解と、「現代福祉国家型の中央－地方関係」という認識が、未整理のまま併存してきたのである。明治以来の集権体制がいつ、いかなる要因で、現代福祉国家型の集権体制に変容したかは、日本の中央－地方関係研究における重大なミッシング・リンクであった。本書はまさに、この問題の解明に取り組もうとするものである。

　本書は、次の3つを課題としている。

　第1は、日本における現代国家型の中央－地方関係の形成時期と形成要因を探ることである。本書は、機能的集権化という用語をキーワードとしてこの解明を試みる。機能的集権化（後述）が顕著に出現するのは戦時期から占領期にかけてである。占領期は、一方で機能的集権化が著しく進展した時期であるが、他方で、旧い集権体制が終焉した（分権化した）時期であった。相互に独立したこの2つの過程が同時に起きたことにより、旧い集権体制は新しい集権体制へと「変容」した。温存説は、この変化を見逃し、またこの2つの過程を関連づけてとらえてしまい、旧い集権の継続と誤認してしまった。

　本書は、温存説とも断絶説とも異なる「変容説」をとるものである。温存説との相違はいま述べたとおりである。他方で、本書の見解は、断絶説とは十分に両立可能である。しかし、憲法構造における変化による地方政府の潜在的可能性の増大と高度成長期以後のその発現を指摘する断絶説は、上述のミッシング・リンクの問題に何も答えていないことは明らかである。以上の課題は、第Ⅱ部の歴史篇で扱われる。対象とする時代は、戦時期と占領改革期である。第Ⅰ部では、そのための理論的な予備作業が行われる。

　第2の課題は、歴史篇における第1の課題の解明を踏まえて、現代日本の中央－地方関係史を包括的に解釈し直すことである。シャウプ勧告、神戸勧告、機能分担論といった戦後の諸改革論議や、高度成長期のいわゆる「新中央集権化」現象、最近の2000年分権改革や三位一体税財政改革などがその対象である。本書は温存説に代えて変容説をとるものであるが、その場合、変容説の立場から、ここに列挙した諸現象や諸改革および改革構想などが、どのように整合的に再解釈されるかが示されねばならないだろう。この作業は、第Ⅲ部で行われることになる。

　第3の課題は、以上を受けて、福祉国家における中央－地方関係について規

範的な考察をすることである。福祉国家のもとで、集権と分権の関係をどのように考えるべきかという課題である。この作業も、やはり第Ⅲ部で行われる。

　本書の叙述を開始するにあたって、重要な点を3点、確認しておきたい。第1に、本書は、上記のような問題関心に基づいて、戦時期と占領期を主たる対象とするものであるが、実は、この時期の中央－地方行財政関係の変容の必ずしもすべてを福祉国家に帰すことはできないということである。

　本書の示す歴史理解は次のようなものである。戦時期から占領期にかけて筆者のいう機能的集権化が進展し、それが占領期における旧体制の終焉とあいまって、新しい集権体制への変容が起こった。機能的集権化とは、個別行政機能別の実施統制手段の増大である。それは、この時期に生じた政府機能の拡大と機能分化を背景とし、それらの機能分化した個別の行政を、専門的に、標準的に地方に実施させる要請から生じたものである。後述のように、この変化は、漸進的なものではなく構造的なものであった。機能的集権化は、社会保障の分野でも生じたが、それ以外の分野でも起きている。福祉国家は、機能的集権化を推し進めたひとつの要因ではあったが、すべてではなかった。むしろ、より直接的には、福祉国家という理念的な要請よりも、この時期に増大し、専門分化した新規の大量の行政を、標準的に、どの地方にも満遍なく実施させるという実務上の要請が、機能的集権化の推進力であった。

　しかし、そのようにして成立した「機能的集権体制」は、福祉国家に適合的な中央－地方関係であった。個別機能別の実施統制手段の確保を通じて行政の標準化をはかりつつ、地方財政調整制度などによってその財政的な裏づけを保障する戦後の機能的集権体制は、福祉国家の要請であるナショナル・ミニマムの確保にとって、きわめて好都合だったからである[18]。

　そこで、本書の歴史篇においては、対象を社会保障分野に限定することなく、この時期に起きた集権体制の「変容」を、広く全般的に描き出すことにする。

　さらに言えば、日本に限らず多くの先進諸国にとって、福祉国家体制の形成

18）念のため断っておくと、このことは、そのようにして形成されてきた現在の集権体制を全面的に是認すべきだということを、必ずしも意味しない。これについては、5章3節で再論する。

は、必ずしも明確な青写真に基づいた意識的・整合的な営みとしてなされたものではなく、個々のさまざまな試みの集合体として、そして、そうした試みのいくつかは必ずしも福祉国家と直接的な関係をもたないものをも含みながら、寄木細工のようになされてきたものである。本書の描き出す中央－地方関係の変容も、まさにそうしたもののひとつであり、結果的に、日本における福祉国家体制の不可欠の要素を成しているものである。

　次に、確認しておくべきことの第2点に移りたい。以上のように、本書は、日本における福祉国家型の中央－地方関係の形成を占領期に求めている。日本における福祉国家の形成時期に関しては諸説が存在しており[19]、本書のような立場については反論も出てこよう。とりわけ、支出水準や給付水準の観点からすれば、占領期の水準は欧米のそれと比べてなお著しく低く、果たしてこの時期の日本が福祉国家と言ってよいのかという批判が返ってきそうである。この問題について、筆者は、福祉国家型の中央－地方関係の形成に関して重要なのは、「水準」ではなく「制度」や「構造」であると考えている。

　筆者の認識では、日本における福祉国家の形成時期について、大きく次の3説が存在する。第1は、占領期に福祉国家の形成を求めるものである。日本国憲法が制定され、生存権が明文上規定されたこと、生活保護法をはじめとするいわゆる福祉三法が制定され、社会福祉行政の根幹がこの時期に整備されたこと、なお少ないとはいえ、それ以前と比べて社会保障費が飛躍的に増大し、主要な歳出項目の少なくともひとつとして確立したことなどがその理由とされる。第2の説は、1960年代前半に福祉国家の形成時期を求める。この説は、この時期にいわゆる国民皆年金と国民皆保険が実現したことを重視する。また、この時期に老人福祉法などが制定され、いわゆる福祉六法体制が整備されている。第3説は、1973（昭和48）年のいわゆる福祉元年をもって日本が福祉国家の仲間入りをしたと考える。一部の革新自治体による独自の社会福祉政策の展開が他の多くの自治体に波及するのを見て、中央政府も社会保障の充実に乗り出すことになったのがこの時期である。西欧諸国と比べてなお低水準であった

19）　日本における福祉国家成立期をめぐる議論については、金成垣編著『現代の比較福祉国家論――東アジア発の新しい理論構築に向けて』（ミネルヴァ書房、2010年）所収の諸論文参照。

ものの、この時期に支給水準と支出水準が従来と比べて一段階高い位置に移行したことは間違いなく、日本が少なくとも低位福祉国家の一員に数えられる程度になったととらえるものである[20]。

「一定の望ましい水準」という観点からすれば、第3説となるだろう。しかし、福祉国家型の中央－地方関係の形成にとって重要なのは「水準」よりも「制度」や「構造」であり、その点を重視すると第1説となる。本書は、福祉国家の望ましい支給水準や支出水準にではなく、福祉国家体制の形成に関心を有するものである。占領期の改革で、社会保障支出水準が従来と比べて大きく一段階上昇するとともに、他方で、それを財政的に支えることを可能とする国庫負担金制度や地方財政調整制度が整備されている。また、自治体による専門的・標準的な実施を支える制度として必置機関・必置職員などの仕組みもこの時期に整備されている。つまり、ナショナル・ミニマムを確保し、一定の標準的な行政を自治体に実施させるための体制が、この時期に形成されているのである。そして、その後の福祉国家の展開は、ここで形成され、確立された体制を利用したり拡充することでなされている。以上の点をとらえて、本書は、日本における福祉国家型の中央－地方関係は占領期に成立したとの立場をとるものである[21]。

確認すべきことの第3点は、「機能的集権体制」のその後に関することである。本書は、上述のように、機能的集権体制が占領期に成立したとの立場をとるが、この体制は、ここで完成したわけではない。機能的集権体制は、占領期における旧体制の終焉をひとつの要因とし、他方で、戦時期から占領期に進展した機能的集権化をもうひとつの要因として、占領期に成立した。しかし、機能的集権化は、その後も、新たな行政分野の出現などに応じて、引き続き進展してい

---

20) 以上の3説のほかに、日本型福祉国家の形成を戦時期に見出す、鍾家新『日本型福祉国家の形成と「十五年戦争」』(ミネルヴァ書房、1998年) などもある。また、戦時期への注目という点については、鍾とはやや視点を異にするが、高岡裕之『総力戦体制と「福祉国家」』(岩波書店、2011年) もある。
21) 福祉国家の形成時期に関する本書の理解は、財政学者の林健久のそれに近い。林は、日本における福祉国家の成立時期を占領期に見出し、その根拠として、社会保障費が戦後飛躍的に増大していること、地方財政調整制度が充実したこと、所得税中心の税制が定着したことなどを挙げている。林健久『福祉国家の財政学』(有斐閣、1992年) 62頁、および126-133頁。

くことになる。例えば、高度成長期に、一部の先進自治体で先駆的に実施されていた環境政策が国によって取り入れられて全国化する際にも起きているし、2000（平成12）年の介護保険の導入時にも起きている。こうした行政の拡大や変容を受けて、機能的集権体制も、また、一定の変化を遂げつつ、展開していくことになるのである。

2　集権・分権と近代国家・福祉国家——予備的考察——

　これまで、現代福祉国家型の集権体制とか、福祉国家に適合的な中央－地方関係などという表現を用いてきた。それでは、そもそも福祉国家が進展すると、なぜ中央集権化が起きるのだろうか。また、それが現代の「新しい」中央集権であるとすると、それは、「旧い」中央集権と何が異なるのだろうか。本節では、これらの問題について考察することにしたい。

　しかし、その前に、集権と分権について、その用語法を明確にしておきたい。本書は、基本的に、西尾勝の分類枠組みを踏襲することとする[22]。集権と分権は、通常、①中央政府による統制と②事務事業の実施権限をめぐって議論される。

　まず「中央政府による統制」であるが、中央政府の統制が多い状態が「集権」であり、中央政府の統制が増えることが「集権化」である。逆に、中央政府の統制が少ない（地方政府の自律性が多い）状態が「分権」であり、中央政府の統制を減らす（地方政府の自律性を増やす）ことが「分権化」である。括弧書きにあるように、この場合における統制の反対概念は「地方政府の自律性」である。

　次に、「事務事業の実施権限」であるが、こちらの方がやや複雑である。中央政府あるいは地方政府によって実施されるべき事務事業のうち、中央政府によって多くのものが実施されている状態、あるいは実施権限の多くが中央政府

---

22) 西尾勝は、地方分権には「関与の縮小廃止」と「事務権限の委譲」の２つ方策があると述べている。西尾『未完の分権改革』（岩波書店、1999年）61-62頁。前者は、直後に述べる本書の①中央統制減少型の分権であり、後者は②事務事業移譲型の分権である。また、必ずしも地方分権の文脈で述べているわけではないが、村松岐夫は、中央－地方関係を、自治体の自律性と活動量に注目して論じている。村松前掲『地方自治』5章。自治体の自律性を増やすのが①の分権であり、活動量を増やすのが②の分権である。

に保持されている状態が「集権」であり、逆に、中央政府あるいは地方政府によって実施されるべき事務事業のうち、地方政府によって多くのものが実施されている状態、あるいは実施権限の多くが地方政府に保持されている状態が「分権」である。したがって、この文脈における「集権化」とは、事務事業の実施権限が地方政府から中央政府に引き上げられたり、また、その結果として、実際に、ある特定の事務事業が地方政府ではなく中央政府によって実施されるようになることである。反対に、「分権化」とは、事務事業の実施権限が中央政府から地方政府に移譲されたり、また、その結果として、実際に、ある特定の事務事業が中央政府ではなく地方政府によって実施されるようになることである。

　以上より、集権化についても、分権化についても、2つの類型があることになる。図表1-1は、このことを概念的に示したものである。いずれも、左上が現状であり、右方向と下方向への2つの類型が存在する。

　本書で扱うことになる集権化は、補助金の増大、必置機関・必置職員の制度化、人事統制の強化、出先機関の新設・拡充などである。

　補助金は、使途を限定された中央政府からの財源付与である。したがって、補助金の増大は、自治体の財政的自律性を制約するという意味で、中央統制増大型の集権化である。必置機関・必置職員の制度化も、自治体の組織権に対する中央政府の介入であり、同様に中央統制増大型の集権化である。人事統制の強化、具体的には、自治体の長などの選任にあたり中央政府による許可や同意を必要とする制度の導入も、やはり統制増大型の集権化であるといえる。

　これに対して、中央各省による出先機関の新設・拡充は、事務事業引き上げ型の集権化に分類される。出先機関の新設・拡充は、通常、地方政府が現在行使している、あるいは潜在的に行使可能な実施権限を中央政府に引き上げたうえで、独自の実施ラインとしての出先機関を設置するものだからである。

　さて、ここで重要なことは、集権や分権を「計測」することは困難だということである。ひとつの理由は、たったいま確認したように、集権にも分権にも2つのタイプがあるからである。例えば、〈中央統制増大型〉の集権化と〈事

　23）　西尾前掲「集権と分権」。

第Ⅰ部　課題と視角

図表1-1　集権化と分権化の2類型

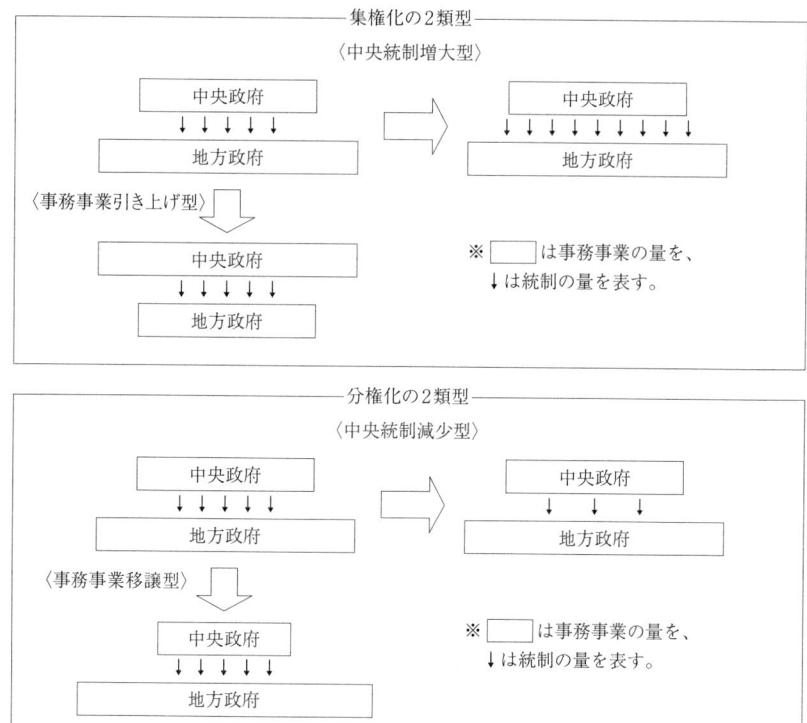

務事業移譲型〉の分権化が同時に起こった場合、これが全体として集権化をもたらしたか分権化をもたらしたかを計測することは難しい。

　それでは、2つの型にまたがらず、例えば、統制（自律性）の側面に限定すれば、計測は可能になるだろうか。実は、それも困難である。統制にかかわる集権は、先にみたように、例えば、人事統制、補助金による財政統制、必置規制による組織権への統制など、対象が多領域・多項目に及んでいるからである。このことが、集権の程度（分権の程度）を計測する試みを困難にしている。

　例えば、次のような2つの体制があったとしよう。ひとつは、地方政府の「首長の選任」にあたって中央政府の承認が必要だが、「個々の事務処理」に関しては地方政府の自律性が比較的大きな体制である。もうひとつは、逆に、「首

長の選任」は自由にできるが、「個々の事務処理」に関して地方政府は中央政府からの強い統制を受ける体制である。果たして、この2つの体制は、どちらが集権的であろうか。この設問に答えることは容易ではない。基本的に、価値判断にかかわる問題だからである。

　もっとも、あえて計測しようとすればできないこともない。例えば、集権度を測るための複数の指標を設定し、指標ごとにそれぞれ「点数」をつけ、それらを合算すれば、複数の体制間の数値比較が可能になるだろう。しかし、その場合でも、いかなる指標を立て、指標ごとの配点をどう割り振るかは、結局のところ、論者の主観に依拠することになる。集権と分権を測る尺度が多数存在するため、それを座標軸上に位置づけることは容易ではなく、仮にやろうとすると、一定の恣意性を含む「操作」が必要となるからである。

　集権と分権を測る尺度が複数存在するということは、質的に異なる複数の種類の集権体制が存在しうることを意味している。上記の仮想設問で問われていたのは、実は集権度の量的な大小ではなく、集権体制の質的な相違だったのである。本書が、集権体制の（温存でも終焉でもなく）「変容」を言うのは、質的に異なる複数の種類の集権体制が存在することを想定しているということである。

　以上の点を確認したうえで、次に、福祉国家における中央－地方関係の検討に移りたい。

　さて、本書冒頭でも確認したように、福祉国家を契機として、従来とは異な

---

24) 橋本信之は、自治事務、法定受託事務および（2000年分権改革以前の）機関委任事務の3者の集権度の測定を試みている。このように、対象を限定すれば、計測化の試みも比較的容易になる。橋本信之『権限の分権と現象の分権――その測定について』『サイモン理論と日本の行政――行政組織と意思決定』（関西学院大学出版会、2005年）。

25) 念のために断っておくと、筆者は必ずしも計測化の試みが無意味であると断じているわけではない。例えば、Jefferey M. Sellers & Anders Lindström, 'Decentralization, Local Government, and the Welfare State', *Governance*, 20(4), 2007などの試みがある。しかし、この論文の場合も、「福祉国家における中央－地方関係」として、分析意図が限定されていることが重要である。分析意図を限定することによって、ある意味で「操作」の意図を読者と共有することが可能になり、その限りで、逆説的に先の「恣意性」の問題をクリアし、分析上の有効性を確保できる。なお、この論文については、北山俊哉『福祉国家の制度発展と地方政府』（有斐閣、2011年）も参照。

る新しいタイプの中央集権化が進展する。それでは、福祉国家にともなう中央集権は、いかなる意味で「新しい」のであろうか。

　福祉国家にともなう中央集権化が「新しい」のは、近代国家形成期の中央集権化——封建割拠克服にともなう中央集権化——と対比してのことである。そこで、まず、近代国家形成期の中央集権化を確認しておきたい。

　近代国家は、それまでの在地の封建勢力が保持していた土地や人民に対する支配権を簒奪・吸収することによって、自らを主権国家として確立した。しかし、そうして出現した近代主権国家は、地域に一定の自治を認めていった。一般に、地方自治の存在理由として、中央－地方間の権力分立の要請、国民（住民）にとっての参加の容易さ、地域の多様性への対応、多数の地方政府による政策競争を通じた政策実験と政策革新などが挙げられるが、近代国家が地方自治を認めたのは、そのような「理論的」な、また「規範的」な理由によるものではない。成立まもない近代主権国家は、統治の安定のために、また統治に必要な資源の制約や節約の要請から、自らの誕生のはるか以前から存在していた在地の勢力や地域共同体と妥協をしたり、またそれらを利用しようと試みたからである。その妥協や利用の形態や程度は国によって異なり、そのことが、各国の近代的地方自治のあり方の違いを規定するひとつの大きな要因になってきたと一般に理解されてきた[26]。

　日本の場合、徳川幕府は、直轄地以外の地域については基本的に各藩に統治を委ねていた。また共同体レベルでは、幕府や諸藩の統治のもとに一定の村落自治が行われていた。明治政府は、広域レベル（藩レベル）では、廃藩置県の断行や士族の反乱の鎮圧などによって、1877（明治10）年頃までに旧藩勢力を完全に一掃した。より狭域のレベルについても、1872（明治5）年のいわゆる大区小区制などをはじめとして、試行錯誤を経ながら、また各地で態様を異にしながら、末端の行政区画が整備されていった。ところが、こうした制度変化と中央集権化は、旧勢力や旧慣とのあつれき、あるいは、正統性の未確立にともなうさまざまな困難を引き起こし、住民の非協力や行政実務の不慣れによる混乱を招いた。これらの問題に対処するため、1878（明治11）年にいわゆる三新法が制定され、府県と区町村に一定の自治が認められることとなった。しかし、三新法も必ずしも明治政府の期待どおりには機能せず、以後もさまざまな制度

変更が繰り返された。こうした試行錯誤を経つつも、恒久的な地方制度の確立が目指され、1888（明治21）年に市制町村制が、90年に府県制と郡制が公布された[27]。これらの諸法規と1886（明治19）年の地方官官制が戦前の恒久的な地方制度の礎となった[28]。ここで成立した地方制度が、その後のいくたびかの改正を経ながら、敗戦直後まで継続することになる。なお、郡制は大正末期に廃止されている。

さて、こうして成立した明治期の集権体制は、基本的に次の2つに対処することを目的としていた。ひとつは、①地方が中央政府の立場や方針に敵対する可能性を排除することである。もうひとつは、②地域社会の（行財政能力というよりもむしろ）自治能力の不全の可能性に対処することである。明治政府は、地域社会が中央政府の意図どおりに自治を営む能力について懐疑心を抱いていた。明治期の集権体制は現代と比べてはるかに権力的であり、また、人事統制

---

26) 例えば、西尾勝「自治」『行政学の基礎概念』（東京大学出版会、1990年）、および同「集権と分権」同書404頁などを参照。

なお、各国の近代的地方自治の特徴を近代国家の形成事情に求める理解は、一定の説得力はあるものの、疑問も呈されている。英国のように早期に近代化を遂げ、そのため「近代」が数世紀にも及ぶ国の場合、近代初頭の状況や制度が、そのまま近代全体を貫いているとは限らないからである。例えば、1835年の都市団体法以後の英国の近代地方自治制度は、治安判事や巡回裁判所などによって特徴づけられる近代初頭の地方自治と基本的に断絶していると、英国内では広く理解されているが、日本の研究者のあいだでは、この認識が必ずしも十分に共有されていない。この点については、安藤明「イギリスの地方自治の特徴と近年の2つの大改革の潮流（上）」『地方自治』658号（2002年）が鋭く指摘しているところである。このなかで安藤は、いわゆる「地方自治の母国」論を批判している。

とはいえ、日本のように近代化が遅く、そのため近代が時期的に短く、近代（明治〜戦前）を通じて大きな制度改正をしていない国の場合、この手法による理解は十分に有効であろう。

27) 明治期の地方制度の確立過程については、姜再鎬「明治前期の末端地方行政区画の虚実」『国家学会雑誌』105巻11・12号（1992年）、大島美津子『明治国家と地域社会』（岩波書店、1994年）等を参照。また、戦前全般にわたる地方制度史としては、亀卦川浩『地方制度小史』（勁草書房、1962年）参照。

28) 明治中期に地方制度が確立する以前にも、大区小区制や三新法などがあったが、この段階ではまだ、制度と実態の乖離が激しかった。これについては、姜再鎬前掲論文参照。

と事後的な矯正権がその監督手段の中心を占めていたが、そのことは、以上２つの理由に基づいていた。明治期の集権体制の主要な監督手段であった知事官選、市町村長の選任をめぐる勅裁や知事による認可、地方議会の解散権[29]、原案執行権、強制予算などは、いずれも、上記①②のうちのどちらか、あるいは両方に対処するためのものであった。そして、これらの監督手段、いわば自治そのものに対する監督は、いずれも占領改革によって廃止された[30]。

　さて、このような人事統制と権力的な矯正手段によって特色づけられる後発近代国家型の集権体制に対して、福祉国家型の中央－地方関係は以下のような特徴を有している。

　福祉国家の進展が中央集権化をもたらすのは、次の３つの理由による。第１に、福祉国家は「危機」の時代の産物であったことである。福祉国家は、大恐慌や２度の世界大戦などを契機に成立したが、こうした「危機」に対処する能力があったのは中央政府のみであった。第２に、福祉国家は全国規模で所得の再分配を行うため、一定程度の中央集権化が不可避である。また、効果的な経済政策を行うためには、中央政府主導とならざるをえない。第３に、福祉国家は、国民に等しく最低限度の生活を保障することをその責務としているからである。そのため、中央政府は、さまざまな分野の行政サービスについて全国的な最低基準（ナショナル・ミニマム）を設定するとともに、それを地方政府に守らせるため、個別の行政分野ごとに各種の統制手段（通達や補助金など）を整備してきた。また、ある場合には、全国的な公平性をよりよく確保する観点から、

---

29) 都丸著に引用されている全国市議会議長会の調査によると、1880（明治23）年から1943（昭和18）年までに解散を命じられた市会でその理由のはっきりしているものは22市会あり、市長選任をめぐる紛争によるものが９件、次いで、市会の内紛が７件である。なかには、「知事不信任決議」を行ったため解散させられた東京市会（２回）、佐賀市会のようなケースもあるという。このほかに、「汚職事件により議員中多数の容疑者を出す」（東京）、「市長と県会議員の選挙違反により多数容疑者を出す」（和歌山）などの理由も見られるという。都丸泰助『地方自治制度史論』（新日本出版社、1982年）77-78頁。

30) このうち、市長の選任にあたっての勅裁と町村長の選任にあたっての知事の認可は、大正末期の改正で廃止されたが、ややかたちを変えて戦時期の1943（昭和18）年に復活し、占領初期の改革で再び廃止されている。

そうしたサービスの実施を地方政府に任せることをやめてしまい、出先機関などを設置して自ら直接実施するようになっていった。こうして、20世紀には、多くの先進諸国で中央集権化が進行することになった。

さて、福祉国家とはレッセ・フェールからの脱却であり、社会に対する政府の介入の拡大である。福祉国家化の進展は社会に対する行政の大規模な浸透をもたらすが、それによって行政の機能は著しく拡大するとともにその機能分化が起こる。福祉国家における中央-地方関係の特色は、このように機能分化した個別の行政分野ごとに、ナショナル・ミニマムを守らせるための技術的な実施統制手段が発達することである。しかも、それは、事後的な矯正権に依存するというよりも、多くの場合、補助金などの積極的な財源交付によって裏打ちされる。権力的な矯正手段は、少数の自治体による限定的な逸脱に対処することはできても、現代の複雑膨大化した大量の事務を積極的に自治体に実施させる手段とはなりにくいからである。先に見た後発近代国家型の中央集権が、いわば自治そのものに対する監督といいうるものであったのに対して、ここでは、機能分化した個別の行政領域ごとに技術的な実施統制手段が発達することになる。補助金は、そうした実施統制手段の最重要なもののひとつである。

次に、以上の一般的な命題を、日本の文脈において確認することにしたい。

図表1-2は、1925（大正14）年度より現在までの地方歳入に占める補助金と地方財政調整制度（現行制度では地方交付税）の比率を示したものである。昭和初期までは補助金などによる地方団体への財源付与は限定的であり、1930年代の後半から上昇を始め、敗戦をまたいで増加していることがわかる。日本の地方財政構造が、この時期に大きな変容を遂げていることが確認できる。個別行政機能別の実施統制手段の増大と、それを支えるための国による積極的財政移転が、戦時期から占領期にかけて進展し、定着しているのである。問題は、このことをもって、この時期に福祉国家型中央-地方関係が形成されたととらえてよいかである。筆者は、次に挙げるいくつかの事実とあわせ考えれば、そのようにとらえることができると考えている。

第1に、この時期に社会保障費（社会事業費）が飛躍的に増加し、自治体の主要な行政分野のひとつに浮上し（図表1-4）、以後定着していることである。衛生費と合わせると1割を超える支出に上っている。[31]

図表1－2　地方歳入に占める補助金などの比率の推移

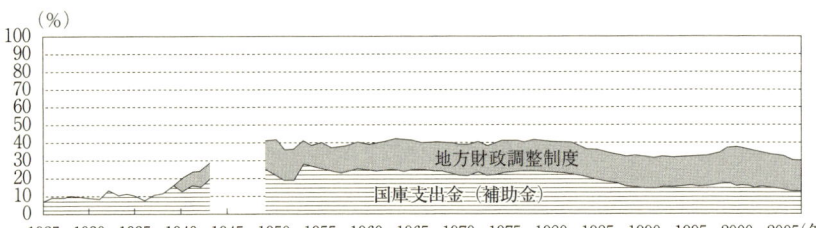

出典：『昭和財政史　第14巻』(1954年)、『昭和財政史──終戦から講話まで　第19巻』(1978年)、および『地方財政統計年報（各年度版）』より作成。(1944～48年度はデータの一部が不備のため省略した)

図表1－3　1949年度予算における地方自治体向け補助金（所管別）

（1949年9月大蔵省主計局調べ）

裁判所	31,704　(0.06)
総理府	4,246,824　(8.17)
法務府	48,540　(0.09)
外務省	19,060　(0.04)
大蔵省	727,400　(1.40)
文部省	23,238,398 (44.72)
厚生省	15,634,627 (30.09)
農林省	6,843,485 (13.17)
通産省	135,066　(0.26)
運輸省	3,510　(0.01)
電通省	250　(0.00)
労働省	1,028,554　(1.98)
建設省	3,154　(0.01)
計	51,960,572　(100)
（単位：千円）	（％）

出典：『昭和財政史──終戦から講和まで　第16巻』(1978年) 表4－2および巻末の付属資料Ⅱ－2より、都道府県と市町村の重複分を除いて筆者作成。

　第2に、図表1－3の厚生省所管補助金の金額と割合の多さが示しているように、自治体の社会保障支出は、国によって積極的に支えられるものとなっていることである。

　第3に、福祉国家を支える制度として、この時期に定率補助金としての国庫負担金制度が確立したことが重要である。かつての補助金は、年度ごとの予算編成の都合で増減されたり、また仮にそうでなくても定額補助であったりしたため、物価の変動や支出の変動などによって実際の補助率が大きく減少するという問題があった。この問題に対処するため、戦時期以来、定率の国庫負担金の制度が徐々に整備されていった。後の歴史篇で詳しく述べるように、この方式の補助金は1940（昭和15）年から部分的に導入され、義務教育費や警察費などに適用されるとともに、戦後になって、一般化していった。

---

31) この時期の社会保障費の飛躍的増大に注目し、占領期に日本の福祉国家形成期を見出す議論としては、ほかに、前掲の林健久（註21）、岡本英男「日本における福祉国家の成立とその展開」金成垣編前掲書などがある。

図表1-4　地方歳出1934年度・1949年度比較

(単位：100万円)

	1934年度	%	%：除公債費	1949年度	%	%：除公債費
教育費	444	(18.2)	(26.3)	93,035	(25.5)	(26.2)
土木費	297	(12.2)	(17.6)	53,877	(14.8)	(15.2)
衛生費	57	(2.3)	(3.4)	10,919	(3.0)	(3.1)
勧業費	186	(7.6)	(11.0)	33,259	(9.1)	(9.4)
社会事業費	48	(2.0)	(2.8)	30,787	(8.4)	(8.7)
警察消防費	101	(4.1)	(6.0)	21,434	(5.9)	(6.0)
都市計画費	51	(2.1)	(3.0)	—		
公共企業費	227	(9.3)	(13.4)	40,563	(11.1)	(11.4)
電気	140					
ガス	2					
水道	70					
自動車	16					
役所役場費	138	(5.7)	(8.2)	55,644	(15.2)	(15.7)
職員費	22					
役所役場費	109					
会議費	7					
公債費	753	(30.8)	—	9,998	(2.7)	
その他	140	(5.7)	(8.3)	15,453	(4.2)	(4.4)
道府県取扱費	8			14,176		
財産蓄積費	27					
その他諸費	105			1,277		
計	2,442	(100)	(100)	364,969	(100)	(100)

出典：『昭和財政史——終戦から講和まで　第16巻』(1978年) 表4-13。

　国庫負担金制度は、いわゆる二重責任説に基づいている。自治体が法令に基づいて実施を義務づけられている事務に関し、国と自治体の相互に利害があるものについて、その円滑な実施を期するために国が費用の全部または一部を負担する（地方財政法10条[32]）というものである。自治体の実施する事務のうち、国も利害を有するものについて、国の財政責任を明確にし、国が費用の一定割合を負担するというものであり、義務教育、生活保護、児童福祉などの個別行政にかかわるナショナル・ミニマムの確保を図るうえで好都合な制度である。福祉国家型の中央－地方関係の確立という観点から見て、この制度が戦後まもないこの時期に整備された意味は大きい[33]。

---

32)　ただし、これは1952（昭和27）年の法改正後のものであり、当初の書きぶりはこれと異なっていた。詳細は、石原信雄＝二橋正弘『新版 地方財政法逐条解説』（ぎょうせい、2000年）序論参照。

第4に、この時期に地方財政調整制度が整備されたことである。1940年に、日本における初の本格的な地方財政調整制度である地方分与税制度が創設された。ほかならぬこの時期にこの制度が誕生したのは、ひとつには、昭和期になって都市と農村の経済格差が著しく増大したことによる。しかし、より重要なことは、総力戦の遂行にとって必要な一定水準の行政を、全国どの自治体にも遺漏なく実施させるために、国による財源の付与が不可欠となったことである。この制度は、戦後も廃止されずに存続し、シャウプ勧告による地方財政平衡交付金を経て、現行の地方交付税制度へと発展してきた。地方財政調整制度が定着・発展したことにより、財政力の弱い自治体でも一定の行政水準を確保することが可能となり、福祉国家におけるナショナル・ミニマムの確保に大きく貢献することになった。

3　行政学創成期の「新中央集権」論

　本書は、日本における現代国家型の中央集権化を解明することを課題としている。温存説を長く通説としてきた日本の行政学は、これまで、この課題に十分に対応することができなかった。しかし、本章5節で詳しく述べるように、日本の行政学の主流が温存説に転じたのは、実は、いわゆる「逆コース」が始まった昭和20年代後半のことである。敗戦後まもない昭和20年代前半は、いわゆる「二重の課題」説が主流であった。「二重の課題」説とは、当時の日本が近代の課題と現代の課題の2つを同時達成しなければならない状況にあるという時代認識のもとに、この2つの課題の緊張関係を論ずる議論である。そして、この議論の中で、当時の行政学者は、「現代」の課題である「新中央集権」について、実は十分な注意を払っていたのである。そこで、本節では、この問題

---

33)　なお、二重責任説に立つ国庫負担金制度は、シャウプ勧告の掲げる「行政責任明確化の原則」と相容れなかったため、地方財政法10条の規定は1950（昭和25）年度と51年度の2年間にわたり適用を停止された。その後、国庫負担金の規定は、52年度に前註の法改正のうえ、形を変えて復活している。シャウプ勧告は、これまで地方分権のバイブルのような扱いをされてきており、現在でもなお評価が高いが、福祉国家の観点とは基本的に相容れないものであったと筆者は考えている。この点については、本書3章2節（4）および5章参照。

について検討することにしたい。

　「新中央集権」という言葉が使用され始めたのは戦後まもない昭和20年代初めのことである。この用語は、先進諸国で当時進行していた中央集権化の現象を一般的に言い表すための概念であり、ある特定の時代を対象としたものではなかった。また、当時、この言葉は価値中立的な概念であり、その後定着したような、特定の時期に進展した中央集権化現象を批判的に指摘するための用語でもなかった。むしろ、この概念が使用され始めた昭和20年代の段階では、「新中央集権」は、日本が達成すべき「課題」として積極的にとらえられていた。当時の行政学者らは、この概念を用いて英米で起こった（ないしは起きている）現象を紹介するとともに、日本も決してこの課題と無縁ではありえないと考えていた。要するに、彼らは、日本においても、現代国家の要請である新中央集権化の課題にいかに対応していくか、その際に地方自治といかなる調和を保ってゆくべきかが重要であると論じていたのである。

　しかし、その後の行政学者は、「新中央集権」をほとんど論じなくなっていった。そして、ある時期から、「新中央集権」は、高度成長期に開発行政を中心に進行した中央集権化現象を指す用語として限定的に使用されるようになり、また、かつての肯定的な含意は失われ、否定的な含意をもって使われるようになっていった。高度成長期の1960年代は、（1）機関委任事務の増加、（2）通達行政の深化、（3）補助金行政の拡大、（4）出先機関の新設・拡充と国の直轄事業の増大、（5）都道府県知事の権限の国への吸い上げなどの中央集権化現象が、開発行政を中心に広く観察された時代であったが、この用語は、そうした現象を、主として批判的に指摘する概念として定着した観がある。[34]

　しかし、新中央集権という用語は、初めからそうした批判的含意を帯びた言葉ではなかったし、また時期を限定して用いられる用語でもなかった。そこで、当初行政学者がこの概念をいかなる意味で使用していたかを、跡づけることにしたい。

　蠟山政道・辻清明・長濱政壽らが昭和20年代の議論をリードした。はじめに、蠟山政道の論文から見ることにしよう。

34）　本章註71参照。

（１）蠟山政道

　蠟山は、1949（昭和24）年に著わした論文「米国における中央・地方の行政関係」[35]において、ジェーン・ペリー・クラーク著『新しき連邦主義の勃興』（1938年）やジョージ・ベンソン著『新しき中央集権』（1941年）などを引きながら、米国における「新しい中央集権」の現象を論じている。[36]

　蠟山によれば、アメリカは、「現代文明の趨勢」である「中央集権化の傾向」を「民主主義を基調とする憲法的または政治的構造といかに調整するか」という「極めて困難な問題」に対して、「異常なる努力を傾注し、実際的にも理論的にも一定の成果を挙げている」という。[37]ニュー・ディール政策の成立を契機として、「米国の行政組織は……中央・地方の行政関係を中心として一大変転期に際会した」。「なぜなら、この未曾有の経済的混乱を救う力をもっているものは中央すなわち連邦政府のみであって、州政府や地方政府は自らの救済を中央に求めねばならないという事態が発生したからである」[38]。もともとはアメリカという国は、憲法構造からしても、またトクヴィルやブライスが観察したように、社会実態や人々の精神的基盤の点からしても、地方分権を「ドグマ」としていた。しかし、こうした「ドグマ」の存在にもかかわらず、第１に、会社組織の発達や金融資本の増大による経済力の集中、第２に、TVAに代表される大規模な資源保存と開発政策の要請、第３に、「最も重要な発展……（として）……国民最低限（national minimum standard）の保障制度が一定の方面に採用され始めたこと」の３つを主要な契機として、中央集権化が進行していった。「社会的事実は通常観念世界の『ドグマ』に先行する」からである。[39]

　地方分権は、専断または独裁政治に対する防塞になりうること、地域的な政策実験を可能にすること、地域環境に応じた政策を可能にし、市民の参加を通じて公共生活における教育と訓練の機会を提供することなどの長所をもつ反

---

35) 蠟山政道「米国における中央・地方の行政関係」『法律時報』21巻７号（1949年）。後に、『行政改革の諸問題』（中央公論社、1961年）に収録。以下の引用は同書による。
36) 蠟山行政学の全体像については、今村都南雄『ガバナンスの探求 蠟山政道を読む』（勁草書房、2009年）参照。
37) 蠟山前掲書162-163頁。
38) 同165頁。
39) 同169-171頁。

面、他州産業との競争力の減退を懸念する工業家の反対のために社会立法の導入が困難であること、各州や各地方政府間の財政力の不均衡に対応できないこと、公益事業のレート規制や治水計画など行政計画の単位として狭小であることなどの短所をもっている。この「行政上の弱点」を克服すべく、中央と地方との間に新たな行政関係が発生し、「それが連邦制度を内面的に変革」している[40]。「内面的に」というのは、そこで「核心となっているのは行政関係であり、行政技術であって、表面的には憲法や政治関係は大した変化もなくて実質は非常な変化を遂げている[41]」という意味においてである。そう論じたうえで、蝋山は、新たに発生した中央・地方の行政関係を例示的に紹介している。

以上のように、蝋山は、この論文の中で、大恐慌という未曾有の事態に首尾よく対応しえたのは連邦政府のみであり、地方分権という「ドグマ」の存在にもかかわらず中央集権化が進んだこと、しかし、そうした集権化は、憲法や政治制度といった「表面」に現れる変化ではなく、行政上の必要に迫られて進行した「内面的」な変化であること、にもかかわらず、そうした変化が憲法や政治関係を実質的に大きく変容させていることを指摘しているのである。

しかし、この論文は基本的に米国事情の紹介を主眼としており、新中央集権化の現象が当時の日本にいかなる意味をもつかについての言及がない。そこで、次に、日本の文脈に即して新中央集権の問題に言及した辻清明「岐路に立つ地方自治法――中央集権と地方分権に関する一考察[42]」を見ることにしよう。

(2) 辻 清 明

よく知られているように、辻は、地方自治法制定直後に著わしたこの論文の中で、いわゆる「二重の課題」論を提起している。敗戦直後の日本が、官僚的中央集権の克服という近代的課題と、社会的中央集権への対応という現代的課

---

40) 同171-176頁。
41) 同166頁。
42) 辻清明「岐路に立つ地方自治法――中央集権と地方分権に関する一考察」『法律時報』19巻7号（1947年）。のちに「地方自治の近代型と日本型」と題名を変え、加筆修正されて『新版 日本官僚制の研究』（東京大学出版会、1969年）に収録。以後の引用は同書による。

題の2つを、同時に達成しなければならないという困難な任務を抱えているという時代認識である。論文の末尾の部分で彼は次のように論じている。

> 新しく定められた地方自治法が当面している最も困難な任務は、あたえられた近代的分権によって旧き官僚制的中央集権を克服しながら、同時に新しい社会的中央集権の要求を満足せしめねばならないところにある。もし地方自治法がこの矛盾を解決しえなかったならば、それは単なる近代的地方自治の『青写真』に堕するであろう。[43]

要するに、辻は、制定まもない地方自治法のもつ「近代的分権」としての可能性を高く評価するとともに、当時の日本が「新しい社会的中央集権」というもうひとつの課題に直面していることを指摘しているのである。とはいえ、この論文の中で、辻は、主として、「あたえられた近代的分権によって古き官僚制的中央集権を克服」するという第1の課題を論じており、第2の課題については、論文の最後の部分で簡単に言及しているにすぎない。[44] 記述の多くは、日英の近代地方自治発達史に費やされており、英国との対比のうえで、明治以来の日本の地方自治が否定的に描き出されている。すなわち、近代国家は、封建割拠の克服による統一の達成という課題と、地方自治の要請とを調整しなければならないが、日本の場合、英国と異なり、この調和を果たすべき条件(議院内閣制と治安判事)を欠いていたため、官僚的中央集権を招くことになったという歴史認識が提示されるとともに、新しく制定された地方自治法が、J.S.ミルのいう「権力的分権」と「知識的集権」の調和という近代的課題を果たさな

---

43) 同153頁。
44) 辻は、「新しい社会的中央集権」に関し、次のように述べている。「それは、単なる『検閲』や『指示』を超えたむしろ『計画』とも呼ばれるべき性質の中央集権である。さきに述べたリージョナリズムの主張や、アメリカにおける地方団体の自治権を擁護する目的をもつHome Ruleが今日すでに時代錯誤といわれているのは、こうした現象の一つの萌芽である。そのことはとりも直さずミルに示されたような中央集権と地方分権との有機的結合を成立せしめている市民社会的地盤の動揺を意味するものにほかならない」(同153頁)。
　市民社会的基盤の動揺やHome Ruleが時代錯誤になりつつあることの指摘などからして、辻が、欧米において、近代的な地方自治のあり方が大きく変容を迫られているという認識をもっていたことがうかがえる。

ければならないことの指摘が、この論文の主旨である。

　このように、辻は、近代と現代という「二重の課題」を提起しておきながら、主として近代の課題に大きく傾注している。このことの意味は、同時期の彼の別の論文「公務員制の意義と限界」[45]を参照することによって、一層明確になるだろう。この中で、辻は、近代的課題と現代的課題の関係を定式化しているからである。そこで、本書の対象である中央－地方関係からやや離れることになるが、近代官吏制度発達史と制定まもない国家公務員法を主題としているこの論文を、ここで簡単に見ておくことにしたい。

　この論文の中で辻が示している歴史把握によれば、官吏制度は次の３つの段階を経なければ、その正常な発展が望めない。すなわち、（１）絶対主義の段階、（２）近代の自由主義の段階、（３）現代の「社会職能国家」の段階である。

　英米など欧米先進国家は、この３段階を経て、「社会職能国家」の段階を迎えている。ところが、日本の場合、英米と異なり、「官吏制度の３つの過程を正常な歩調で経過することなく現代の変革期に当面して」いるため[46]、官僚制の民主化という第２過程の課題を未だ達成していない。先進民主主義国家の場合は、この第２過程において、議会に基礎を置く市民階級が王権との争奪戦に勝利を収め、官僚を「自己の侍僕たらしめる」ことに成功した。その観点からすれば、今日批判されることの多いイギリスの情実任用やアメリカの猟官制も、「民主政治（popular government）の確立と官僚制の破砕に寄与した」という意味において、その歴史的役割が高く評価されるべきである[47]。これら先進諸国は、第２過程の課題である民主化を十分に果たし終えた段階で、第３過程における新たな課題である能率化の問題に直面しているからである。

　これに対して、日本の官僚制は、民主化という第２過程の課題の達成がおぼつかない段階にあるにもかかわらず、能率化という現代的課題に直面している。辻の危惧は、敗戦まもなく未だ民主化の課題を十分に達成していない日本の官僚制に、いたずらに、公務員の身分保障や政治的中立性の確保などという能率

---

45) 辻清明「公務員制の意義と限界」『国家学会雑誌』63巻４号（1949年）。のちに前掲『新版 日本官僚制の研究』に収録。以後の引用は同書による。
46) 同24頁。
47) 同14頁。括弧内は原著者。

化の課題をもち込むことによって、かえって、「旧い官僚制は脱皮を完遂することなく、むしろ粧われた新しい官僚制の衣装の陰に依然としてその特権的地位を保持しつづけて行く」ことであった[48]。アメリカの場合、改革の課題は、「いわば『民主制の過剰性』より生れた猟官制から合理的人事行政を保護することであったのに対し、わが国の場合では、むしろ『民主制の稀薄性』から出現した官僚制に対してまず民主的人事行政を確立しなければならな」いからである[49]。

　要するに、辻は、絶対主義段階の要素が色濃く残る日本の場合、現代国家の課題を正常に達成するためには、まず近代自由主義段階の課題が達成されなければならないという認識を示しているのである。なるほど第1過程と第3過程の官僚制のあいだには、公務員の特権性ないし身分保障、あるいは議会勢力からの一定の自律性などという外面的な類似性が認められるものの、第2過程を経るか経ないかでその実態は著しく異なるからである。敗戦後の日本が官僚制の民主化（第2過程の課題）と能率化（第3過程の課題）という「二重の課題」を背負っていることを指摘しながら、彼が第2過程の課題の達成を強調するのは以上の認識に基づくものであった。

　前述のように、辻の地方自治論は2つの課題を設定しておきながら近代的課題の方に重点を置いているのであるが、その背後にあるのは、ここで見たように、近代自由主義段階の課題の達成がおぼつかない状態で現代的な能率的官僚制の導入を急ぐことに対する彼の危惧であった。

　このように、辻の官僚制論と地方自治論は、その時代把握と課題意識の点で照応しあう関係にあるのだが[50]、両者のあいだには微妙な違いも見受けられる。

　それは、官僚制改革の文脈では、先の引用部分、すなわち、「アメリカにおける改革方向が、いわば『民主制の過剰性』より生れた猟官制から合理的人事行政を保護することであったのに対し、わが国の場合では、むしろ『民主制の稀薄性』から出現した官僚制に対してまず民主的人事行政を確立しなければな

---

48)　同27頁。
49)　同48頁。
50)　この点に関しては、西尾隆「辻清明『日本官僚制の研究』」佐々木毅編『現代政治学の名著』（中央公論社、1989年）参照。

らな」いからも明らかなように、優先順位が与えられ、あくまでも近代的課題の達成が先決であるとされているのに対して、地方自治制度改革の文脈では、先の「あたえられた近代的分権によって旧き官僚制的中央集権を克服しながら、同時に新しい社会的中央集権の要求を満足せしめねばならない」（ともに傍点は引用者）からもうかがえるように、2つの課題が同等に位置づけられており、その同時達成の必要性が強調されている点である。

　最大の理由は、両論文の執筆時期の違いによるものと思われる。「岐路に立つ地方自治法」は、地方自治法制定直後の1947（昭和22）年7月に執筆されている。これに対して、「公務員制の意義と限界」が執筆された1949年4月は、新しい公務員制度の「効果も未だ現れない短兵急の改正」によって、国家公務員法が「著しい後退」を経験した後のことであった。しかもそうした改革が、「粧われた新しい官僚制の衣装」をまとってなされている点に辻は強い危機感を抱いており、おそらく、そのことがこの論文の直接の執筆動機になっている。

　これに対して、「岐路に立つ地方自治法」は、「『知識的集権』と『権力的分権』の見事な総合の象徴」であり「近代地方自治の素晴らしい理念をあたえてくれた」と辻が高く評価する地方自治法が制定された直後に書かれた論文である。国家公務員法の場合のように、新制度の根本理念を揺るがしかねないような改革の試みも現れていない。そこで、辻は、論文の末尾の部分で、地方自治法が新しい社会的中央集権の要求を満たすことに失敗するならば、それは「単なる近代的地方自治の『青写真』に堕」してしまうだろうと断じ、安心して現代的課題を強調することができたのである。しかし、辻はこれ以後、「新しい社会的中央集権」を論じなくなってしまった。

　ではなぜ辻は、これ以後、彼の設定した課題である「社会的中央集権」を論

---

51) 辻前掲書27-28頁。具体的には、合議制の「人事委員会が強力な権限を有する単独制の人事院と改められ、特別職が著しくその範囲を制限され、公務員の政治活動が手も足も出ないほど封ぜられ、弾劾制が見事に葬り去られ、公務員組合の労働権（ママ）が完全に骨抜きとなった事実」が問題視されている。

52) 同143頁。ただし原論文では「美事な結合の象徴」となっている。辻前掲「岐路に立つ地方自治法」『法律時報』19巻7号（1947年）7頁。

53) 辻前掲書151頁。

じなくなってしまったのであろうか。おそらく、その最大の理由は、「社会的中央集権」を論じることによって、かえって旧来の中央集権の復活に手を貸すことになりかねないという危惧をもったからだと思われる。

　たとえば、当時自治官僚であった岸昌は、1951（昭和26）年に雑誌『自治研究』に発表した論文の中で、「終戦後多少のゆきすぎがあつたとみられるわが国の地方自治制度を、わが国の実情に相応した妥当な制度に改めようとする場合にも、まず問題となるのは府県の性格をどう修正するか、という点であろう」と指摘し、「国と府県の一体化をつよく推し進めることによつて地方自治法のゆきすぎを改める」ことなどを提唱している。岸は、その論拠のひとつとして、辻の一節を引いて、「わが国の地方自治が一方において『近代的分権によって旧き官僚的中央集権を克服し乍ら、同時に新しい社会的中央集権の要求を満足』させるという『矛盾の解決』をせまられている」ことを挙げている。

　辻は、地方自治法のもたらした近代的分権を高く評価しつつ、それを現代的な要請である「新しい社会的中央集権」といかに調和させるかが今後の課題であると述べている。それに対して、岸は、戦後改革そのものを「ゆきすぎ」があったととらえ、「ゆきすぎを改める」、つまり復古的な改革をするための論拠として、辻の言説を利用しているのである。

　国家公務員法の場合と違って、地方自治法の場合、制定時の理念を根本から変えてしまうような改正の動きが制定直後に現れることはなかったが、占領末期に始まるいわゆる「逆コース」の時代になると、ここで見るような「ゆきすぎ是正」の動きが現れてきた。こうした中で、辻にとって、「新しい社会的中央集権」の要請に対処するという課題よりも、「あたえられた近代的分権」をいかに守り、根付かせるかが重要になったのである。そして、辻ひとりにとどまらず、戦後の行政学全体が、もっぱらこの後者の課題に精力を傾注してきたといってよいだろう。

　いずれにしても、ここで確認しておきたいことは、辻が現代的課題よりも近

54）　岸昌「府県の性格及び機能（1）（2）」『自治研究』27巻10・12号（1951年）。
55）　岸前掲（1）17頁。
56）　岸前掲（2）44頁。
57）　岸前掲（1）18頁。

代的課題を優先させたのは、日本が社会経済的に遅れていると考えていたからではないことである。彼が問題にしたのは、日本の社会経済的な立ち遅れではなく、その政治的立ち遅れであり、日本が近代国家として踏むべき過程を正常に歩んでこなかったことである。社会経済的に立ち遅れているのであれば、そもそも「現代的」課題など現れてくるはずもない。彼は近代的課題が現代的課題よりも優先して取り組まれるべきことを主張していたのであって、現代的課題の存在そのものを否定していたのではない。繰り返すまでもなく、彼の危惧の背後にあったのは、近代国家として正常な政治的発展を遂げてこなかった日本が、自由主義国家の段階を十分に経ることなしに、行政の能率化によって社会的矛盾の解決を図らざるをえないという社会経済的状況──「社会職能国家」の段階──を迎えてしまっているという時代認識であった。「近代」という政治的実践に乏しい日本がいきなり「現代」という時代を迎えてしまっているというのが、辻の危惧の底流をなしていた問題意識であった。その意味で、次に見る長濱政壽の場合と同様に、辻清明も、日本と欧米が同時代的状況にあることを強く意識していたのである。

（3）長濱政壽

　長濱政壽も、辻と同様の時代認識を示しているが、辻とはやや異なった議論を展開している。長濱は、中央－地方関係論に関して多くの著作を残しているが、ここでは、敗戦直後に著わした『知事公選の諸問題』に即して彼の議論を見ることにしよう。

　1946（昭和21）年2月に一般市民向けに行った大学開放講座の講演草稿に手を加えたというこの著作で、長濱は、その題名が示すとおり、敗戦後まもなく各界から沸き起こった府県知事の公選を求める議論に対し「行政学的考察」[58]を加えている。

　この著書の末尾で、彼は、現行府県は廃止し、府県の実施している国政事務[59]はあらたに設置する道州に、自治事務は市町村に移譲するとともに、道州庁長官の地位を公選の官吏にすることを、いくつもの留保をつけて主張してい

---

58) 長濱政壽『知事公選の諸問題』（有斐閣、1946年）6頁。

る。しかし、ここで重要なのは彼の導き出した結論ではない。重要なのは、彼がいかなる立論によってそうした結論を導き出したかである。

辻と同様に、長濱もまた、当時の日本が「矛盾した二重の問題」に直面しているという時代認識を示している。

では彼のいう「矛盾した二重の問題」とは何であるか。第1の課題は官僚制の打破である。彼はいう。

> 官僚とは何か。彼は絶対主義国家に於ける政治的支配者としての官吏である。近代官吏は絶対主義国家に於て発生した。……彼等は絶対主義権力の担当者である。……従つて、自由主義社会の成立と共に官僚は否定されざるを得なくなつてくる。然し、その後進国性に基いて絶対主義的支配が尚根強く残つてゐる場合、換言すれば自由主義的勢力が本来の意味に於て強力に成長し得なかつた場合、この官僚勢力は後まで残存することになる。（中略）
>
> 日本の官僚も亦明治維新後の産物である。……その後進国性の故に、憲法（明治憲法のこと――引用者註）制定後に於てもその権力の実質を失ふことなしに、むしろ或る意味では制度的に保証されつつ、今日に至つてゐる。……公選論がかゝる意味に於ける官僚に対立する限り、その要求は積極的に支持されなければならない。

しかし、これに続けて、第2の課題があることを付け加える。

> 然し、他方に於て、それは尚考慮さるべき問題をひそめてゐる。公選論がポレーミッシュな政治的意味を持つものとして上記の如く支持されうるとしても、それが行政上に如何なる結果をもたらすかは別箇に考察さるべき問題である。……官僚勢力の否定が同時に専門的行政職員の否定とならないところに、現代の公選論の意味がある。さきに行政国家化の傾向といふ用語を用ひたが、それをいはゆる執行権強化の傾向と表現し直してもよい。執行権強化を、その文字面にとらはれて、独裁と同一視してはならない。独裁は全く別箇の思想的地盤と国家観に立脚する。

---

59) 「国政事務」は国の事務という意味であり、戦前から戦後しばらくのあいだ多用された語である。後述のように、戦前の知事は、国の総合的出先機関であるとともに府県という自治体の長であった。したがって、ここでいう国政事務は、知事が国の出先機関として処理する事務と、国から府県への団体委任事務を包含した概念である。これに対して、市町村（および戦後の都道府県）の場合、国政事務とは、団体委任事務と機関委任事務を総称した概念である。
60) 長濱前掲書78-85頁。
61) 同35頁。
62) 同26-32頁。

このように論じたうえで、長濱は、「自治権の拡充と官吏の公選とで我々の問題は終つてしまつてゐるのであるか。知事公選を文字通り解釈して公選知事による府県行政を採用すればそれで万事はよいのであるか」と反問するのである。

それでは、現代国家において長濱のいう「執行権強化」を要請するものは何なのであろうか。長濱はさらに次のように続けている。

> 若し現代がなお資本主義の発展期であるならば、資本主義が何らの社会問題をも発生せしめないのであるならば、日本に今や旺盛なる生産意思が充満してゐるのであるならば、国土が何ら荒廃しておらず、破壊がみあたらないと云ふのであるならば、失業と餓死が一時的現象であり本人の責に帰さるべきものであるならば、現状が計画と統制を国家職能に要求するのでないならば、総じて世界があの自由主義の時代であるならば、我々の反問は愚問以外の何ものでもない。だが、我々は過ぎ去りしむかしを構想することによつては問題を解決し得ない。[63]

以上から、われわれは、辻と長濱がともに「二重の課題」を意識しながら、力点の置き方を異にしていることを確認することができる。辻の場合、能率的な公務員制度の樹立という現代的要請に目を奪われることによって絶対主義官僚制の打破という近代的課題が見失われるようなことになってはならず、後者の達成がなお不十分な段階において前者の課題に取り組むことは旧い官僚制の温存に手を貸すことになりかねないと考えていた。これに対して、長濱は、現代国家には、資本主義の矛盾を積極的に解決してゆくための強力な執行権が要請されているのであり、官僚権力の打破を追求するあまり行政機構の能率化が否定されるようなことになってはならないと考えていたのである。

しかし、このような長濱の議論に対しては、それが結果的に旧い官僚制の復活に手を貸すことにつながるのではないかという反論が出てこよう。それに対して彼は、1952（昭和27）年に著わした別の著作で次のように応えている。

> ……次のような批判があるかもしれない。このような原理はアメリカやイギリスのような民主主義的政治体制の既に実現されている国においてこそあてはまるが、それを無批判的に日本に持ち込むことは危険である、という批判である。たしかに、この

---

63) 同33-34頁。

批判には傾聴すべきものがある。場合によっては、この原理は官僚主義的中央集権を結果において支持することになりかねないからである。然しながら、この批判に応えるためには、一般にまず、次の事実をあげておかなければならない。イギリスやアメリカにおける中央集権化は、さきにもみたように、国家職能の拡大もしくは職能国家（service state）化と関連してあらわれてきている。ところで、現代の日本が一般にこのような職能国家とは無関係であると主張することができるであろうか。換言すれば、行政はレッセ・フェール的職能を営むことを以って十分であるとすることができるであろうか。職能国家的現実を否定するものは中央政府および地方団体の一切の積極的な行政活動を否認し、その上に立ってでき得る限りの職能を地方へ委譲することを理想としなければならなくなる。然しながら、それは余りにも19世紀的なアナクロニズムである。このようにみてくるならば、能率原理の一方的な強調は危険であるけれども、全体としては職能国家的現実があらわれている点からして、解決の原理そのものは、日本においても、能率と民主的統制との調和ということに求めなければならない。そして、少なくとも憲法的に表現された日本の基本的政治構造とその目標とが民主主義を原理としていることを考えるならば、特にこのことは強くあてはまる。(括弧内は原著者)[64]

長濱はあくまでも、旧い官僚制の復活を恐れるあまり能率化と新中央集権化という現代的課題をおろそかにしてはならないと主張しているのである。

以上見てきたように、昭和20年代を代表する３人の行政学者は、いずれも、新中央集権を、当時の日本が達成すべき課題として積極的にとらえていた。

まず蠟山は、アメリカにおいて当時進行中であった新中央集権化を紹介した。新中央集権が「現代文明の趨勢」である以上、これを避けることはできない。そうである以上、重要なのは、新中央集権を「民主主義を基調とする憲法的または政治的構造といかに調整するか」である。蠟山は、アメリカが分権と集権の調和という「世紀の難問題」[65]に対して「異常なる努力を傾注し、実際的にも理論的にも一定の成果を挙げて」きたことを評価していた。

この態度は、新中央集権化の問題を日本の文脈に即して議論した辻や長濱についても基本的に共通していた。彼らにとって、新中央集権の要請にどう応え、それを地方分権とどう調和させるかは、当時の日本にとって重要な課題であっ

---

64) 長濱政壽『地方自治』（岩波書店、1952年）129-130頁。
65) 蠟山前掲書163頁。

た。ただ、辻と長濱が異なっていたのは、近代的課題の達成が不十分な段階で現代的課題に取り組むことの危険性をどう判断するかについてであった。辻の場合、国家形成の初期条件がその後の歴史発展に与える影響を決定的に重視するため、この危険性に敏感であったのに対して、長濱の場合は、この問題を比較的楽観視していたといってよい。というよりも、長濱の場合、この問題に拘泥するあまり、行政の能率化という課題がおろそかにされることをこそ恐れたのである。いずれにしても、新中央集権化が現代国家にとって不可避な現象であること、そうであるならば、集権化の要請を等閑視すべきではなく、それを地方分権といかに調和させるかが行政学にとっての課題であること、の２点が、当時を代表する３人の行政学者に共通する認識であった。

---

66) 辻行政学の方法論に関しては、牧原出「〈書評〉辻清明著『公務員制の研究』」日本行政学会編『統治機構の諸相』（ぎょうせい、1992年）参照。

67) ここで、村松岐夫による辻と長濱の評価について言及しておきたい。前掲『地方自治』１章で、村松は、辻の「岐路に立つ地方自治法」（1947年）を「戦前戦後連続論」、長濱の『地方自治』（1952年）を「戦前戦後断絶論」ととらえている。しかし、辻について言えば、本論で詳しく述べたように、辻の1947年論文は制定まもない地方自治法を高く評価しており、これを「連続論」（温存説）ととらえることには無理があるように思われる。本章５節で見るように、辻が温存説に転じるのは「逆コース」期のことである。村松の辻理解は、その後の辻を読み込んだものといわざるをえない。

長濱について言えば、戦時行政のなかに現代行政を見出した長濱を「戦前戦後断絶論」の始祖ととらえることについて、やはり違和感を覚える。長濱を「地方自治の現代理論」の始祖とすることについては異存がない。現代国家の下では近代的＝古典的地方自治は成り立ちえないということを長濱ほど強調した者はいなかったからである。しかし、長濱においては、現代行政は「戦後」からではなく、戦時期に始まったととらえられている。

本論の引用部分からも明らかなように、長濱が強調するのは執行権強化と新中央集権の要請であり、これらは、政治体制というよりもむしろ、基本的に社会経済状況に規定される問題である。村松のいう「戦前戦後断絶論」は、敗戦による正統性の転換、およびそれによる国会と政党の役割の増大という「政治体制」の転換を重視し、その潜在的可能性が高度成長期以降に発現したという議論である。こうした認識枠組みは村松自身のものであり、長濱の著作にそれを見出すことはできない。村松前掲書、村松岐夫「地方自治論のもう一つの可能性――諸学説の傾向分析を通して」『自治研究』55巻７号（1979年）、村松岐夫『戦後日本の官僚制』（東洋経済新報社、1981年）参照。また、長濱の戦時行政理解については、長濱政壽「行政学の現実的基礎（１）（２）」『法学論叢』45巻５・６号（1941年）参照。

なお、彼らはいずれも、「福祉国家」ではなく「職能国家（service state）」という語を用い、職能国家化にともなって新中央集権化が進行すると論じているが、彼らのいう「職能国家」が今日われわれのいう「福祉国家」を指していたことは間違いないものと思われる。「職能国家」は、今日ではほとんど死語となっている。筆者の理解では、この語は、今日の福祉国家と同様の意味で用いられることもあれば、福祉国家に先立つ19世紀後半から20世紀初頭の頃の都市化と産業化の初期的進行に対応して政府機能が拡大し始めた時期の国家のあり方を指して用いられることもある。蠟山が具体的にニュー・ディール政策に言及し、またナショナル・ミニマムを論じていることなどからして、ここでいう「職能国家」は、今日われわれが言うところの「福祉国家」と基本的に同義であったと理解してよいだろう。当時はまだ「福祉国家」という語が定着していなかったまでのことである。

　いずれにしても、その後の行政学の中で、以上に確認したような課題意識は急速に失われていった。むしろ、新中央集権を論じることは、旧い集権体制の復活に手を貸すことになりかねないという理由から、意識的に回避されてきた[68]。

　先に、いわゆる「逆コース」期に、当時の自治官僚の岸昌が、戦前の府県制度を復活させる論拠として、辻の新中央集権論を利用したことを見た。その後も、新中央集権論は、政府の（旧）憲法調査会（1956〜65年）でとりあげられ、憲法上の地方自治権を制約するための論拠として用いられている。新中央集権は、本来、蠟山が指摘したように、憲法や政治関係における集権ではなく、行政技術や行政関係における集権であり、それを憲法的・政治的な分権といかに調和させるかがこの問題の核心であるはずなのに、憲法調査会の議論においては、この点がまったく誤解（あるいは曲解？）され、憲法上の地方自治権の制約を根拠づける概念となってしまっている[69]。新中央集権は、「逆コース」期にあっ

---

68) 新藤前掲『行政改革と現代政治』39頁。
69) 憲法調査会『憲法調査会報告書』（憲法調査会、1964年）。憲法調査会第三部会『国会・内閣・財政・地方自治に関する報告書』（憲法調査会報告書付属文書第9号、1964年）。なお、自身も憲法調査会委員であった蠟山は、新中央集権を根拠とする憲法改正の必要性を明確に否定している。第三部会同報告書314頁。

て、確かに「取扱注意」の概念であった[70]。

 そうしたこともあって、その後の行政学は、この概念を意識的に封印してきた。しかし、そのことは、他方で、現代行政にかかわる重要な認識上の欠損をもたらすことになってしまった。昭和20年代前半の新中央集権論において、新中央集権化は、行政の現代化にともなう不可避的な現象としてとらえられていた。「不可避」といっても、それを丸ごと是認せよと言っていたのではない。一定の必然性を認めたうえで、それを地方自治の要請といかに調和させるべきかというアプローチがとられていたのである。そして、このような規範的な課題意識の背後にあった学術上の視点は、現代の集権化を、「新しい集権化」として、旧来のそれと峻別しようとする姿勢であった。つまり、当時の行政学は、集権体制の質的相違を認識する視点をすでに十分に持ち合わせていたのである。

 しかし、その後の行政学は、創成期にたしかに保持していたこの認識を、かなぐり捨ててしまった。行政の現代化にともなう不可避的な現象である新中央集権化に正面から向き合うことを避け、分権と集権を、単純な一次元的な図式で、さらに言えば、場合によっては、善悪二分論でとらえるようにすらなっていった。

 筆者は、新中央集権論のその後を必ずしも完全に捕捉しているわけではない。明らかなことは、1980年代になって行政学者がこの語を再び頻繁に使い始めた時には、もはや福祉国家と関連をもつ肯定的な含意はなくなり、代わって、日本のある特定の時代（高度成長期）を対象とし、主として開発行政の側面で生じた中央集権化現象を批判的に論じるための用語となっていたことである[71]。その過程で、この語がかつて有していた豊かな理論的含意は失われていった。

 しかし、行政学者が新中央集権化を論じることをいかに回避しようとも、当時の日本がすでに「社会職能国家」の段階に達していた以上、新中央集権化は、好むと好まざるとにかかわらず、間違いなく進行していたはずである[72]。社会経済的にすでに現代国家の段階を迎えていた日本が、「現代文明の趨勢」である

---

70) この点については、今村前掲『行政学の基礎理論』16章、西尾勝「憲法と地方自治〈現代地方自治講座〉講演記録」（北海道地方自治研究所、1977年）なども参照。

新中央集権化を回避することは不可能だったからである。

蠟山政道がいうように、新中央集権の「核心となっているのは行政関係であり、行政技術であって、表面的には憲法や政治関係は大した変化もなくて実質は非常な変化を遂げ」るものである。したがって、われわれ行政学者は、「表

---

71) ここで、「新中央集権」のその後の用語法の展開についてふれておきたい。
　　憲法調査会『報告書』の後は、当時自治官僚だった久世公堯が、この概念、および当時の新中央集権化現象について本格的に論じている。久世公堯「新中央集権主義と地方自治の調和（1）（2）」『自治研究』42巻1・2号（1966年）。久世は、この中で、新中央集権化の背景として都市化・産業化にともなう地域共同体の変化と福祉国家の2つを挙げている。また、当時の中央省庁が「新中央集権主義の美名にかくれて、その権限欲をあらわにして」いることを批判している（（1）118頁）。この段階では、まだ、新中央集権という概念が福祉国家の関連で理解されていること、また、「美名にかくれて」と言っていることからして、肯定的な含意の用語であったことがうかがえる。
　　時代が下って1980年代になると、本文でもふれたように、新中央集権は、高度成長期に開発行政を中心に起きた中央集権化現象を、多くの場合、批判的に指摘する概念として用いられるようになっている。例えば、鳴海正泰『戦後自治体改革史』（日本評論社、1982年）145-148頁、西尾勝ほか「新々中央集権と自治体の選択」『世界』451号（1983年）、新藤宗幸『行政改革と現代政治』（岩波書店、1986年）27-33頁、西尾勝『行政学』（放送大学教育振興会、1988年）53-54頁、新藤宗幸『地方分権（第2版）』（岩波書店、2002年）46-49頁などである。村松前掲『地方自治』も、鳴海を引用しつつ、やはり高度成長期を対象として、価値中立的にではあるが、この語を用いている。ただし、西尾については、その後の教科書では、「新中央集権」の時期を必ずしも高度成長期に特定せず、広く「戦後」の現象としてとらえている。西尾勝『行政学』（有斐閣、1993年）78頁（2001年の新版86頁も同様）。
　　ついでながら、西尾は、高度成長期の地方自治と中央−地方関係の諸相を描き出した1979年の論文「過疎と過密の政治行政」日本政治学会編『55年体制の形成と崩壊』（岩波書店、1979年）のなかで、一級河川の管理権限の国への引き上げなどに言及しながらも、「新中央集権」という語を用いていない。この点から判断すると、おそらく、当時広く地方自治研究者のあいだで読まれた鳴海の著作（1982年刊）が、「新中央集権」の新たな用語法を定着させるきっかけを作ったものと推測される。
72) このように論ずると、筆者が当時の日本で進行した中央集権化を「肯定的」に評価しているとの印象を与えるかもしれないが、本意ではない。本書の主張は、戦時期から占領期にかけて進行した中央集権化が現代国家のある種の必然に基づいていたということである。それは「ある種の必然」であって、ありうべき「唯一の必然」ではない。行政学者にとって重要なことは、この必然性を認識したうえで、地方自治の侵害にならないような中央政府と地方自治体の合理的な相互関与のあり方を探るという態度であろう。この点については、第Ⅲ部で再論する。

面的」な憲法や政治関係をいったん離れて、「内面的」な行政関係や行政技術に注目しなければならない。そのことによって、われわれは、戦時期から占領期にかけての日本が経験した表面上の激しい政治的な揺れ動きにもかかわらず、行政の内面深く進行したある方向への着実な変化を見出すことになるであろう。

4　本書の主要概念および歴史叙述の特徴

（1）単線的歴史理解とその問題点

　日本の中央－地方関係史は、これまで単線的に理解されてきた。それは、基本的に、次のような理解であったといってよい。

　明治中期に確立された戦前の地方制度は、知事を官選とし、また内務大臣が府県と市町村の一般的監督権をもつ集権的な体制であった。この体制は、大正末期と昭和初期の改革によって一定の分権化がなされ、自治権が拡充したものの、太平洋戦争中の復古的な改革によって再び集権化し、敗戦を迎えた。

　戦後は、総司令部の意向によって知事公選制が導入され、また、地方自治体に対する内務大臣の一般的監督権が廃止されるなどの分権化が実現した。しかし、この改革は、明治以来の機関委任事務制度の存続を許したことによって、戦前の集権体制を基本的に温存させてしまった。戦後日本の地方自治は初めから大きな制約を背負ってスタートした。しかも、占領末期に始まるいわゆる「逆コース」改革によって、占領下で分権化された警察制度と教育制度が再び集権化された。高度成長期になると、開発行政を中心にいわゆる新中央集権化が起こり、都道府県知事の権限の一部が出先機関へ吸い上げられるほか、機関委任事務や補助金によるタテワリ行政化が進行した。その後、革新自治体の時代や「地方の時代」を経て、1990年代になって地方分権の必要性が唱えられるようになり、2000（平成12）年の地方分権一括法施行によって、明治以来の機関委任事務制度が廃止された。

　この通説的な歴史認識の最大の難点は、現代型集権体制の形成過程を理解できないことである。明治期に成立した集権体制がいつどのような要因で現代型集権体制へ移行したのか、この見解では不分明のままである[73]。この歴史理解は、

さらに分解すれば、以下の3つの問題を抱えている。
　第1の問題は、占領期の理解にある。この見解では、占領期は、総司令部の主導で一定の分権化が実現したものの、基本的には明治以来の集権体制が温存されたものとしてとらえられている。ここでの問題は、占領下の「集権」をどう理解するかである。通説では、旧体制の「残存」ととらえられる。しかし、本書の立場からすると、占領期の集権化は、戦時期以来の行政の膨張と専門化に起因するものであり、基本的に「新しい」現象として理解される。戦後改革のやり損ないとか、戦前の集権体制の残存ととらえてしまうと、日本の集権体制がこの時期に遂げた大きな「変容」を見逃してしまうことになる。また、通説は、総司令部がこの時期の集権化の主要な推進勢力であったことを見逃している。歴史篇で詳しく述べるように、総司令部は、一方で分権化を推進するとともに、別の側面において、集権化を推進したのである。そして、この両者は、基本的に、相互に独立の過程として進行した。
　第2の問題は、通説が戦時期と占領期を分断してとらえてしまっていることである。たしかに、占領期が日本の中央－地方関係にとって最重要な画期であることは間違いない。明治以来の集権体制がここで終わっているからである。しかし、それと同時に、戦時期と占領期を連続してとらえる視点も必要である。本書のいう機能的集権化は、戦時期から占領期にかけて連続して進行している。明治以来の旧い集権体制を終焉させたという意味で、占領期はたしかに画期であった。しかし、現代型集権体制の形成という意味では、占領期は、それに先立つ戦時期と連続している。このように、日本の中央－地方関係史の正確な理解にとって、「複線的」な認識をもつことは不可欠である。現代の始点は、必ずしもひとつであるとは限らない。なお、この歴史観をめぐる問題については、本章5節（2）でいわゆる「総力戦体制論」を検討する際に再論する。
　第3の問題点は、新中央集権の用語法である。前節で詳しく述べたように、新中央集権という語は、昭和20年代においては、現代国家型の中央集権化現象

73）　さて、このようなお馴染みの中央－地方関係史の素描を否定するとして、では、果たして、それに代わるどのような素描をすればよいのか。筆者がかつて行政学の教科書の分担執筆の中で示した素描は、そのひとつの試みである。市川喜崇「中央－地方関係と分権化」福田＝真渕＝縣編『行政の新展開』（法律文化社、2002年）。

図表1－5　所管省別機関委任事務の設立年次

	1944年以前	1945-49年	1950-54年	1955-59年	1960-64年	1965-69年	1970-74年	計
総理府	1	5	2	3	3	5	10	29
法務省		1	1		1			3
外務省			1					1
大蔵省			1	1			1	3
文部省		8	16	6	2			32
厚生省	6	25	18	12	9	8	4	82
農林省	5	11	16	5	7	6	5	55
通産省		3	10	3	4	2	7	29
運輸省	2	2	5		1	2	1	13
郵政省			1					1
労働省		7	2	1	1	4		15
建設省	5	3	10	6	13	6	4	47
自治省		4	6	1	2	1	3	17
計	19	69	89	38	42	35	35	327

註：東西合同地方財政研究会資料「機関委任事務改革の方向」(1977年) 8頁。
出典：高木鉦作「都道府県の事務」全国知事会編集・発行『変動期における都道府県政』(1979年)。

を一般的に表すための概念であった。ところが、ある時期から、この語は、高度成長期の集権化を限定的に表すものとして使用されるようになっていった。こうした用語法の変化の影響もあって、日本における現代型集権化現象が高度成長期になってようやく始まったかのような理解がなされるようになってしまった。その結果、それ以前の、戦時期から占領期にかけて起こった、やはり現代型の新しい集権化現象に、関心が及びにくくなっている。

以上の3点のうち、前2者については、詳細は歴史篇に譲ることとし、ここでは、第3点についてのみ、ふれておきたい。高度成長期に開発行政を中心に中央集権化現象が起きたこと、またそれが現代国家型の集権化であることについて、ここで争うつもりはない。本書も基本的に同じ認識に立つものである。問題は、高度成長期を上回る新中央集権化現象がそれ以前の時期に起きていたことを、この見解が見逃していることである。

前節で述べたように、一般に、(1)機関委任事務の増加、(2)通達行政の深化、(3)補助金行政の拡大、(4)出先機関の新設・拡充と国の直轄事業の増大、(5)知事の権限の国への吸い上げなどが新中央集権化の具体的な現れであると考えられているが、これらの多くは、高度成長期以前にすでに本格化しているからである。

第Ⅰ部　課題と視角

　歴史篇で詳述するように、出先機関の新設・拡充は戦時期から占領期にかけてすでに本格化している。また、本章２節の**図表１－２**（22頁）で確認したように、補助金の増加にしてもそうである。**図表１－５**は、1977（昭和52）年時点の都道府県の知事およびその他の執行機関への機関委任事務について、設立年次を調べたものである。件数としては高度成長期よりも戦後10年間の方が多く、とりわけ、社会保障分野でその傾向が顕著である。日本における新中央集権化が、高度成長期以前にすでに始まっていたことを強く示唆するデータである。日本における新中央集権化をめぐる議論は、公共事業という特定の分野に焦点を当てすぎた結果、歴史認識を誤っていた可能性が強い。この点については、第Ⅲ部５章２節で再論する。

（２）本書の主要概念

　次に、本書の主要概念を紹介しておきたい。

① 地方自治の〈一般的事項〉と〈個別行政〉

　この分類枠組みは、高木鉦作による「包括的自治体」と「個別行政」という２分類を踏襲したものである[74]。本書では、包括的自治体に代えて〈一般的事項〉という表現を用いるが、内容は同じである。

　〈個別行政〉とは、教育、福祉、農政、公共事業など、地方政府が実施している個別の事務、およびそれに関する中央－地方の関係のことである。地方政府は、個々の具体的なさまざまな施策や事業を、多くの場合、教育なら文部科学省、福祉なら厚生労働省、農政なら農林水産省、公共事業なら国土交通省というように、特定のいわゆる事業官庁と一定のかかわりをもちながら実施している。

　しかし、地方政府に関する事項は、そうした個々の特定の事務や政策分野に解消され尽くしてしまうわけではない。例えば、長の選任方法を官選にするか民選にするかとか、地方税の税目や税率をどうするかなどという問題をはじめ、地方議会、地方交付税制度などにかかわる諸事項は、いずれも、個別の行政事

74）　高木鉦作「戦後体制の形成」大森彌＝佐藤誠三郎編『日本の地方政府』（東京大学出版会、1986年）49頁。

務を直接の対象としていない〈一般的事項〉である。こちらに関係するのは、地方自治の制度官庁である総務省である。[75]

　法律でいえば、前者にかかわるのは、例えば、学校教育法、生活保護法、児童福祉法、道路法、河川法、都市計画法などをはじめとする個別行政領域にかかわるものであり、後者にかかわるのは、例えば、地方自治法、地方財政法、地方税法、地方交付税法などである。

　〈個別行政〉と〈一般的事項〉という２分類は、次の４つの点で有用である。[76]

　第１に、この分類を用いることによって、本書が主題とする集権体制の変容をとらえることが可能になる。明治中期に確立した戦前の集権体制は、知事と府県庁高等官に対する内務大臣の人事統制を中核とする体制であった。それは、〈一般的事項〉における集権であった。他方で、戦前の集権体制は、補助金などをはじめとする〈個別行政〉における技術的統制手段が未発達であり、現代の複雑膨大化した行政を自治体に遺漏なく実施させるには不向きな体制であった。これに対して、現代の集権体制は、戦前の集権体制とは正反対に、自治体の〈一般的事項〉における分権と〈個別行政〉における技術的統制手段の著しい発達によって特色づけられる。それは、戦時期以来の行政の膨張と複雑化・専門化を背景とし、国の求める行政を、標準的に、地方に遺漏なく実施させる要請に基づいて形成されたものであった。

　第２に、この分類は、占領期における中央－地方関係の変容を正確に描き出すことを可能にする。詳細は歴史篇に譲るが、占領改革期は、〈一般的事項〉の側面で分権化がなされる一方で、〈個別行政〉の側面では、警察と教育の２分野を例外として、著しい集権化が進んだ時代であった。そして、この〈個別

---

75) 地方自治制度官庁という用語については、金井利之『自治制度』（東京大学出版会、2007年）参照。

76) 本文で述べたように、本書のこの２分類は基本的に高木鉦作に依拠しているが、必ずしもこれは高木に特有のものではない。例えば、R. A. W. Rhodes は、その著書のなかで、National Community と Policy Communites という２分類を用いて英国の中央－地方関係を分析している。前者は、本書の言葉でいう地方自治の〈一般的事項〉にかかわる諸アクターとその結びつきのことであり、後者は、〈個別行政〉にかかわる諸アクターとその結びつきのことである。R. A. W. Rhodes, *The National World of Local Government* (London: Allen & Unwin, 1986).

行政〉の側面における集権化は、決して旧体制の温存ではなく、この時期に進んだ社会経済行政の増大や複雑化・専門化などにともなう新しい現象であった。この時期の集権化は、分権化のやり損ないでも、旧体制の温存でもなく、独自に光が当てられるべき課題である。〈一般的事項〉における分権化と、〈個別行政〉における集権化が同時平行的に起きたところに、占領期の特色を見出すことができるのである。

第3に、この分類は、中央－地方関係における中央各省間の利害と関心の相違を明らかにする。自治体に〈個別行政〉を実施させているのは、文科、厚労、農水、国交などのいわゆる事業官庁であるが、これらの官庁は、一般に、それぞれの所管行政分野における補助金などの実施統制手段の維持・強化を求める。これに対して、〈一般的事項〉を所管する総務省は、必ずしもこうした類型の集権化を望むわけではなく、むしろ、多くの場合、自治体とともに、〈個別行政〉については分権化を主張する。事業官庁は、〈個別行政〉における集権化、つまり次項で言及する「機能的集権化」を求めるのに対して、〈一般的事項〉を所管する旧内務省やその後継官庁の場合、次項で言及する「包括的集権体制」の維持を求めるのが通例である。

第4に、このことと関連して、この分類は、地方分権改革の政治過程を描き出すうえで有効である。しかし、この点は本書の直接の課題ではないので、詳しくは別稿を参照されたい。[77]

② 包括的集権、機能的集権、「内務省－府県」体制

この〈一般的事項〉と〈個別行政〉という枠組みを導入することによって、中央集権を大きく2つのタイプに分けることができる。包括的集権と機能的集権である。[78]

---

77) 市川喜崇「分権改革の政治過程——2000年分権改革と三位一体改革の検証」『地域政策』21号（2006年）、および市川喜崇「分権改革はなぜ実現したか」日本政治学会編『政府間ガバナンスの変容』（木鐸社、2008年）。
78) この「包括的集権」という概念は、「機能的集権」に対概念を設けるべきだという指摘に応えたものである。具体的には、福島大学の学内の研究会における切刀俊洋の発言、曽我謙悟「地方政府の政治学・行政学（3）」『自治研究』74巻8号（1998年）114頁註(17) などである。

包括的集権とは〈一般的事項〉における集権であり、機能的集権とは〈個別行政〉における集権である。

　明治中期に確立した戦前の地方制度は、知事と府県庁高等官に対する人事権を主たる統制手段としていたという意味で「包括的集権体制」であったが、〈個別行政〉における技術的な統制手段は未発達であった。これに対して、戦後の集権体制は、〈個別行政〉における技術的な統制手段の発達によって特徴づけられる「機能的集権体制」であり、反対に、知事公選制などの実現によって、かつてと比べて〈一般的事項〉は分権化している。

　包括的集権体制は一般概念であるが、本書では、主として「内務省－府県体制」という語を用いることにする。内務省－府県体制は、戦前の日本に実際に存在していた包括的集権体制に対して、天川晃の議論に依拠しつつ、筆者が与えたいわば固有名詞である。[79] 内務省－府県体制については、第2章1節で詳述する。

　図表1－6は、内務省－府県体制から機能的集権体制への変容過程を示したものである。詳しくは歴史篇で述べるが、概略は以下のとおりである。

　戦時期から占領期にかけて、日本の集権体制は大きな変容を遂げた。知事に対する内務大臣の人事統制を中核とする内務省－府県体制は、他方で、行政の個別的機能に対応した技術的監督統制手段の未発達な体制であった。これに対して、現在の集権体制は、知事は公選となっているものの、中央各省の個別行政機能ごとの対地方統制がきわめて発達した体制（「機能的集権体制」）となっている。昭和前半期における地方行政体制のこの変容は、（Ⅰ）内務省－府県体制の終焉過程――占領初期の地方制度改革による内務省の対地方統制手段喪失

---

79)　「内務省－府県体制」は、天川晃のいう「〈内務省－府県〉モデル」を基本的に踏襲している。天川晃「昭和期における府県制度改革」日本地方自治学会編『日本地方自治の回顧と展望』（敬文堂、1989年）。この論文のなかで、天川は、昭和前半期の府県制度改革論議を〈内務省－府県〉モデルと〈内閣－道州制〉モデルの対抗関係として論じている。このうち、〈内閣－道州制〉モデルは未実現の改革モデルにとどまったが、〈内務省－府県〉モデルは、実際に存在した「体制」であることから、本書では、「内務省－府県体制」という語を用いることにする。「内務省－府県体制」の内容規定は基本的に天川のものと同じであるが、本書の場合、とりわけ、内相の人事統制を重要視している。

第Ⅰ部　課題と視角

図表1－6　集権体制の変容

内務省－府県体制　知事に対する内務大臣の人事統制を中核とする一方で、行政の個別的機能に対応した技術的統制手段の未発達な体制

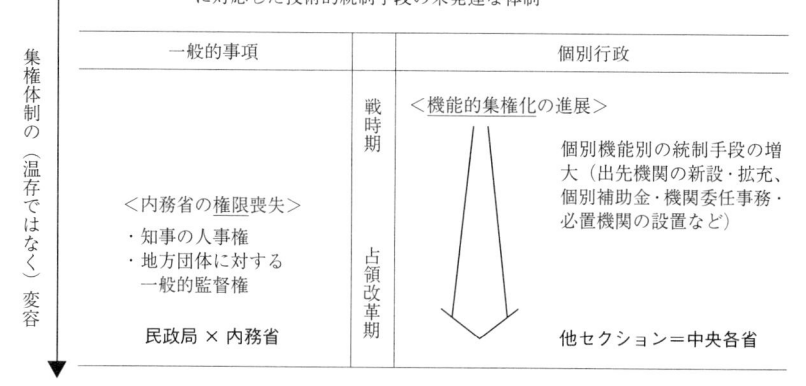

集権体制の（温存ではなく）変容

一般的事項		個別行政
	戦時期	＜機能的集権化の進展＞
＜内務省の権限喪失＞ ・知事の人事権 ・地方団体に対する　一般的監督権 民政局 × 内務省	占領改革期	個別機能別の統制手段の増大（出先機関の新設・拡充、個別補助金・機関委任事務・必置機関の設置など） 他セクション＝中央各省

機能的集権体制　中央各省の個別行政機能ごとの対地方統制が発達した体制

——と、（Ⅱ）1930～40年代の「機能的集権化」の進展過程の2つにより構成される。機能的集権化とは、個別機能別の中央統制手段の増大であり、具体的には、中央各省の地方出先機関の新設・拡充、個別補助金の設置、機関委任事務の設置、必置機関・必置職員の設置等がこれにあたる。

ところで、出先機関の新設・拡充や個別補助金の設置など、ここにあげた機能的集権化の構成要素の一つひとつについて言えば、それらは、行政の役割の変化にともない通時的に起こりうる現象である。しかし、戦時期から占領期にかけて起きたのは、そのような意味での漸進的な変化ではなく、構造的なそれであった。歴史篇で詳述するように、昭和恐慌、総力戦および占領改革を契機として、この時期、中央政府の主導による積極行政の全国化が大規模に進展するが、そのことが、機能的集権化の著しい進行をもたらすことになる。さらに、占領期になると、図表1－6のように、ここに、＜内務省の権限喪失＞の過程が加わる。この2つがあいまって、従来の集権体制は、それとは別の機能的集権体制へと「変容」するのである。

本書が、機能的集権化という語を中心概念として用いるのは、現代型集権化の特色を明らかにしたいからである。

集権化と言っても一様ではない。前節に引用した蠟山の表現を借りれば、憲

法や政治関係の大きな変化を随伴し、政治的争点となりやすい（その意味で可視性の高い）集権化と、「表面的には憲法や政治関係は大した変化もなくて実質は非常な変化を遂げ」るような、行政関係や行政技術における集権化がある。機能的集権化は、この後者のタイプの集権化である。例えば、かつて1950年代に議論され、結局は実現されずに終わった知事公選制廃止などは、機能的集権化ではなく、包括的集権化に分類される。また、戦時下で実現した市制町村制の改正——市会や町村会が勅裁や知事の認可を経なければ市町村長を選任できなくなったこと——も、やはり包括的集権化である。この種の集権化は、通常、政治的争点となりやすい。

　これに対して、集権化には、そうした制度上の大きな変革をともなわずに進行してゆくものもある。「新中央集権」と称されてきた高度成長期の集権化——前述のとおり筆者はこの用語法に不満をもっている——も機能的集権化のひとつの現象である。この時期、（1）機関委任事務の増加、（2）通達行政の深化、（3）補助金行政の拡大、（4）出先機関の新設・拡充と国の直轄事業の増大、（5）知事の権限の国への吸い上げなどの中央集権化の現象が、開発行政を中心に見られた。このような〈個別行政〉における集権化は、一つひとつは通常さしたる争点にならずに進行するが、後になって振り返るとひとつの大きな集権化の流れを形成しているような性質のものである。その意味で、大きな論争を招きやすい上記の包括的集権化と対照的である。機能的集権化という概念を用いることによって、蠟山のいう「内面的」な行政関係や行政技術における集権化に光を当てることが、この概念を設定することのひとつの重要な理由である。

　しかし、それとともに重要なことは、この時期の日本が経験し、かつその後にわたって定着した集権化の主要なものの多くは、基本的に、機能的集権化といいうることである。もちろん、いま述べたように、戦時期には市町村長の選任に監督官庁の強大な権限を認める制度改正がなされたし、1950年代には、本書では詳しく扱わないが、知事公選制の廃止が議論された。こうした改革やその企ては包括的集権化であり、機能的集権化ではない。しかし、戦時期の改革は敗戦後に廃止されているし、1950年代の企ては導入されずに終わっている。

　これに対して、同じ戦時期の集権化でも、補助金の増大や出先機関の増加などは確実に戦後にまで受け継がれている。占領期における同種の機能的集権化

も、基本的に維持されている。[80]このことは、知事や市町村長の選任権などにかかわる包括的集権化よりも、個別行政機能の実施統制手段をめぐる機能的集権化の方が、現代国家の集権化としてより適合的だったことを物語っている。

これまで、行政学と地方自治論の分野において、戦時期から占領期にかけての機能的集権化が関心を集めることは、ほとんどなかったといってよい。それは次のような理由によるものと思われる。

第1に、機能的集権化は、いま述べたように、大きな政治的争点を形成することなく目立たず静かに進行してゆく集権化だからである。そのため、その時代に他の可視性の高い争点がある場合、そちらの方に関心が集まり、結果的に見過ごされてしまう。戦時期には市制町村制の改正や都制の制定がなされた。改革自体は1943 (昭和18) 年に実現したが、それは昭和10年代初頭から一貫して議論され、地方制度をめぐる主要な争点であり続けた。占領期の場合、地方制度の分権化は政治的民主化の主要な課題とされ、知事公選制をはじめとする多くの地方分権改革が実現した。〈一般的事項〉にかかわるこうした華々しい改革課題がある場合、補助金の増大や機関委任事務の増加、あるいは出先機関の新設・拡充などの〈個別行政〉の個々の問題は、どうしても注目度が低くなってしまう。逆にいえば、高度成長期のいわゆる「新中央集権化」が注目されたのは、この時期に他の大きな地方制度改革がなかったからである。

第2に指摘できることは、戦時期に進行した機能的集権化の場合、仮にそれが論じられる場合でも、戦時期に特有の問題として片づけられ、現代国家の普遍的な現象としては理解されなかったことである。戦時期に進行した集権化がもっぱら戦争遂行の手段としてのみ理解されるのであれば、戦後の行政とは関係のない「歴史」の問題に帰せられてしまう。しかし、実際には、後に詳しく見るように、補助金にしても出先機関にしても、戦時期から占領期にかけて連続的に増大しているのである。機能的集権化という現象が敗戦をまたいで連続的に現れているとすれば、戦時期と占領期とを連続的にとらえる枠組みが必要なはずである。また、軍事と民生の境界のあいまいな総力戦の時代の特徴とし

---

80) シャウプ改革によって一部の補助金が廃止され、地方財政平衡交付金に吸収されたが、義務教育や児童福祉関係の国庫負担金をはじめとして、その主要なものは、後に復活している。

て、この時期の戦時行政は多くの民生行政を含んでおり、その中には今日に直接つながるものも多く見受けられる。しかし、戦後の行政学と地方自治論の分野では、戦時行政の中に現代的普遍性を見出す試みはこれまできわめて乏しかった。

　第3に、占領期についていえば、これまで、この時期に進行した集権化が決して無視されてきたわけではない。しかし、それは、既述のとおり、同時期に行われた分権改革と関連づけて理解されてしまいがちである。その結果、「分権化のやり損ない」とか「旧体制の温存」、あるいは「分権化を骨抜きにするための官僚の策動」などといった評価が与えられることになる。しかし、この時期の分権化と集権化は、基本的に、相互に独立した事象として理解されるべきである。

　知事公選制の実現、警察分権・教育分権など、この時期に実現した分権化が戦後改革の成果としてきわめて頻繁に論じられるのに比べて、この時期に進行した集権化が言及されることは少ない。仮にあったとしても、それらは、あくまでも分権化の「裏面」として、すなわち、分権化に抵抗する中央各省が従来の集権を維持するための手段として使ったという理解がなされてきた。そのような理解がなされてきたため、この時期の集権化をもたらした独自の時代的要因の解明に進むことは、これまでまったくなかったといってよい。

　第4に、そしてこれがおそらく最も決定的な理由であったと思われるが、戦後の多くの行政学者にとって、集権はそもそも「悪」なのであり、したがって集権の中の違いに関心が向くことはなかった。集権が悪である以上、旧い集権も新しい集権も、また包括的集権も機能的集権も、基本的に、変わるところがない。したがって、占領改革によってそれがいかに質的に「変容」していようとも、そこに関心が向かうことはなく、集権体制が続いているかぎり、それは「温存」として認識されることになる。

　そうした中で、敗戦直後の新中央集権論のように、新しい現代的な中央集権を指摘したり、集権と分権の調和の必要性を唱えることは、集権体制の維持を望む官僚に余計な口実を与えることになってしまう。そのような理由から、こうした議論は意識的・戦略的に回避されるようになり、やがて、この課題の存在自体が、ほとんど忘れ去られることになってしまった。

さて、包括的集権は自治体の〈一般的事項〉における集権であり、機能的集権は〈個別行政〉における集権である。これを中央省庁に関連づけて論じれば、包括的集権の維持を求めるのは自治体の〈一般的事項〉を所管する旧内務省やその後継官庁であり、機能的集権を望むのは自治体に〈個別行政〉を実施させている事業官庁である。したがって、包括的集権体制（内務省－府県体制）から機能的集権体制への変容は、省庁間の利害としては、内務省と他省との対立ということになる。歴史篇でも、そのような対立過程が描かれることになる。しかし、注意を要するのは、このプロセスを、単なる官僚政治や官庁間の縄張り争いとしてのみ理解することはできないということである。上記の「変容」は、基本的には、この時期に起きた行政の膨張と機能分化に対応したものであり、単なる官庁間対立を超えた、社会経済的な背景に基づく現象として理解されるべきものである。

（3）制度史と行政史

　以上のように、本書歴史篇は、戦時期から占領期にかけて進行した機能的集権化に焦点を当てることになる。そのこともあって、歴史篇の記述は、従来の地方制度史研究の守備範囲を大きく踏み越えたものになる。通常の地方制度史は、多くの場合、戦前であれば市制町村制、あるいは府県制などに、また戦後であれば地方自治法など（旧）自治省所管の法律や、せいぜい警察制度や教育制度などに対象を限定したうえで、その制定・改正過程を中心に、時代背景、立案者の意図、審議における論点、制定・改正がその後に与えた影響などを叙述するものである。

　しかし、〈個別行政〉における機能的集権化と、そのもたらした機能的集権体制の形成を論じようとする本書の課題からすると、狭義の制度史の範囲内に視野と関心を限定することはできない。逆に言えば、従来の地方自治制度史研究が機能的集権化現象を捕捉できなかったのは、上記のような狭く限定された対象と関心のなかにとどまっていたからである。また、その扱う資料や文献も、主として旧内務省地方局系統のものに限られていたからである。

　本書は、制度史の叙述に加えて、〈個別行政〉における行政史の叙述を多用することになる。機能的集権化をもたらす要因は、地方自治制度それ自体の中

に存在しているとは限らないからである。本書の歴史叙述は、地方自治制度の問題を地方自治制度に視野を限定して論じるのではなく、時代状況およびその生み出す行政課題や行政内容の変容との関連において理解しようとするものである。こうした手法をとることによって初めて、先の蠟山のいう、「表面的には憲法や政治関係は大した変化もなくて実質は非常な変化を遂げ」るような、行政関係や行政技術における集権化、すなわち本書のいう機能的集権化を正しくとらえることができるものと考える。

　地方自治制度の変容を、時代状況およびその生み出す行政課題や行政内容の変容との関連においてとらえるということは、言い換えれば、地方自治制度改革を、静態的にではなく動態的に理解するということである。このような動態的な地方自治制度史研究の手法を採用することによって、初めて、集権体制の現代的変容という認識を獲得することが可能になるのである。

5　先行業績の検討

(1) 占領期

　ここで、戦時期から占領期にかけての中央－地方関係の温存と変容に関する先行業績を検討し、本書の理論的位置づけを確認しておきたい。まず、占領期に関する研究をとりあげ、次いで戦時期の研究をとりあげる。

　① 辻清明

　辻清明の業績は官僚制、公務員制に関するものが多く、地方自治に関するものは、本章3節でとりあげた「岐路に立つ地方自治法」(1947年執筆)[81]のほかに、本格的なものは必ずしも多くない。比較的よく読まれた岩波新書の『日本の地方自治』(岩波書店、1976年) にしても、「岩波市民講座」の講義録がもとになっており、一般市民向けの教養書として書かれたものである。

　にもかかわらず、ここで辻をとりあげるのは、彼の占領改革理解がその後の行政学者の認識を大きく規定することになったからである。占領改革に関する

---

[81] その後、「地方自治の近代型と日本型」と改題され、加筆修正のうえ『新版 日本官僚制の研究』(東京大学出版会、1969年) に収録されている。

辻の論稿は、必ずしも中央－地方関係を主たる対象としたものではなかったが、ここで示された理解は、後の研究者の占領期の中央－地方関係にかかわる認識を大きく規定することになっていった。その論稿とは、1953（昭和28）年に政治学会年報の掲載論文として発表され、その後、加筆修正を経て岡義武編『現代日本の政治過程』(1958年) に収録され、さらに辻の『新版 日本官僚制の研究』(1969年) の後篇第3論文として収められた「戦後の統治構造と官僚制」である。

いわゆる「逆コース」改革の進行という緊迫した情勢のもとで執筆されたこの論文の中で、辻は、よく知られているように、「官僚制の温存と強化」という認識を提示している。辻は、温存と強化をもたらした要因として、次の3点を指摘する。第1は「間接統治」の要請であり、第2は、国民意識のなかにある官僚の中立性幻想であり、第3は政党の無力である。

ここでは、このうち、占領改革の政治過程に直接的な関係をもちそうな第1についてのみとりあげることにする。占領は、直接軍政という形態をとらず、日本政府を通じた間接統治の形式をとった。占領軍は日本政府に統治を依存したのである。そのため、改革の成否にとって、官僚制の側が改革の意思を占領軍とどの程度共有しているかがきわめて重要であった。辻の言葉を借りれば、「日本側における占領政策の代行機関（官僚制のこと——引用者註）が、敗戦という貴重な犠牲の代価であったポツダム宣言の履行と日本の民主化との促進を強く希望」しているという前提条件が満たされていることが成功の要件であった。[82] 辻によれば、この条件が欠けていたため、官僚制は温存されることになった。この論文は、「明治以来のわが国統治構造の中枢は、占領政策の唯一の代行機関となることによって補強され、あたかも利用されたかのごとき外観の下に、逆に一切の政治勢力を利用できたのである。（中略）まことに、わが国の官僚機構は、強靭な粘着力の所有者であった」と結論づけている。[83]

ここに示されているのは、占領軍は日本の官僚制を利用しようとしたが、利用される側の官僚が改革への意思を共有していなかったため、改革が不調に終

---

[82] 辻清明『新版 日本官僚制の研究』（東京大学出版会、1969年）274頁。

[83] 同281頁。なお、辻清明の官僚制温存強化説については、村松岐夫『戦後日本の官僚制』（東洋経済新報社、1981年）1章、および大嶽秀夫『戦後政治と政治学』（東京大学出版会、1994年）Ⅱ部1章も参照されたい。

わったという認識である。その意味で、辻の間接統治仮説は、現代のわれわれに馴染みの理論枠組みを使えば、プリンシパル－エージェント・モデルにおけるエージェンシー・スラックの問題として占領改革の挫折をとらえているものとして理解することができる。このわずか数年前に執筆された「岐路に立つ地方自治法」では、占領下で制定された地方自治法が高く評価されているのに対して（本章3節参照）、ここではそうした肯定的な視点はまったく見られなくなっていることにも注意が必要である。

「戦後の統治構造と官僚制」では、占領期からいわゆる「逆コース」期にかけての官僚制が全般的に描き出されており、必ずしも地方自治や中央－地方関係に視野を限定していない。地方自治における「官僚制の温存強化」の事例として、占領後の「逆コース」期における警察・教育制度の集権化と、占領期の第1回知事選挙において官僚出身の「前知事」が大量に当選したことに見られる国民意識――かつての「牧民官」への潜在的依存心――などがとりあげられているが、残念ながら、占領期の地方自治制度改革は対象とされていない。そこで、次に、この問題について本格的に論じている赤木須留喜の業績をとりあげることにしたい。

② 赤木須留喜

本章1節でもとりあげたように、赤木須留喜の1978年の論文[84]「地方制度改正の意義と限界」[85]は、この主題に関する数多くの先行研究のなかで、戦後の行政学の立場を最もよく代表している。この論文は、「意義と限界」といいながら、戦後改革の「意義」よりももっぱらその「限界」に焦点を当て、次のように結論づける。「戦前の集権的支配の構造は、結局かなりの変容をうけたものの、

---

84) 赤木にしても、次項と次々項でとりあげる高木や天川の研究にしても、占領期の地方制度改革に関する優れた業績は、その多くが1970年代に現れている。これは、彼らがいずれも、1960年代から70年代にかけて編纂された自治大学校編『戦後自治史』全14巻（自治大学校）に依拠しているからである。『戦後自治史』は、自治省内に保存されていた内務省やその後継官庁の資料などをもとに、また官僚として制度改革の実務や総司令部との折衝にあたったOBらによる座談会なども参考にしつつ、価値判断を極力排して改革過程を丹念に追うことに努めた労作であり、資料的価値の高い記録である。
85) 赤木須留喜『行政責任の研究』（岩波書店、1978年）所収。
86) 同128頁。

その実体はほぼ温存されていたのであった。ここにわれわれは、いわゆる戦後改革の限界をみとどけることができるのである[86]」。

　赤木が「その実体はほぼ温存されていた」とする最大の論拠は、機関委任事務制度が温存されたことである。赤木はいう。「新憲法後も地方官官制に象徴される集権支配はその中核構造に若干の変容をみたものの、その実質は新自治法典の内部に胎生の形で温存された。前述した『国の機関としての執行機関』の構造——機関委任事務処理体制がその典型であって、このため、地方公共団体の長としての首長は、同時に国の機関であるという意味で『二面性』をもち、地方公共団体もまた、この首長の双面神構造に対応してこれまた二面性をもつ。地方自治の限界と意義はここにあるといえよう[87]」。

　ところで、赤木須留喜のこの論文は、実は、辻清明の敗戦直後の論文「岐路に立つ地方自治法」を批判している。既述のように、辻は、1947（昭和22）年に著したこの論文の中で、制定まもない地方自治法を「近代的地方自治の素晴らしい理念をあたえてくれた」ものとして高く評価するとともに、同時に、新しい社会的中央集権の要請に応えていくことの必要性を説いている。赤木は、この前段部分を問題にし、地方自治法を近代型地方自治の契機ととらえたのは楽観的すぎる見通しであって、（その後の）「地方自治の実態からすれば、発足当初の予測なり解釈がどうであろうとも、事実が期待を裏切ったといわざるをえない[88]」と断じている。そのうえで、上記の温存説を打ち出し、戦後の地方自治制度が当初からきわめて強い制約をもってスタートしたことを強調する。

　すでに見たように、辻は、いわゆる「逆コース」改革の進行を目の当たりにして、「近代と現代の同時達成」という戦後まもない時期の問題設定（いわゆる「二重の課題」説）を棚上げにして、近代の死守へと旋回し、近代的民主主義の定着にとっての阻害要因と考えられる戦前からの連続的要因（「温存」要因）の抉り出しと、復古的傾向の阻止へとその立場を傾斜させた。辻の門下生であった赤木が受け継いだのは、昭和22年の辻清明ではなく、旋回後の昭和28年の辻清明であった。昭和22年の辻清明は、皮肉なことに、温存説を最も忠実に受け

87）　同125頁。
88）　同45頁。

継いだかつての門下生の一人から、痛烈な批判を浴びることになるのである。
③ 高木鉦作

　分権化されたはずの制度の中にいかにして集権的支配が実質的に残ったのか。これが、以上に見た赤木の研究を導く問題関心であった。赤木と同世代に属する高木鉦作も、こうした問題関心に導かれている点においては赤木と共通している。しかし、高木の場合、赤木と同様に機関委任事務制度などについて述べながらも、赤木とはやや異なった視点を提示している。それは、高木が、同じ中央統制といっても戦前と戦後はかなり異なった体制になっていることを強調している点である。彼の1973（昭和48）年の論文「知事公選制と中央統制」は、この変化を、内務省を頂点とした一元的な中央統制から中央各省による多元的な中央統制への移行としてとらえている。

　高木が重視するのは、占領初期の第1次地方制度改革における内務省戦略の挫折である。内務省は、官吏の知事が内務大臣の人事統制を受けつつ府県の区域を管轄する出先機関として国政事務を処理するという体制を戦後も保持しようとしたが、総司令部に阻まれて失敗に終わった。その結果、内務省を頂点とした一元的な中央統制は姿を消し、それに代わって、「機関委任と出先機関という二元的な国政事務処理の体制が一般化する」ことになった。「それらはいずれも、国政事務を個々の事務毎に個別の立法を通じて処理させる、いわゆるタテワリ行政の体系である」。こうして、「従来の普通地方官庁の知事を通ずる一元的な中央統制は、中央各省による多元的な中央統制に転化して」、従来の事務処理方式は根本的な変革を加えられずに「公選知事のもとに生き残」ったという理解が示されている。

　このようにして集権的な事務処理体制は存続したのであるが、高木は、その過程で中央各省が一枚岩でなかったことを指摘している。内務省の知事公選・官吏案が挫折した段階で、「官吏の知事が処理していた国政事務を、そのまま公吏の知事に処理させる仕組みに切り替えるという内務省地方局の改革方向」と、「それぞれ主管の各省が地方出先機関を設け、そこで処理する仕組みに改

89）　高木前掲「知事公選制と中央統制」。
90）　同285頁。

めるという主管省庁の改革方向」との対立が見られたのである。高木のいう「二元的な国政事務処理体制」は、こうした対立の結果産み出されたものであった。

　高木の研究の意義は次の4点にまとめられるだろう。第1に、集権体制にかなりの変容があったことを明らかにしたことである。高木はそれを、「内務省による一元的統制から中央各省による多元的統制へ」という図式で表現している。第2の意義は、このことと関連して、同じ集権といっても内務省の求めるそれと他省の求めるそれとでは違うことを明らかにしたことである。第3の意義は、占領改革における変化と不変の問題を整理する枠組みを提示したことである。この枠組みとは、高木が、1986（昭和61）年の論文「戦後体制の形成」の中で示している「包括的自治体」と「個別行政」という分類である。すでに述べたように、本書も、この視点を受け継ぎ、地方自治の〈一般的事項〉と〈個別行政〉という分類枠組みを採用している。

　高木の第4の功績は、戦後の中央－地方関係の形成にとって、戦時期の1940（昭和15）年の重要性を行政学者としてはおそらくただ一人指摘している点であろう。後に詳しく述べるが、1940年は、日本初の本格的地方財政調整制度である地方分与税制度と教育費などの国庫負担金制度が実現した年であった。国庫負担金制度を整備することによって地方行政の画一化と標準化を図るとともにその裏負担を地方交付税によって保障するというのが戦後の地方財政の大枠であるが、その原型が、この1940年に作られているのである。戦時期と占領期を連続してとらえる視点が、ここにすでに提示されているといってよいだろう。

④　天　川　晃

　占領期地方制度改革の一方の当事者が日本の中央政府であり、とりわけ地方制度を所管していた内務省であったとすれば、もう一方の当事者は連合国軍総司令部、とりわけ、「日本帝国政府の分権化のための勧奨」をその使命のひとつとしていた民政局（Government Section）であった。占領期地方制度改革の政

---

91)　高木鉦作「戦後体制の形成」大森彌＝佐藤誠三郎編『日本の地方政府』（東京大学出版会、1986年）54頁。

92)　Government Section, Supreme Commander for the Allied Powers, *Political Reorientation of Japan* (Washington: U.S.Government Printing Office, 1949) vol.Ⅱ, p.796.

治過程は、この両者を中心に、日本の他省や総司令部の他セクションなども加わって展開された。だとするならば、内務省の交渉相手であった民政局がいかなる地方自治観をもち、日本政府に対していかに対応したかが解明されなければならない。この問題に本格的に取り組んだのが、占領研究者の天川晃であった。彼は、「地方自治制度の改革」(1974年)、「地方自治法の構造」(1980年)、「地方自治制度の再編成」(1985年)、「変革の構想」(1986年)、「占領と地方制度の改革」(1987年)、「昭和期における府県制度改革」(1989年) から「戦後地方制度改革における民政局と内務省の態度」(1991年)[93]に至る一連の研究の中で、占領期地方制度改革を中心に日本の地方制度に関するきわめて詳細かつ興味深い分析と考察を行っている。これらの研究上の意義は多岐にわたるが、ここでは次の点を指摘しておきたい。

　天川の研究の最大の意義は、占領期の地方制度改革過程を「根本において異なる『地方自治』の観念を持った当事者の折衝過程」[94]としてとらえている点である。天川は、そうした中でどのひとつの改革構想や地方自治観も優位を占めたり改革を主導することにならず、その結果、戦後の地方制度はきわめて複雑で錯綜したものになったという理解を示している。内務省と民政局の地方自治観が異なっていたのは当然であるとしても、天川によれば、日本政府に分権化を迫った民政局の内部でも、異なる地方自治観が併存しており、統一されていなかったという。例えば、民政局による憲法第 8 章の草案作成は、「分権化」という根本方針およびワシントンの要求であった長の公選制については局内が一致していたものの、それ以外については相当な差異が見られた。そのため、草案作成の作業は明確な青写真のないまま進められ、局内の妥協の結果、「当初の『地方主権』的小委員会案が何度か手を加えられて『議院内閣制の体制下

---

93) 天川晃「地方自治制度の改革」東京大学社会科学研究所編『戦後改革　3　政治過程』(東京大学出版会、1974年)、「地方自治法の構造」中村隆英編『占領期日本の経済と政治』(東京大学出版会、1980年)、「地方自治制度の再編成——戦時から戦後へ」日本政治学会編『近代日本政治における中央と地方』(岩波書店、1985年)、「変革の構想」大森＝佐藤編前掲書、「占領と地方制度の改革」坂本義和＝R. E. ウォード編『日本占領の研究』(東京大学出版会、1987年)、「戦後地方制度改革における民政局と内務省の態度」『季刊 行政管理研究』56号（1991年)。

94) 天川前掲「戦後地方制度改革における民政局と内務省の態度」23頁。

で認められる限度での都市自治（ホーム・ルール）』を認める」[95]案となった。しかも、この案がさらに内閣法制局の佐藤達夫の手により大幅に修正され、日本国憲法第92条にあたる「地方自治の本旨に基づいて……法律でこれを定める」の条文が加えられるとともに、民政局草案で認められていた市、町、首都制度（metropolitan areas）の憲章制定権が、法律の範囲内における地方公共団体の条例・規則の制定権に変わり現在のような条文になったという。

　憲法制定は民政局が主導した。これに対して、地方自治法制定の過程（第2次地方制度改革過程）は、第1次地方制度改革においていわゆる「知事公選・官吏」案を批判され第2次の改革を余儀なくされた内務省が法案を作成し、それを民政局が修正してゆく過程であった。天川によれば、地方自治の問題に関して局内に不統一を抱えていた民政局も、内務省による地方支配を排除するという点については、一致していたという[96]。内務省は、知事の人事権については、すでに第2次地方制度改革を約束させられた段階で放棄せざるをえなくなっていたが、地方団体に対する一般的監督権についてはこの時点でまだ残っており、これを一般的「所轄」権という概念に迷彩してその実質的温存を図った。内務省は民政局の2度にわたる修正意見を無視して「内務省の存在理由（レゾン・デートル）に関る」[97]この規定の死守を図ったが、民政局は帝国議会の審議の段階でこれを修正させてしまった。他方で、民政局は、同じ行政統制でも、機関委任事務に関する主務大臣の指揮監督権についてはこれを排除しようとせず、むしろ、「行政官庁法7条の規定と照応して主務大臣の指揮監督を規定すること」を内務省に要求したほどであった。民政局は、機関委任事務制度を承知のうえでその存続を容認したのである。こうして、内務省による一般的監督権は排除されたが、各省が個別の機関委任事務ごとに自治体の長を指揮監督する方式は認められた。このように、天川の場合も、高木と同様に、内務省戦略の挫折を描き出すとともに、戦後の集権体制が戦前のそれとは別のものになったことを重視し、そのプロセスを丹念に追いかけている。

---

95)　天川前掲「地方自治制度の再編成」217頁。
96)　天川前掲「戦後地方制度改革における民政局と内務省の態度」18頁。
97)　以下の叙述と引用は、天川前掲「地方自治法の構造」156-157頁による。

天川の研究のもうひとつの意義は、彼が有名な〈集権〉-〈分権〉、〈分離〉-〈融合〉の2軸によるいわゆる天川モデルを考案したことである。天川は、この2軸を組み合わせることによって、〈集権・分離〉〈集権・融合〉〈分権・分離〉〈分権・融合〉の4つの中央-地方関係の類型を導き出している。この枠組みにしたがって、天川は、戦前期日本の中央-地方関係を「集権・融合」、戦後の日本の中央-地方関係を「分権・融合」と特徴づけている。

　天川モデルについては、すでに多くの研究者によって引用されていること、また、これについて筆者はすでに別稿で詳しく論じていることもあり、ここでは、天川の見解と本書との違いの部分についてのみ焦点を当て、他の詳細には立ち入らないことにする。

　天川は、日本の中央-地方関係は、〈融合〉型の性格を維持し続けていると理解している。彼によれば、占領期に、各省出先機関の新設拡充の動きがあり、その結果、一定の〈分離〉化が進んだが、基本的には、戦前戦後を通じて〈融合〉型が維持されているという。そのうえで、戦前の「強い〈融合〉型の制度は機関委任事務と地方配付税によって結ばれる弱い〈融合〉型制度に再編された」と論じている。

　これに対する本書の立場は、以下のとおりである。知事に対する人事統制を中核とする戦前の〈融合〉から戦後のそれへの変化は、天川のいうような「強

---

98) 天川前掲「変革の構想」。
99) 現在「天川モデル」として一般に理解され、流布している認識は、実は、西尾前掲「集権と分権」の中で示されているものである。西尾勝は、「天川モデル」に依拠しつつも、これに修正を施して、戦後日本の中央-地方関係を「集権・融合」と特徴づけている。これに対して、天川自身のオリジナルは、本文に示したとおりである。この点については、次註の拙稿参照。
100) 市川喜崇「占領改革における集権と分権」福島大学『行政社会論集』6巻3号（1994年）68-72頁。
101) ここで〈融合〉というのは、地方団体の区域内の中央政府の機能を、地方団体の固有の機能とあわせて、地方団体に実施させる方式のことである。天川前掲論文119頁。
102) 同128頁。ところで、天川モデルを受け継ぎつつこれに修正を加えた西尾の場合、〈融合〉は、基本的に事務分類論の文脈でとらえられ、機関委任事務制度の存在をもって戦後体制を「集権・融合」と特徴づけている（註99参照）。これに対し、天川の場合、上記の引用箇所からもうかがえるように、戦後の〈融合〉を成り立たせている要素として中央-地方の財政関係も視野に収めている。

弱」の問題というよりも、〈融合〉の質的「変容」として理解されるべきである。たしかに、天川のいうように、出先機関の新設拡充の動きがあっても、それは一定のレベルにとどまり、その結果、基本的に〈融合〉型は維持された。本書もそのことに異存はない。しかし、戦前戦後の異同を考える場合、仮に〈融合〉という同じ表現を用いることができても、その内実はまったく異なっている。そこには、包括的集権体制から機能的集権体制へという明らかな変容が見てとれるからである。

⑤ T. J. ペンペル

米国の日本政治研究者T. J. ペンペルによる「占領下における官僚制の『改革』」[103]は、本節(1)①でとりあげた辻清明の間接統治仮説を本格的に批判した論文である。この論文はまた、前項までに検討した赤木、高木、天川がいずれも、基本的に〈一般的事項〉に視野を限定し、〈個別行政〉を対象としていないのに対して、〈個別行政〉における総司令部の諸セクションと日本の中央各省との関係をも視野に収めていること、また、その分析を通じて、日米「クロス・ナショナル連合」という視点を提示していることなど、占領期の中央-地方関係を理解するうえで、重要な認識を提供している。まず、間接統治仮説批判から見ることにしよう。

温存か変容かという本書の主題に関していえば、実は、ペンペルは温存説をとっている。ペンペルは、「日本の官僚機構そのものの総体的な構造と性格は最低限の影響しか被らなかった」[104]と述べ、基本的に辻の温存説を受け継いでいる。しかし、温存をもたらしたのは、辻のいうような間接統治の制約ではなかったと論ずる。ペンペルによれば、日本と異なり直接占領を受けた西ドイツの場合も、中央官僚機構の改革はごく限定的であった。他方で、間接統治であった東ドイツでは、逆に、官僚機構は抜本的に改革されているとして、占領形態を説明要因とすることの妥当性を疑問視する。

間接統治仮説が示唆する占領側と被占領側の関係は、おそらく次のようなも

---

103) T. J. ペンペル「占領下における官僚制の『改革』——ミイラとりのミイラ」坂本＝ウォード編前掲書。
104) 同283頁。

のであろう。すなわち、占領側は官僚制改革の意図をもっていたが、統治を日本の官僚機構に依存せざるをえなかったため、占領側が改革の徹底を躊躇せざるをえなかったか、あるいは被占領側が改革を骨抜きにすることができた、と。

しかし、ペンペルによれば、アメリカ側には、そもそも官僚制改革への関心が欠如していたのであり、それは初期のSCAPIN（総司令部指令）[105]などから読み取れるという。また、一定の省庁改革が行われた場合でも、それは包括的な「官僚制改革」の一環としてではなく、他の改革目的に付随してなされるに過ぎなかったという。内務省の解体はその例外であり、ペンペルの論文の中では、むしろ例外事例として位置づけられている。ペンペルによれば、内務省解体は、総司令部の下級レベルによって主導された改革であり、ジョン・マキによる政府全省庁に関する調査報告書がもとになって実行に移されたものであるという。そして、これが「日本官僚機構における組織改革の主要な到達点」であったという。[106]

ペンペルはまた、占領改革の政治過程に関して、総司令部が一枚岩ではなく部門間で対立が見られたことを指摘する。また、このことと関連して、総司令部の各セクションが、カウンター・パートにあたる日本の中央各省と緊密に結びつき、日米「クロス・ナショナル連合」が分野ごとに成立していたことを指摘するとともに、この「クロス・ナショナル連合」が、「改革」を阻害したと論じている。具体的には、例えば、総司令部の公衆衛生福祉局と厚生省、経済科学局労働課と労働省などの間に、専門分野を共有することによる協調関係が成立していたという。そして、「改革」が俎上にのぼると、総司令部の各セクションは、日本の各省の利益のために行動した。占領の中期から末期にかけて、行政改革や地方分権の観点から、人員整理や出先機関削減や機関委任事務の整理などが課題になると、総司令部の各セクションは、それらに対して熱心に抵抗

---

105) SCAPINは、Supreme Commander for the Allied Powers Instructionの略称。
106) このほかに、ペンペルは、公務員制度の近代化と民主化を意図したはずの改革が、フーヴァー調査団の活動によって、能率と科学的管理を目的とするものに転換してしまったことを問題視している。ただし、この点については、本章3節で論じたように、辻自身が1949年の論文で同時代的にすでに指摘していること、重要な論点ではあるが、本書の主題の対象外であること、また、これを論じた先行研究も多いことなどから、この問題については割愛することにする。

したという。

　間接統治論の想定するところとは異なり、対立は、「占領側」対「被占領側」という図式というよりも、むしろ、占領側と被占領側をともに含んだ諸部門間の対立として現れていたという。彼はそれを、「クロス・ナショナルな組織間対立」という語で表現している。

　筆者は、占領改革にかかわる連携と対立の構図をめぐる上述のペンペルの認識を基本的に受け継ぐものである。他方で、彼の「温存説」については別の見解をとる。これについては、次の「小括」で論じることにする。

⑥　小　　括

　ここで、これまでの議論をまとめておきたい。温存か変容かということに関していえば、繰り返し述べてきたように、本書は変容説をとる。明治期に成立した包括的集権体制である内務省－府県体制は、知事公選制の実現と内務大臣の一般的監督権の廃止によって終焉し、代わって、個別行政機能別に技術的な統制が及ぶ機能的集権体制が成立した。占領期は、〈一般的事項〉における内務省－府県体制の終焉（分権化）と〈個別行政〉における機能的集権化という２つの過程が、同時平行的に、また、基本的に、相互に独立したものとして進行した時代であった。日本の行政学がこれまでこうした認識を獲得することができなかったのは、制度史的研究に終始して行政史的視点を欠いており、また、研究対象も〈一般的事項〉に傾いており、〈個別行政〉を十分に視野に収めていなかったからである。

　個々の先行業績の検討に話を戻すと、赤木の研究が温存説の単純な表明となっているのに対して、高木と天川の場合、この時期の地方制度改革を、多様な当事者の思惑や地方自治観が交錯した過程としてとらえつつ、それを明瞭に整理する枠組みを提示している。また、そのこととあいまって、彼らは、占領改革による一定の変化をとらえることに成功している。先に述べたように、高木はそれを、内務省を頂点とした一元的な中央統制から中央各省による多元的な中央統制への変化としてとらえている。

　とはいえ、その高木の場合も、狭義の地方制度改革に視点と関心が限定されており、行政史的な考察をともなっていない。そのため、彼のいう「中央各省による多元的な中央統制」も、〈一般的事項〉における分権化（この場合は知事

公選制導入）に付随して起きた現象として、静態的にのみとらえられている。言い換えれば、「中央各省による多元的な中央統制」は、知事公選制に対する各省の「反応」としてのみ理解され、占領期に「中央各省による多元的な中央統制」（本書のいう機能的集権化）を進行させた独自の時代的な要因の解明に向かうことはなかった。こうした制約をもっているため、集権体制の一定の変化を指摘することはできても、旧体制に代わる現代的な集権体制の形成という視点を打ち出すには至っていない。

　占領改革期は、単に行政の制度が変化しただけではなく、行政の内容が大きな変容を遂げ、新規の分野が生まれたり、既存の事務が著しく増加したり、またその性格を変更させた時代であった。その変化が昭和期を通じて最大のものであったことに異を唱える者はいないであろう。

　だとすれば、行政内容のそうした膨張と変容が、日本の中央－地方関係を全体として集権化の方向へ導いたのか、それとも分権化の方向へ導いたのかが考察されなければならない。高度成長期に関しては、そうした考察が以前から行われており、この時期の行政の変容が「新中央集権化」をもたらしたという見解は、いまや行政学の定説となっている。しかし、高度成長期以上に行政内容の変容が激しかったはずの占領期を対象として、そうした行政史的考察が行われるということはこれまでほとんどなかったといってよい。行政史的考察がなされずに制度史的理解のみがなされてきたことによって、占領期の〈個別行政〉における集権－分権の問題が、あたかも既存の事務の単なる配置替えの問題に尽きるかのような印象を与えてしまっている。

　繰り返しになるが、占領期は、〈一般的事項〉で分権化が行われた一方で、〈個別行政〉で著しい機能的集権化が進んだ時代であった。それは単に、従来集権的に実施されていた事務が分権化（自治事務化）されず国の事務としてとどまったというだけのことではない。そうした既存の事務の配置替えにおいて集権が維持されたというにとどまらず、この時期、「民主化」の名の下に増大した新規の政策の多くが、集権的実施体制をとったことが重要なのである。そして、ここで成立した機能的集権体制が、国庫負担金制度や精緻な地方財政調整制度などに裏打ちされて、福祉国家に適合的な中央－地方関係として機能していくことになるのである。

それでは、総司令部は、〈個別行政〉における機能的集権化の動きに対してどのような態度をとったのであろうか。詳細は歴史篇に委ねるが、第1に、総司令部にとって、分権化は民主化のための手段であってそれ以上のものではなかった。したがって、分権化よりも集権化が総司令部の占領目的の達成にとって都合がよい場合は、後者が選択されたのである。「地方分権化と地方行政の徹底的民主化は、アメリカを中心とする連合国の、そしてまたGHQ側の強烈な主張であり、それはむしろ絶対的要求であったことは、まぎれもない事実」(赤木須留喜)というわけでは必ずしもなかったことを指摘しておきたい。[107]

　第2に、総司令部は必ずしも一枚岩の組織ではなかった。これはペンペルの指摘するとおりである。しかし、ペンペルの言うところとは異なり、総司令部は旧体制の温存に寄与したのではない。ペンペルは、分野ごとに成立した日米クロス・ナショナル連合が、人員整理や出先機関削減や機関委任事務の整理に反対したことをもって、アメリカ側が改革に消極的であったと結論づけている。しかし、真相は、むしろ、彼らは「改革」の成果を守るために、上記の行政改革や地方分権改革に反対したのである。詳しくは後述するが、彼らが守ろうとしたのは、彼ら（総司令部の各セクション）が日本側のカウンター・パートと協調のうえに作り上げてきた新しい政策やその実施体制であり、改革によってそうした成果がないがしろにされることをこそ恐れたのである。彼らは、たしかに集権体制を守ろうとした。しかし、それは、明治以来の包括的集権体制ではなく、彼らがまさにその形成にあずかった戦後の機能的集権体制であった。

　端的にいえば、総司令部は、日本の政治改革のみでなく、社会改革も志向していた。これは、占領改革に関する一般的な理解であろう。そして、それが日本の中央－地方関係にもたらした帰結についていえば、前者の改革が〈一般的事項〉における分権化を導き、後者の改革が〈個別行政〉における機能的集権化を招いた。要するに、本章3節で見た辻清明や長濱政壽の概念を用いれば、総司令部の占領改革プログラムは、近代化改革（政治改革）と現代化改革（社会改革）という「二重の課題」を、同時に遂行しようとするものだったのである。

　本項を終えるにあたって、当時の内務官僚が占領期における機能的集権化を

107）赤木前掲書48頁。

どのようにとらえていたかについて、簡単に見ておきたい。

　詳しくは歴史篇で再論することになるが、占領初期に、中央各省による出先機関の新設・拡充の動きが起きている。時期的に見ると、地方自治法の施行を前にして多くの出先機関が設置されたことになる。このような時期的な符合もあって、当時の内務官僚は、各省が、公選知事に対する不信感から、知事に事務を委ねることをよしとせず、出先機関を設けて独自の事務処理ラインの確保に乗り出したものととらえている。分権改革の施行を前に、各省が自らに有利な集権体制を築こうと策動したという理解であり、官僚政治的、縄張り争い的な解釈であるといえる。

　しかし、出先機関の新設・拡充は、知事が官選であった戦時期以来の傾向であり、必ずしも知事公選が日程に上ってから俄かに出現した動きではないこと、各省出先機関が数多く設置された1946年から47年前半は、占領改革が本格化し始めた時期であり、そうした新規の政策に対応する動きであったこと、後述のように、総司令部の担当セクションが出先機関の設置を積極的に後押ししているケースが見られること、などからして、「不信感」は、たしかに存在していたにせよ、その実際に果たした役割は副次的なレベルにとどまっていたと考えるべきだろう。先行する戦時期にしても、後の高度成長期にしてもそうであるが、一般に行政が膨張する時期は、出先機関も増加しているのである。

---

108)　内政史研究会『鈴木俊一氏談話速記録』（内政史研究資料第213-216集、1977年）における鈴木俊一の発言（157-159、223-224頁）、佐久間彊「地方出先機関の問題」『自治研究』27巻4号（1951年）、久世公堯「国の地方出先機関と地方自治（1）」『法律時報』35巻8号（1963年）など。ただし、久世は、鈴木や佐久間と違い、占領後に入省した自治官僚である。これらの中で、例えば、鈴木俊一は、財務局地方部（後に財務部）の設置に関して、「府県などの地方財政を財務部が横から睨んで監督するという、そういう底意がわれわれにはありありとわかった」と述べている（前掲書158頁）。また、久世は、農林統計についての事務が都道府県と農林統計調査事務所とで二重行政が行われていることに関して、「知事公選制のために統計が歪曲されるおそれがあるということを理由とする見方もある」と述べている。久世前掲論文66頁。ただし、久世論文の場合、全体として、鈴木と佐久間ほどには、公選知事への不信感という文脈で当時の動きをとらえているわけではない。

109)　臨時行政調査会『行政事務配分に関する改革意見』（1964年）も、基本的にこの解釈を踏襲している。

ついでながら、そのような時期は、都道府県行政も、また市町村行政も、同時に拡充している。占領改革期についても然りであり、出先機関のみが伸張しているわけではない。

内務官僚の見解は、出先機関の新設・拡充をもたらした政策上の要因よりも、各省の「意図」を重視しようとするものである。内務省は、当時の諸官庁の中にあって、占領改革の最大の敗者であった。自らは、総司令部によって地方に対する統制手段を次々と否定され、最後は解体の憂き目に遇う一方で、他の省庁は、集権的な統制手段を維持するどころかむしろ拡張しているという現実が、目の前で進行していた。このような敗者意識が、当時の内務官僚に、上記のような認識をもたせる一助となったものと考えられる。

(2) 戦 時 期

次に、戦時期の中央－地方関係に関する研究に目を転じることにしよう。繰り返し述べてきたように、本書は、占領期とならんで戦時期に現代の中央－地方関係の起源を見出そうとするものである。本書のもとになる最初の論文を執筆した1991年の段階で、このような見解を明示的に提示しているものは必ずしも多くなく、筆者が明示的に参照できたのは、先に引用した高木鉦作の1986年の論文のみであった。現在でも、行政学者でこうした視点を有する者はきわめて少ない。

これまで、行政学界において、戦時期の地方制度改革は、基本的に明治期への「逆行的改正」として理解されてきたといってよい。それは、概略、次のようなものである。

明治中期に成立した地方制度は、その強固な集権的特徴を維持しながらも大正末期から昭和初頭にかけて一定の分権化が進んだが、1929（昭和4）年の改正を「分水嶺」として、戦時期に入ると再び明治期に逆戻りしてしまった[110]。例えば、市町村長の選任に関して、制定当初の制度では、市長の選任に際して勅裁を、また町村長については知事の認可を要件としていた。1926（大正15）年の

---

110) 亀卦川浩『地方制度小史』（勁草書房、1962年）。また、文中の「逆行的改正」と「分水嶺」という語も、同書によるものである。

第1章　福祉国家における集権と分権

改正でこれらの要件は撤廃され、市町村会が単独で選任できることになったが、戦時期の1943（昭和18）年の改正で、再び勅裁と認可を要することになった[111]。もう一例挙げると、市町村へのいわゆる機関委任に関して、従来の制度では、法律勅令だけでなく省令等の命令によっても事務委任が可能であったが、1929年改正でこうした委任方式が改正され、今後の委任に関しては法律勅令のみによるべきこととされ、市町村の独立性が増した。しかし、やはり戦時期の1943年の改正により、再び命令による委任が可能となった。

　これらの改正が「逆行的」であったことは間違いない。そして、ここに挙げた改正は、ともに戦時期かぎりで終了している。戦時期はたしかに、復古的・逆行的な集権改革がなされた時代であった。ここで、そのことに異を唱えるつもりはない。

　しかし、他方で、視野を財政にまで拡大すると、別の像が見えてくる。戦時期の1940年に成立した地方財政調整制度と定率補助金制度が、戦後の地方財政の骨格を形成しているからである[112]。また、機能的集権化の一形態である出先機関の新設・拡充も、戦時期に起きており、この傾向は敗戦をまたいで占領期へと継続している。こうした改革を、必ずしも復古的・逆行的ととらえることはできない。戦時期の改革を理解するためには、複眼的な視点をもつことが必要である。

　戦時期の改革に現代的な意義を見出す行政学者は必ずしも多くないが、財政学の分野では、最近になって、こうした視点を打ち出す研究が現れている。そこで、次にそれらをとりあげ、本書との異同を検討することにしたい。ここでは、持田信樹、神野直彦、野口悠紀雄をとりあげることにする。

　これら3人のなかで、本書の問題意識と最も近い立場をとっているのが持田信樹『都市財政の研究』[113]である。持田は、先行世代の財政学者が戦時期と戦後

---

111)　煩雑を避けるためにここでは単純化して記述しているが、実際には明治〜大正期の市長選出方法と戦時期に「復活」したそれは同一ではない。これについては、2章3節(3)②参照。
112)　高木前掲「戦後体制の形成」。
113)　持田信樹『都市財政の研究』（東京大学出版会、1993年）237-238頁。
114)　大石嘉一郎『近代日本の地方自治』（東京大学出版会、1990年）238頁。

69

第I部　課題と視角

の「大きな断絶[114]」を指摘したり、戦時期の改革に明治以来の集権構造の強化[115]を読み込んだりすることに異を唱え、1940年になされた「改革の骨格は、現代の地方財政システムの根幹として定着[116]」したと指摘する。そのうえで、改革は、一定の戦時的特殊性を含むものの、「そのしくみ自体は、日本における政府間財政関係の重疊化の起点[117]」であると論じている。

　神野直彦の「『日本型』税・財政システム[118]」も、基本的に本書と類似の問題関心に立っている。神野は、現代日本の税・財政システムは「総力戦を支える『総動員型』税・財政システムとして、戦時期に形成された[119]」という立場をとっている。

　税・財政システムの形成と展開に関する「財政社会学」的な考察を意図する神野論文は、税の担い手と財政支出の果たす機能に着目しつつ、それらとの関連において税財政制度改革をとらえようと試みる。神野によれば、戦前の日本の体制は、地域共同体のもつ秩序維持機能に大きく依存をしていた。また、税源については、近代部門の未発達もあって、伝統部門に依存していた。旧中間層は、この両者において重要な役割を担っていた。彼らは、共同体における秩序維持の主たる担い手であり、また伝統部門の主要な税負担者であったからである。しかし、昭和恐慌と総力戦は、旧中間層と地域共同体に依拠した体制の維持を困難にする。昭和恐慌は伝統部門に壊滅的打撃を与えるとともに、地域間の経済力格差を決定的に拡大したからである。そこで、政府は、伝統部門の旧中間層を救済するため、特定補助金の交付によって公共事業を実施させるとともに（時局匡救事業）、他方で、地域間の確執を調整するため地方財政調整制度の整備に乗り出していく。また、そのための財源を近代部門に求めようとする。この試み（馬場税制改革案）は、いったんは近代部門（財界）の抵抗によって挫折するが、総力戦が進行していくなかで、1940年に一定の修正を施して実

---

115)　藤田武夫『現代日本地方財政史（上巻）』（日本評論社、1976年）38頁。
116)　持田前掲書237頁。
117)　同238頁。
118)　神野直彦「『日本型』税・財政システム」岡崎哲二＝奥野正寛編『現代日本経済システムの源流』（日本経済新聞社、1993年）。
119)　同211頁。

現する。この1940年改革によって、神野は、彼が「集権的分散システム」と名づける日本型中央－地方税財政関係が潜在的に形成されたとする。集権的分散システムとは、「財源統制を媒介にして中央政府が決定した公共サービスを中央政府が決定した費用負担で供給する」体制であり、所得税中心の税制、地方財政調整制度、特定補助金、地方債の起債統制、地方税の標準税率などがその構成要素であるという。

　以上の歴史理解について、本書は大筋で同意するものであるが、違和感を覚えないわけでもない。

　それは、集権体制の形成と定着をめぐる神野の歴史叙述のなかに、福祉国家や社会保障に関する具体的な記述が見られないことである。もちろん、繰り返し現れる「政治システムが経済システムを統制していく必要があった」とか、あるいは「政治システムが経済システムを統制せざるをえない状況」などの表現のなかに、この問題は、理論的に、また一般的に把握されているのではあろう。しかし、その具体的な事例や状況として言及されているのは、旧中間層救済のための公共事業であったり、不足経済などであり、社会保障を連想させるものはほとんど出て来ない。一例を挙げると、戦時行政の具体例として、「兵力の召集、軍需工業への労働力の徴用、生活必需品をはじめとする重要物資の増産と配給、防空など[121]」が挙げられているが、当時の健兵健民政策（国民健康保険や妊産婦手帳など）や軍事援護事業（応召軍人家族や遺族に対する扶助事業や授産授職）など、現在の保健・福祉政策の戦時的な萌芽とでもいうべきものが抜け落ちている。

　占領期についても同様のことが言える。神野は、戦時期に形成された集権的分散システムは戦後改革を経ても「皮肉にも定着していく[122]」とし、その理由を不足経済の継続に求めている。しかし、本論で詳しく述べるように、占領期の集権化は、不足経済にともなう経済統制の必要性によるものだけでなく、例えば、生活保護法をはじめとする福祉三法の成立など、社会保障政策の拡充もそ

120）　同239頁。
121）　同236-237頁。
122）　同240頁。

の主要な要因のひとつであった。

　一般に、現代型集権体制の形成が福祉国家の進展と関連づけられて理解されていることからしても、地域共同体と旧中間層の役割を過度に強調する神野の歴史叙述は、やや一面的であるように思われる。たしかに、戦前期の日本が、その秩序維持機能を地域共同体における旧中間層の役割に大きく依存していたこと、また馬場税制改革案や1940年税制改革が旧中間層救済をそのひとつの目的としていたことは、おそらくそのとおりなのであろう。また、戦後の自民党政治が、旧中間層（ただし戦前の旧中間層とは異なる）と地域社会（地域共同体と必ずしも同意ではない）の保護に特別の配慮を加えてきたこともそのとおりであろう。しかし、それらのことを割り引いてもなお、旧中間層秩序を強調する神野の歴史叙述は、システム形成期の特徴を（あるいはもっと踏み込んで言えばシステム形成期以前の特徴を）その後の時代に過度に投影したものになっており、結果として日本特殊性論に陥ってしまっているように思われる。[123]

　最後に、「1940年体制論」の検討に移りたい。経済学者の野口悠紀雄の「1940年体制論」[124]は、日本の政治経済体制の起源を戦時期の1940年前後に見出そうとするものである。野口によれば、1940年体制の構成要素は、①日本型労使慣行、②間接金融中心の企業ファイナンス・システム、③官庁－業界関係、④直接税（所得税）中心の租税体系、⑤中央－地方財政関係（地方財政調整制度の成立）などである。野口の規範的主張は、この著作に「さらば『戦時経済』」という副題がついていることからもわかるように、現代日本の政治経済体制は戦時期に始まった特殊なものであり、それゆえに否定・克服されるべきであるというものである。

　このうち、本書の主題と直接の関係をもたない①〜③については措くとして、④と⑤について論じれば、他の多くの先進資本主義国でも、この時期かこれ以前の時期に整備されている。その意味で、④と⑤に関して言えば、現代国家に

---

123)　旧中間層に着目して戦時期をとらえる場合、総力戦によるいわゆる均質化（Gleichschaltung）の作用をどう理解するかがひとつの焦点となる。これについては、雨宮昭一『戦時戦後体制論』（岩波書店、1997年）、同『総力戦体制と地域自治』（青木書店、1999年）参照。

124)　野口悠紀雄『1940年体制』（東洋経済新報社、1995年）。

普遍的な制度が総力戦の時期に出現したと考えるべきであり、それを戦時的特殊性の文脈のみに還元することはできない。

　また、野口は、総力戦体制こそが現代の主要な始点であると認識し、占領改革の影響を低く見積もっている。これについても、中央－地方の行財政関係に視野を限定する本書と、日本の政治経済体制全般を対象とする「1940年体制論」とでは評価の視点が異なるとはいえ、やはり違和感を覚えるところである。本書は、総力戦体制のみではなく、占領改革もそれとならんで、というよりもそれ以上に重要な始点であると考えている。

　ところで、神野や野口の研究は、より広い学問的な文脈に位置づければ、1990年代に盛んであった「総力戦体制論」の一部をなすものである。高岡裕之の整理に依拠しつつ、「総力戦体制論」の代表的な議論をここに挙げれば、[125]（1）現代日本の経済システムの「原型」が戦時統制経済の中で形成されたことを強調する岡崎哲二＝奥野正寛編著の研究、[126]（2）同編著の研究などに依拠しつつ現代日本の政治経済体制が基本的に戦時体制として作られたことを指摘する野口悠紀雄の「1940年体制論」、（3）20世紀の総力戦が「近代」（階級）社会の「現代」（システム）社会への転換をもたらしたとする山之内靖ほか編著の研究、[127]（4）ナチズム期ドイツのいわゆる均質化（Gleichschaltung）による「意図せざる近代化」というダーレンドルフ・テーゼを拡張して、総力戦体制による社会変動に着目する雨宮昭一の研究などがある。[128]

　これらの研究上の主張は多岐にわたっており、内容的にみれば、全体として単一の像を描き出すようなものにはなっていない。しかし、高岡も指摘するように、ある種の歴史観の共有は見られる。それは、「戦前」と「戦後」を二分する歴史理解を批判していることであり、また、「戦時」と「戦後」の一定の

---

125)　高岡前掲書8頁。
126)　岡崎＝奥野編前掲書。先の神野論文もここに収録されている。
127)　山之内靖＝ヴィクター・コシュマン＝成田龍一編『総力戦と現代化』（柏書房、1995年）。
128)　註123参照。雨宮の総力戦体制論については、雨宮昭一『占領と改革』（岩波書店、2008年）1章も参照。総力戦体制の形成をめぐる当時の政治勢力の配置と連携関係等が、その後の展開や、占領期に与えた影響などとともに示されていて、有用である。

第Ⅰ部　課題と視角

連続性・同質性を指摘していることである。

　「総力戦体制論」に対する批判もこれまた多岐にわたるが、従来のファシズム体制論との位置取りをどうするか、および、現代の始点として、「総力戦体制」と「占領改革」のどちらに比重を置き、両者の関連をどうとらえるかなどが焦点であろう。[129]

　本書に関して言えば、対象を政治制度、とりわけ行財政制度に限定している。したがって、例えば、「総力戦体制論」の中で重要なテーマとなっている社会変動と社会転換の問題——総力戦のもたらした社会変動や社会転換が戦後の日本社会をどの程度、またいかなる意味で規定しているか——などについては、考察の対象外とする。歴史観については、本書は、「総力戦体制論」と一定の共通性を有するが、既述のように、本書は、現代の始点については複線的な理解をとっており、戦時期のみでなく、占領改革に対して、より多くの比重を置くものである。

6　時期区分

　この章を終えるにあたって、本書の時期区分を明らかにしておきたい。

　本書の歴史叙述は、戦時期と占領改革期に焦点を当てる。昭和恐慌対策としての時局匡救事業が開始されるころから第2次世界大戦終焉までを「戦時期（1930年代前半〜1945年8月）」とし、敗戦からリッジウェイ声明の直前までを「占領改革期（1945年8月〜1951年4月）」とする。

　「戦時期」という名称については、この時期に起こった地方行政の変容をすべて戦争と関連させてとらえようとしているとの印象を与えるかもしれないが、必ずしもそのような意図はない。この約15年間を表現する他の適当な言葉が見当たらなかったまでである。また、「占領改革期」の終点をリッジウェイ

---

[129]　「総力戦体制論」批判については、さしあたり、森武麿「総力戦・ファシズム・戦後改革」倉沢愛子ほか編『なぜ、いまアジア・太平洋戦争か』（岩波書店、2005年）参照。また、戦時体制と占領改革の連続と断絶をめぐる経済史学における議論については、浅井良夫『戦後改革と民主主義——経済復興から高度成長へ』（吉川弘文館、2001年）1頁、および7頁註（1）参照。

声明に求めるのは、中央－地方関係の変更にかかわる主要な占領改革がほぼこの時期までに完了しており、なおかつ、この声明を契機としていわゆる「占領政策の見直し」が始まるからである。もっとも、本書歴史篇の具体的な記述に限っていえば、「占領改革期」の終点を必ずしもここまで厳密に設定する必要はなく、仮にリッジウェイ声明ではなく、実際に占領が終わり、日本が独立を回復する1952（昭和27）年4月としても、歴史把握のうえで大きな違いをもたらすものではない。

第Ⅱ部：歴史篇　集権体制の変容

第2章　戦時期：旧体制のもとでの機能的集権化の進行

1　内務省-府県体制[1]

　蠟山政道は、1937（昭和12）年の著作の中で、彼が同時代人として観察した戦前の中央-地方関係を評して、次のように述べていた。「国家的監督又は統制の組織を……人事的結合に求めて、技術的方法に拠る監督又は統制を発達せしめなかったことは、我が統治組織の一大欠陥」であると。[2]

　前章で述べたように、後発近代国家型の集権体制として特徴づけられる戦前の包括的集権体制（内務省-府県体制）は、人事統制と事後的矯正権を中心的な統制手段としていた。他方で、補助金などの個別行政機能別の技術的な実施統制手段は未発達であった（1章図表1-2参照）。国は、知事および府県庁高等官に対する内相の人事権を通じて、府県行政を統制していた。[3] また、市町村に対しても、同様に、内相や知事の人事権に服する府県の官吏が、市町村行政を指導・監督することによって、国の意向を市町村に浸透させていた。このように、人事統制を中核としつつ、他方で、地方議会の解散権、いわゆる原案執行権、強制予算といった権力的な事後的矯正手段を設けることによって、地方の反抗や怠惰の可能性に対する担保としていた。

　戦前の中央-地方関係を理解するうえで、このことと並んで重要なことは、知事が国内行政の執行体制の中核に位置していたことである。よく知られてい

1）　内務省-府県体制については、1章註79も参照されたい。
2）　蠟山政道『地方行政論』（日本評論社、1937年）102頁。
3）　戦前の府県庁の機構と人事については、稲継裕昭『人事・給与と地方自治』（東洋経済新報社、2000年）1章参照。また、府県庁高等官の人事管理については、大霞会編『内務省史　第1巻』（地方財務協会、1971年）601-602頁参照。

るように、戦前の府県は、国の地方行政区画としての性格と、自治体としての性格を併有していた。知事は、前者の区域を管轄する国の総合的出先機関（普通地方行政官庁）であるとともに、後者の自治体としての府県の長という二重の性格を有していた。知事は、前者として、中央政府の地方における事務を執行するとともに、後者の立場で府県の公共事務と団体委任事務を執行していた。

　戦前にも、総合的出先機関たる知事のほかに、各省の個別的出先機関（特別地方行政官庁）が存在した。鉄道・郵政・林野などの現業分野では、各省の個別的出先機関が設置されていた。各省の出先機関は、このほかに、非現業の事務についても認められていたが、後述のように、各省出先機関の設置が一般化し始めるのは戦時期からのことであり、昭和初期まではごく限定的な設置にとどまっていた。このことは、内務省と他省の関係からすると、内務省は知事という実施手段を握ることによって、他省に対して優位を占めていたということである。

　知事は、制度上は内務省のみの出先機関ではなく各省行政全般にわたる総合的出先機関であった。また、このことと対応して、国政事務の執行については、その事務を所掌する各省大臣の指揮監督を受けていた。しかし、それはあくまでもその事務に関する範囲にとどまり、「知事ノ一般職務上ノ監督並ニ進退賞罰ニ関シテハ専ラ内務大臣ガ本属長官タル地位ヲ有」していたのである。人事

4）　この二重の性格に対応して、戦前の府県庁の機構と行政は、勅令の地方官官制（1886年制定）と法律である府県制によって規定されていた。高木鉦作は、このような二元的な法体系の存在を明治地方制度の特徴のひとつとしてとらえている。高木鉦作「日本の地方自治」辻清明編『行政学講座第2巻 行政の歴史』（東京大学出版会、1976年）275頁。

5）　阿利莫二「出先機関の理論と行政課題」日本行政学会編『出先機関の実態と課題』（ぎょうせい、1982年）参照。

6）　大霞会編『内務省外史』（地方財務協会、1977年）13-14頁。

7）　美濃部達吉『行政法撮要 上巻　第4版』（有斐閣、1933年）294頁。

8）　この点に関して、地方官官制は、次のように規定していた。「知事ハ内務大臣ノ指揮監督ヲ承ケ内閣又ハ各省ノ主務ニ付テハ内閣総理大臣又ハ各省大臣ノ指揮監督ヲ承ケ法律命令ヲ執行シ部内ノ行政事務ヲ管理ス」。地方官官制は制定以来幾多の改正をしており、ここに挙げた条文は廃止直前のものの第5条。なお、明治大正期の地方官官制の主要な改正については、小早川光郎ほか編『史料 日本の地方自治 第1巻――近代地方自治制度の形成』（学陽書房、1999年）参照。

上の権限を有する内相と他の大臣との知事に対する統制権の違いは明らかであった[9]。

　補助金の未発達も、また、知事の役割を大きくしていた。戦前の府県は「費用負担団体」[10]であり、補助金の未発達も手伝って、国政事務の処理費は主に、府県民の負担において、府県税収入より支出されていた。府県に府県会が置かれていた主要な理由のひとつも、国政事務の処理費を、府県税を通じて府県民に負担させるためであり、その負担者である府県民の意思を聴き府県予算を審議させるためであった。前述の原案執行権が府県知事に認められていたのも、府県における国政事務の執行を担保するためであった。このように、中央各省の地方財政統制手段たる補助金が未発達であり、しかも府県における国政事務の処理費が主として府県税収入により支出されていたため、知事は、府県予算の編成権者として、また府県会対策の担当者として、国政事務の執行において重要な地位を占めていたのである。

　このように、国政事務の執行についていちいち制約をつけず知事に広い裁量を認めることによってこそ、知事は地方的事情を斟酌しつつ総合的な行政運営を行い得るというのが、戦前の内務官僚の地方行政観であった[11]。しかし、そのことは、他省の側からすれば、所管の専門行政が必ずしもその企図どおりに執行されないということにつながりかねないことであった。しかも、知事および

---

9)　地方官の任免権の実態については、大霞会編『内務省史 第4巻』（地方財務協会、1971年）収録の座談会（180-182頁）参照。それによると、知事の任命は閣議を経ることになっていたが、奏請の起案をする内相が実質的な決定権を握っており、他の影響は限定されていたという。

10)　入江俊郎「府県論」東京市政調査会編『自治制発布五十周年記念論文集』（東京市政調査会、1938年）。

11)　昭和初期の内務官僚として、内務省地方局長、茨城県知事、内務省警保局長、愛知県知事、内務事務次官等を歴任し、戦後になって衆議院議員となった古井喜実は、戦前の府県行政の重点はいかなるものであったか、という質問に答えて、「要するに知事にまかせろ、したがついい知事をおけと——これは人事ですね——いい知事をなるべくおいて、そして知事にした以上は、これになるべくまかせる、各省から仕事の一つ一つについて、ひもをつけたりしばつたりしないでまかせろと、こういう考え方が一番強かつたように思うのです」と述懐している。内政史研究会『古井喜実氏談話速記録』（内政史研究資料第37-39集、1966年）87頁。

府県庁高等官のほぼ排他的な供給源であった内務官僚は、きわめて非専門官的性格を有していたのであるからなおさらであった[12]。

また、このことは、府県行政にとどまらず、市町村行政に関しても当てはまることであった。補助金などの技術的な実施統制手段の未発達も手伝って、ここでも人事統制の比重が大きかったからである。既述のように、内相や知事の人事権に服する府県庁の官吏が市町村を指導・監督することを通じて、国の意向を市町村に浸透させていた。そのため、他省の意向は、内務省の意向ほどには市町村に浸透しにくい構造であった。

とはいえ、以上の点も、地方行政のほとんどが内務省所管の行政であり、なおかつ行政の専門分化が進んでいない段階では、大きな問題とならなかった[13]。しかし、昭和恐慌と総力戦体制の進展によって社会経済行政の比重が増加し、

---

[12] 元群馬県知事（1937〜39年）の土屋正三は、内務官僚の特徴を次のように語っている。「私は、内務官僚には専門家というのがないと思うのです。土木局とか衛生局の技師は別ですが、いわゆる事務官には専門家がいないのですよ。ところが、農林省や商工省へいくと専門家がいるのですね。専門家がいないとつとまらんわけです。逆に内務省というのは、あまり専門家ではつとまらんのではないかと、これが内務省の一つの特色ではないかと私は思うのです」。大霞会編前掲『内務省史　第4巻』271頁。

[13] 筆者はかつて、本書のもとになった論稿において、「内務省と他省との間には、〈総合行政〉対〈専門行政〉という潜在的な対立要因があった」と論じたことがある。市川喜崇「昭和前期の府県行政と府県制度（1）」『早稲田政治公法研究』37号（1991年）117頁。また、同じ論文の別の箇所で、「内務省－府県体制」を、「内務大臣の知事に対する監督権を中核とし総合行政を志向する一方で……」と定義していた（同118頁）。「潜在的」と注意深く断っているつもりであるが、内務省という官庁が当初から「総合行政」を志向していたかのような誤解を与える表現であった。筆者は、現在では、内務省の「総合行政」志向は、昭和恐慌期から戦時期にかけて進行した地方行政の機能分化と、それがもたらした他省の比重の増大（内務省の比重の低下）へのリアクションとしてとらえるべきだと考えている。語義的にいっても、そもそも、「総合」とは、「分化」したものを「総合」することであり、「分化」の存在が前提である。その点からしても、内務省が当初から総合行政を志向していたかのような表現は不適切であったと考えている。なお、この点については、斎藤誠「地方自治基礎概念の考証──総合性と全権限性」『自治研究』81巻1号（2005年）、および斎藤誠「戦前期府県の性格に関するノート──昭和初年の地方分権構想と府県制改正に定位して」『地方自治』724号（2008年）等も参照。

さて、このような理解に立つとき、「総合行政」に関する内務官僚の述懐も、必ずしも額面どおりに受け取ることができなくなる。例えば、前掲のインタヴューの中で、

地方行政の専門分化が進行し、地方行政に占める内務省以外の事務の比率が高まると、人事統制に偏した内務省 – 府県体制は、新たな行政課題の遂行に首尾よく対応できなくなる。そのことがひとつの要因となって、各省出先機関の新設・拡充と個別補助金の増大という２つの機能的集権化が進展することになる。また、他方で、この時期に、戦時行政をどの自治体にも一定の行政水準を保って実施させる手段として、地方財政調整制度が整備されていく。

　本章では、まず地方行政の膨張と専門分化を招いた諸相を概観する。次いで、そうした行政の専門分化に対して、従来の体制では対応が困難になり、さまざまな改革が模索されたことを見る。内閣人事局構想、各省出先機関の新設・拡充、道州制構想、市町村長に対する人事統制の強化、域内団体に対する市町村長の指示権の賦与、補助金の拡充と制度整備、地方財政調整制度の創設などで

　　　古井喜実は次のような指摘をしているが、これについても、地方行政における他省の比重が昭和恐慌後に増えた後のことを指していると考えるべきであって、戦前期全般に拡大して理解することには慎重であるべきであろう。

　　　　「内務省ではよく総合行政ということを申しまして、つまり、内務本省でやつております警察とか、自治体の仕事であるとか、あるいは今日の建設省の仕事とかこういうものはむろんですけれども、そのほかに、通産省(ママ)あるいは文部省というようなあるいは農林省というような仕事を地方がやつておりますと、そのこと自身にはそれぞれの省が監督権をもつているのですが、それを全体としてどういうふうに調整してどうこなすか、そういう総合調整という機能がありますね。……だから、どこの省の仕事にもそういう立場から口嘴を入れられる、したがつて各省が地方へ何かの指令を出すというときに、横槍を入れたり文句を言つたり予め相談にこいとかいうことが中央でも地方でも起こつてくる。何べんもそういうことで他の省と争つたことがありますが、そういうこともありましたので、やはり相当強い権限をもつた役所だつたのでしょうね」。内政史研究会編前掲『古井喜実氏談話速記録』75頁。

　　　また、同様に、旧内務官僚は、しばしば、内務省は「内政に関する総務省」であったと述懐するが、この点についても注意を要する。戦前期全般を通じて内務省が「内政に関する総務省」であったことは間違いないとしても、そのあり方や役割は、地方行政の機能分化が大きく進展する昭和恐慌の以前と以後で変わっている可能性が大きいからである。「内政に関する総務省」については、例えば次の文献を参照。大霞会編前掲『内務省史 第１巻』576-583頁、および古井喜実「行政機構改革の一問題としての内務省の将来」『自治研究』14巻５号（1938年）。なお、古井のこの論文は、厚生省の内務省からの分離独立にあたって、そのことを強く意識しながら執筆されたものである。行政の機能分化が進む中での内務省のレーゾン・デートルの模索が、その執筆動機であったと考えられる。

ある。これらのなかには、実現されたものもあれば構想にとどまったものもある。また、現在にまでつながる改革もあれば、戦時期かぎりで終わったものもある。

　本書は、それらの改革を全般的に論じることにする。こうした手法をとることによって、戦時期という時代のもつ特殊性と現代的普遍性の双方を浮かび上がらせることを可能にし、諸改革群のなかで、なぜある種のものだけが生き残り、他のものは消えていったのかを明らかにできると考えるからである。

2　地方行政の膨張と変容

　昭和恐慌と総力戦を契機として、地方行政は著しい膨張と変容を遂げる。それまでの府県行政は、土木、教育、警察、および市町村の監督が中心であった。また、昭和初頭までの市町村行政は、六大都市を中心とする都市行政の時代であった。しかし、昭和恐慌と総力戦への対応から、勧業、土木、衛生、社会行政などが増大し、それらは、農村部の町村をも含めて全国的に展開されるようになっていく。総じて、この時期に、中央政府の主導による積極行政の全国化が進展し、それが、後述の機能的集権化をもたらすことになるのである。

（1）時局匡救事業

　まず、土木と勧業の分野において地方行政が膨張する端緒となったのは、当時の農業恐慌を救済すべく1932（昭和7）年から3年間にわたって行われた「時局匡救事業」、および同時期に始められ1941（昭和16）年まで続いた農山漁村経済更生運動である。すでに1920年代後半から続いていた農業不況で疲弊していた農村は、浜口民政党内閣による金解禁とそれにともなう財政緊縮政策、および1930（昭和5）年の豊作による米穀恐慌と翌年の東北地方を中心とした冷害によって、「松方デフレーション以来の恐慌」[14]に陥った。小作争議や農本主義的な右翼団体が各地で発生する一方、農村からの陳情や大衆請願が相次ぎ、「各

14）　中村隆英「『高橋財政』と公共投資政策」同編『戦間期の日本経済分析』（山川出版社、1981年）124頁。

地各方面ヨリ競フテ救済補助ヲ政府ニ強訴スル状況ハ恰モ敵国ノ城市ニ侵入シテ分捕ヲ争フガ如」きものがあったという。[15]

こうした中で開かれた第63臨時帝国議会、いわゆる「時局匡救議会」は、農村負債整理のための政策を決定するとともに、時局匡救のための土木事業を行うことを決議した。このいわゆる「時局匡救事業」は、巨額の財政資金の散布により農村に購買力を付与して景気対策を行うスペンディング・ポリシーであり、1932～34年度の3年間に、内務省、農林省を中心に、中央財政負担6億円、地方財政負担2億円、計8億円の予算に預金部資金8億円の融資を加えて実施された一大土木事業であった。[16] ちなみに、当時の財政規模は、1932年度の国庫一般会計歳出、地方歳出総計が、ともに約20億円であり、このことからしても、時局匡救事業の規模の大きさを理解することができるという。[17]

時局匡救事業は、農林省所管のものが、開墾、用排水幹線改良、暗渠排水、荒廃林地復旧、林道開設、小漁港整備、牧野改良、桑園整理及び改植、船溜、船揚場及び築磯設備並に公有林野官行造林等であり、内務省所管が、治水、治山、港湾、道路、中小河川等の直轄改良工事及び補助工事並に北海道拓殖事業等であった。[18] このうち、内務省所管分についてふれると、農村救済が主たる目的であったため、事業の対象は、国道や大河川などではなく、府県道、町村道、水源地帯の砂防事業、小河川の改修などが主であり、従来内務省の土木事業の手が及ばなかった農村に、国の手によって道路、河川等の改良が始められる契機となった。[19] 時局匡救事業は、その後の軍事費の増加もあって1934（昭和9）年度をもって打ち切られた。しかし、中村隆英によれば、それはまったく消滅してしまったわけではなく、内務省の場合、35年以降も中小河川改良助成費な

---

15) 第63帝国議会における荒川五郎他8名の建議案。『第63回帝国議会上奏、建議、決議案、重要動議及質問』建議案第15号、6頁。藤田省三『第2版 天皇制国家の支配原理』（未来社、1982年）132頁。中村前掲論文125頁。

16) 大石嘉一郎『近代日本の地方自治』（東京大学出版会、1990年）218頁。井手英策『高橋財政の研究』（有斐閣、2006年）85頁。井手の研究は、政府による起債統制に注目して、時局匡救事業を詳細に分析している。

17) 大石前掲書。

18) 藤田武夫『日本地方財政発展史』（河出書房、1949年）521頁。

19) 中村前掲論文129-130頁。

ど、時局匡救事業に接続する予算費目が登場し、農林省でも1935年度から農村其他応急土木事業費という名目で、時局匡救事業の後継費目が出現する。農村恐慌は、公共事業を農村へ普及させる重要な契機となったという。[20]

（２）農山漁村経済更生運動

時局匡救事業が土木工事により農家に現金収入を与えることを目的として行われたのに対して、農山漁村経済更生運動は、農村の「自力更生」による難局の打破を目的とした運動であった[21]。この運動を推進するため、農林省は1932年12月、「農山漁村経済更生計画樹立方針」[22]を発表し、同年9月、省内に経済更生部を設け、農林省系の全国組織である帝国農会と産業組合を通じて市町村における農業の指導奨励を行った。各道府県では、知事を会長とする道府県経済更生委員会が設置され、町村の指定、更生計画実行の指導督励にあたった。指定された町村は、更生計画樹立の助成金として100円が交付された。指定町村

---

20) 同130頁。なお、井手前掲書は、時局匡救事業が打ち切られた後も、預金部資金の活用等の方策によって農村部における公共事業の維持が一定程度図られたことを指摘するとともに、米穀統制法による米価支持を通じた間接的所得保障が、時局匡救事業打ち切り後の公共事業の減少による直接的所得保障の減退を補償する機能を意図しており、この両者があいまって、当時の農村宥和政策を構成していたとの視点を提示している。

21) 農山漁村経済更生運動を扱った文献は膨大な数に上るが、とりあえず、楠本雅弘「解説 農山漁村経済更生運動について」同編『農山漁村経済更生運動と小平権一』（不二出版、1983年）が有用である。なお、楠本の定義によれば、「農山漁村経済更生運動……は、昭和初年の農業恐慌にともなう農山漁村の深刻な社会的・経済的混乱を再建することを目的とする、行政補助金と低利財政資金を手段とした政府の農林＝地方行政である側面と、民間における社会運動としての側面との複合的な性格をもっている」運動である（同3頁）。

22) 森武麿によると、この樹立方針の内容は、「土地分配の整備、土地利用の合理化、農村金融の改善、労力利用の合理化、農業経営組織の改善、生産費並びに経費の節減、生産物の販売統制、農業経営用品の配給統制、各種災害防止及共済、生活改善節約実行というものであり、農業の生産過程から流通過程にいたる『合理化』、農民教化など農民生活の全分野に及ぶという膨大なもの」であり、「とくに、これら諸政策のなかでは、農村負債整理、農家簿記の普及、産業組合の拡充強化の3項目が重点として取り上げられた」という。森武麿『戦時日本農村社会の研究』（東京大学出版会、1999年）22頁。

の数は、初年度は1,463町村であったが、運動の5年目にあたる1936年度の場合、総数約6,600となり、全町村数のほぼ6割に達した。1940（昭和15）年までには全国町村数の81％にあたる9,153町村が指定町村となり、さらに、1936（昭和11）年からは、これに農山漁村経済更生特別助成施設が加わり、普通指定町村のうち特別指定町村として1941年までに1,595町村を選定し、重点助成を行った。農山漁村経済更生計画の樹立機構として、町村では経済更生委員会が設けられ、会長には町村長があたった。[23]

　農林省が農山漁村経済更生運動を展開するにあたって町村という行政機構ではなく帝国農会と産業組合をその手段として用いたのは、ひとつには、この運動が、少なくとも形式において、自発的運動として展開されたことによる。しかし、より重要なのは、当時農林省が把握していたのは府県の農務課等にいた技師に過ぎず、府県－市町村という行政ルートを把握していたのは内務省であったことによると思われる。[24]いずれにせよ、農山漁村経済更生運動を通じて農会と産業組合が農業振興を担うことになったため、当時の言葉を使えば「行政自治」と「産業自治」の乖離を生じさせることになり、[25]場合によっては、「村で一番エラいのは、村長ではなく産業組合長」で、村長は「村の中で浮いてしまっていた」[26]といわれるほどになった。さらに、経済更生運動の実行機関として、農事実行組合など部落に基礎を置く農家小組合が重視されたが、経済更生

---

23) 大霞会編『内務省史 第2巻』（地方財務協会、1970年）510-512頁、岡田知弘『日本資本主義と農村開発』（法律文化社、1989年）117頁、森前掲書。

24) 例えば、戦後農林主計官として農林予算の査定にあたった高木文雄は、その著書の中で次のように言っている。「内務省が厳として構えていて地方の行政を主としてつかさどっていたときに、農林行政の悩みはいかなる方法で内務官僚に遮断されることなく自分達の意図を農民までおろしていくかにあつた。そこで帝国農会や農業組合という農林省の息のかかつた団体を通じて、補助金その他の方法で農林行政を村までおろしていつたのだと聞いている」。高木文雄『農業と財政』（財務出版、1956年）389-390頁。

25) 例えば、当時法制局参事官であった入江俊郎は、「我等は、現在の市町村自治政は『行政自治』のみに膠着して構成せられ居るが為、所謂『産業自治』の部門から置き去りにせられつゝあると云ふ事実を否むことが出来ぬ」と言っている。入江俊郎「明日の地方自治」『都市問題』地方制度改革特輯、22巻5号（1936年）44頁。

26) 農山漁村経済更生運動正史資料第3号『異色農林官僚石黒武重氏に聞く』（農村更生協会、1976年）6-7頁。

運動の進展とともに産業組合がこれらの団体を通じて部落を把握することになると、村長はますます浮いてしまうことになる。

このことは、内務省と農林省との対立を招き、次節で見るように、内務省をして、市町村内の諸団体に対する市町村長の指示権を与え部落会・町内会を市町村の末端機関として法制化した1943（昭和18）年の地方制度改正へと向かわせる契機となったのである。

いずれにせよ、農山漁村経済更生運動は、経済行政の重要性を内務省に認識させ、「経済行政が市町村ならびに府県の行政にとりこまれ、組織的にも確立」[27]される契機となった。1935（昭和10）年には地方官官制が改正され、府県はそれまでの内務、警察、学務の3部制から、新たに経済部が設置され4部制となった。しかし、これに対し、例えば、1937年の長野県会で、ある県議が、「本県ノ経済部長ハ一年足ラズシテ交替サレテ居ル、而モ経済部ノ機構ハ農林省ノ関係デアル所ノ仕事デアルニ拘ラズ、内務省関係ノ書記官ガ此ノ経済部長ニナラレテ、一年足ラズシテ交代スル時ニ、果シテ本県ノ経済部ノ機構ガ完全ニ統一サレテ居ルノカドウカ、各課長ハ皆技術官デアツテオ互ヒニ一家ヲナシテ居ル、此ノ一家ヲナシテ居ル所ノ各課長ヲ経済部長ガ果シテ統合出来ルカドウカ」[28]と疑問を表明している。農林省系の事務と技師を擁する経済部を内務省出身の部長が統括できるかという疑問であるが、これは、専門性の強い農林行政を内務官僚が担当することに対する疑問と言い換えることもできよう。

（3）衛生・社会行政の増大──厚生省設置──

昭和恐慌と戦局の進展は、衛生行政と社会行政に対しても大きな影響を与えることになった。

戦前の日本では、今日の衛生、労働、社会保障等は広く治安問題の一環として理解されており、したがって、中央政府においてそれを所管する省は国内治安の維持を担当する内務省であった。また、当時の行政警察の観念のもとで、衛生・労働といった規制権の行使をともなう行政を府県において担当していた

---

27) 大霞会編前掲『内務省史 第2巻』515頁。
28) 下伊那郡選出・片山均議員の発言。長野県編『長野県政史 第2巻』（長野県、1972年）445頁。

第2章 戦時期：旧体制のもとでの機能的集権化の進行

のは、府県庁警察部（東京の場合は警視庁）であった。

戦前における衛生・社会行政史の画期となるのは、ひとつには大正期の内務省社会局の設置であり、もうひとつは1938（昭和13）年の厚生省設置である。公衆衛生を扱う部局としてはすでに明治初期に内務省衛生局が設けられていたが、社会行政を扱う部局の確立は大正期になるまで待たねばならなかった[29]。1917（大正6）年に内務省地方局に救護課が新設され、1919年に社会課と改称、翌20年にそれを拡充して社会局が誕生した。それにともない、内務省設置の目的を定めた内務省官制第1条中の「賑恤救済」は、「賑恤救済其他社会事業」に改められた。このことは、第1次世界大戦後の社会問題の噴出が従来の救貧行政では対処できなくなり、社会政策に立脚した積極的な社会行政の樹立の必要が迫られたことを意味している[30]。また、折からの労働運動の進展は政府に労働行政の確立を急がせることになった。1922（大正11）年には、それまで各省に分掌されていた労働行政を社会局に一本化し、同時に社会局は内務省外局となった[31]。

1938年1月、内務省衛生局と外局社会局が独立して厚生省が設置された。厚生省設置を促したのは、昭和恐慌による国民の健康状態の悪化であり、それによる「国民体位の低下」に危惧を抱いた軍部の後押しであった[32]。当時の農村は、農業恐慌により極度の窮乏状態にあり、多くの欠食児童や「身売り」などの問題を生むに至っていた[33]。このことが、政府に前述の時局匡救事業と農山漁村経済更生運動をとらせたのであるが、農村はまた壮丁の供給源でもあった。『厚生省50年史』の記述によると、1936年当時、陸軍が2個師団（約2万人）を旧満州に送ったところ、1個大隊（約500人）が結核を発病して本国帰還となったというが[34]、こうした状況が陸軍に危機感を抱かせ、国民体位の向上を担当する

---

29) 大霞会編前掲『内務省史 第1巻』第1篇通史参照。
30) 同338-339頁。
31) 佐藤進「労働行政」日本労働法学会編『労働法の基礎理論 現代労働法講座第1巻』（総合労働研究所、1981年）373-377頁。
32) 厚生省50年史編集委員会編『厚生省50年史（記述篇）』（財団法人厚生問題研究会、1988年）375-402頁。
33) 吉田久一『新・日本社会事業の歴史』（勁草書房、2004年）247頁。
34) 前掲『厚生省50年史』375頁。

省の設置構想をもたせるに至ったのである。設立当初の厚生省が体力局を筆頭局としていたことが、そうした陸軍の意図を何よりも如実に物語っている。

総力戦の進展は、人的資源の保護育成を厚生行政の中心的な課題のひとつに押し上げた[35]。人的資源との関連で児童保護が重視されるようになり、1937年には母子保護法が制定され、翌38年には厚生省新設にともなって児童課が設置されている。また、同様の観点から国民の健康も重視されるようになった。すでに大正末期には勤労者を対象とした健康保険法が制定されていたが、1938年には、わが国で初めて労働者以外の一般国民を対象とする国民健康保険法が制定されている[36]。また、1941（昭和16）年には生活困難のため医療や助産を受けられない者を対象に医療保護法が制定されている。このほかにも、以上の政策目的に関連して、1937年に保健所法、1942年に国民医療法、戦時災害保護法などが制定されている[37]。また、同年には、妊産婦手帳の制度が発足している。これらは、直接的には総力戦の貫徹を目的とした人的資源の保持培養のための政策であったが、その少なからぬ部分は、形を変えて、戦後にまで引き継がれている。そして、以上の政策の地方における実施主体は府県、ないしはその監督を受けた市町村であった。これらの事務の増大は、後述のように地方歳出に占める衛生・社会事業費の割合を増加させることになったのである。

労働行政の進展もまた、当時の地方行政に少なからぬ影響を与えることになった。労働保護行政に関してはすでに明治末期に工場法が制定されており、それにともない府県に工場監督官が置かれていたが、昭和恐慌と戦局の進展は、府県において、職業行政を確立させる契機となった。

職業紹介については、1921（大正10）年の職業紹介法によって、職業紹介事業を国の事務とし、内務大臣の監督の下に市町村長をして管掌させることとしていた[38]。昭和期になると、1936（昭和11）年の法改正により、職業紹介事業に関する監督権限は市町村長の機関委任事務から引き上げられ、内務大臣および

---

35) 吉田前掲書。
36) 国民健康保険の成立とその後の展開については、北山前掲書参照。
37) 吉田前掲書264-275頁。佐藤進「日本における社会福祉の展開」仲村優一＝小山路男編著『明日の福祉① 戦後福祉の到達点』（中央法規出版、1988年）83-85頁。
38) 労働省編『労働行政史 第1巻』（労働法令協会、1961年）177-179頁。

知事に移管されることになった。昭和恐慌の深刻化による大量の失業者の氾濫、および満州事変の勃発を契機とする軍需方面からの労働力需要の増大が、失業問題を単なる都市問題から全国的な労務需給調整の問題へと変質させたからである。

戦局の進展はまた、府県において職業訓練行政を確立させる契機ともなった。日中戦争の全面化により日本は本格的な統制経済に突入し、軍需産業への物資の優先的配分と消費の抑制が行われた。そのため、平和産業は大きな打撃を被ることになり、大量の失業者が発生した。そこで、これら失業者の軍需産業への転職を促すため、職業訓練行政の確立が迫られることになった。1938年7月に職業補導実施要綱が知事宛に発せられたが、これを契機として、府県は、戦時統制によって失業を余儀なくされた人々を対象に積極的な職業訓練行政を行うことになっていったのである。

（4）時局関係事務の増大

日中戦争の全面化は、平常的経費の抑制による時局関係経費の増大をもたらした。政府は、起債許可を抑制したり、実行予算の作成を指示する等により、地方歳出における平常的経費の圧縮を図るとともに、時局関係経費への経費支

---

39) 同554-556頁。

40) しかし、日中戦争の進展にともなう軍需労働力の逼迫は、わずかその2年後に、労務需給調整を府県知事の手から引き離すことになった。すなわち、後にもふれるように、職業紹介所は、1938（昭和13）年の法改正で国営となり、厚生大臣の管理下に置かれる厚生省の出先機関になったのである。しかし、職業紹介に関する事務と府県の他の事務との密接なつながりを考慮して、職業紹介所長はその事務については府県知事の指導監督を受けるものとし、判任官待遇以下の職員の進退は知事が行うことになった。井出成三「特別地方行政官庁の拡充傾向に就て（2）」『自治研究』18巻3号（1942年）38頁。

41) すでに満州事変期に非常時経済と呼ばれていたが、「なお恐慌脱出期の資本救済政策が中心であり、重要産業統制法のように統制なる語が用いられた場合も、……基本的には民間業者の自治統制にとどまっ」ていた。原朗「戦時統制」中村隆英編『「計画化」と「民主化」』（岩波書店、1989年）72頁。しかし、「日本の経済体制は、1937年の9－10月を画期として、急激に政府の直接統制のもとにおかれることになった」。中村隆英「概説 1937－54年」中村編同書9頁。

42) 前掲『労働行政史 第1巻』986-987頁。

出の集中を図った。1937（昭和12）年度には5,000万円、地方歳出総額の2.1％を占めるに過ぎなかった時局関係費も戦局の進展とともに急激に増大し、40年度には3億4,000万円（地方歳出総額の11.0％）、42（昭和17）年度には7億8,000万円（同20.4％）となり、敗色濃厚となった44年度には18億6,000万円（同44.1％）と膨張していった。

戦争関係の経費といっても、必ずしも純粋な軍事関係費というわけではない。図表2－1と図表2－2からもわかるように、軍事と民生の区別の曖昧な総力戦の時代を反映して、軍事と直接のつながりのないものも多い。図表2－1で最大の「重要物資増産施設に要する経費」はその多くが食糧増産に関するものであるし、第2位の「軍事援護並びに銃後施設に要する経費」は応召軍人家族および遺族に対する扶助事業や授産授職の世話などであり、当時の社会事業の一部をなすものであった。このほかにも、前述の国民健康保険に関する経費や、(中小企業整備にともなう）転失業者の職業指導対策に関する経費（「転失業対策に要する経費（図表2－1）」、「中小商工業対策費（図表2－2）」）なども見受けられる。これらはいずれも、形を変えて戦後の地方行政の中に受け継がれてゆくものである。要するに、この時期における地方行政の膨張は、総力戦の遂行という課題が新たな行政需要を掘り起こすことによって進展したのであり、そのことが次節にみるさまざまな制度改革論議を招来することになるのである。

(5) 市町村指導の多元化と「総合指導」の試み

以上に概観した地方行政の膨張と専門分化は、府県と市町村との関係についてみると、府県による市町村指導の多元化という状況を招くことになった。市町村行政が機能分化したことにともなって、府県の指導も分化していき、ともすれば相互に連絡を欠くという事態である。こうした状況を目の当たりにして、内務省は、1936（昭和11）年の段階で「総合指導」に乗り出している。

1936年7月に開催された府県総務部長事務打合せ会議の場で、潮恵之輔内相

---

43) 大蔵省昭和財政史編集室（藤田武夫執筆）『昭和財政史第14巻 地方財政』（東洋経済新報社、1954年）203-207頁。

44) 同書第40表（264頁）と巻末第4表より。

図表 2 − 1　費目別時局関係経費

(1939年度、単位：千円)

費　目	支出額	百分比
防空に関する経費	26,477	13.2
軍関係道路港湾等の施設整備に要する経費	12,112	6.0
軍事援護並びに銃後施設に要する経費	36,201	18.0
労務需給調整（労務者住宅建設を含む）に要する経費	6,142	3.0
転失業対策に要する経費	4,306	2.1
国民保健の緊急対策に要する経費	8,073	4.0
物質物価調整に要する経費	2,828	1.4
重要物資増産施設に要する経費	58,233	29.0
国民精神総動員に要する経費	2,792	1.4
応召職員等の補充に要する経費	6,679	3.3
職員等に対する臨時給与に要する経費	5,986	3.0
物価及び労銀の騰貴に伴う経費	12,224	6.1
その他事変処理関係の経費	19,041	9.5
合　計	201,094	100.0

註：「内務省地方局調査」による。「国民精神総動員に要する経費」のうちには大政翼賛運動、部落会町内会の活動および貯蓄奨励に関する経費を含む。
出典：『昭和財政史　第14巻 地方財政』(1954年)。

図表 2 − 2　費目別戦争関係経費

(1942年度決算額、単位：千円)

区　分	決算額	百分比
防空関係費	114,446	14.8
軍事関係土木施設費	78,290	10.1
応召職員補充費	14,140	1.8
軍事援護施設費	41,593	5.4
職員臨時給与費	203,824	26.3
経済警察費	7,943	1.0
防諜関係費	1,596	0.2
労務対策費	6,760	0.9
工業技術員養成費	13,201	1.7
中小商工業対策費	21,848	2.8
物資対策費	26,008	3.3
重要物資増産施設費	137,639	17.7
重要資源回収費	10,738	1.4
国民運動費	21,840	2.8
国民保健緊急対策費	20,945	2.7
以上列記の経費に対し充当したる公債の償還額	11,056	1.4
物価対策費	1,716	0.2
其他戦争関係経費	42,467	5.5
合　計	776,050	100.0

註：『内務省地方局調査』による。
出典：『昭和財政史　第14巻 地方財政』(1954年)。

は、

> 「時運ノ推移ト社会事情ノ複雑化トニ伴ヒ地方行政ニ於ケル各部門モ亦漸次分化ノ傾向アルハ勢ノ然ラシムル所ナリ然リト雖モ機構組織ノ分化ノ結果ハ動モスレバ相互ノ間聯絡協調ヲ欠キ一部局ノ得失ニ拘ハリテ全局ヲ達観スルコトヲ怠リ為ニ行政全般ノ円満ナル運営ヲ妨グルガ如キ虞ナシトセズ」[45]

と述べ、社会の複雑化にともなう機構分化の結果、部局間の調整を欠き、行政全般の円満な運営を阻害しているという懸念を表明している。また、ある内務官僚は、雑誌論文の中で、より端的に、

> 「……経済部の新設が、産業行政確立への一歩前進であつたことは認められねばならない。と同時に、それは他の部局との間の新なる摩擦を惹起した形跡のあることも事実である。この内部的な摩擦は、勢ひ外部的には行政の不統一として表はれる。斯

---

45)　市來鐵郎「地方行政における綜合化の動向」『自治研究』13巻1号(1937年)96頁。

くして産業行政の強化は、新なる不統一を産んだものと言ふことが出来る。不統一と云ふのが悪ければ跛行性と言つてもいいであろう。……われわれは多くの市町村に於いて、文部省の出張所を見、農林省の出張所を見又内務省の出張所をみるけれども、真の意義における市町村自治の姿を発見するに苦むのである[46]」

と表現し、当時進行した行政の専門分化が、部局間の摩擦と不統一を招いていることを指摘している。

こうした現状認識と問題意識に基づいて、潮内相は、先の総務部長会議において、市町村の指導監督に関し、次のような指示を発している。

「指導ノ実行ニ当リテハ独リ市町村監督ノ主務部課ニ限ラズ各部局間ニ緊密ナル連絡協調ヲ保チ地方庁一体トナリテ市町村ニ蒞ムノ要アルヲ以テ各位ハ特ニ此ノ点ニ留意シ常ニ其ノ中枢トナリテ市町村ニ対スル綜合的指導監督ノ実ヲ挙グルニ遺憾ナキヲ期セラレタシ[47]」

同様の指示は、経済部長、農務課長、商工課長等が参集したときも強調されたという。

この指示を受けて、各府県でさまざまな試みがなされることになった。例えば、岩手ほか10県において、関係各課協力のもとに市町村への総合的事務巡視が実施されたり、群馬県、鹿児島県等で、市町村行政とかかわりをもつ関係課長を地方課兼務とする方法がとられたり、福井県において、関係課長と主任による市町村行政連絡懇談会を設けて県庁内の相互連絡を図るとともに、市町村行財政に関して市町村長に通牒を発する際は必ず地方課に合議して重複齟齬が起きないようにするなどである[48]。

こうした試みがどの程度の成功を収めたのか、あるいはその後も継続されたかについては定かでない。おそらく、必ずしも期待した成果があがらなかったのであろう[49]。先の引用論文の次の記述は、そのことを強く示唆しているように

---

46) 木戸喜佐登「綜合指導に関する二三の論議」『自治研究』13巻4号（1937年）49-50頁。
47) 市來前掲論文102頁。
48) 同102-103頁。
49) 時期的な符合などから推測すると、「総合指導」の試みの挫折が、内務省を、後にみる「農村自治制度改正要綱」へと向かわせるひとつの重要な契機になったのではないかと思われる。

思われる。

> 「綜合指導計画は、今や生みの悩みをなやみつつあるものの様である。まことに、綜合指導のことたる言ふに易く行ふに困難至極なりと言はねばならない。実際に於いて、地方庁に於いて立案し実施してゐる綜合指導計画をみても、各種各様であり、然かも稀には、強力なる法的根拠なき綜合指導の方策は、所詮画餅に等しとするものさへあるかと思へば、又その反対に、地方庁の存在それ自体が、既に綜合的なる機構として意図されているものであり、さうだとすれば綜合指導といふも結局吏僚の心構への問題に外ならない。殊更に屋上屋を重ねる態の機構の改革でもあるまいと論ずる者もある様である」[50]

いずれにしても、ここで確認できることは、今日いうところのいわゆる「タテワリ行政」の初期的出現とでもいうべき現象が昭和恐慌後の時期に見て取れること、そうした現象に対して、当時の内務省が一定の問題意識をもって臨み、「総合指導」の実現に努めたこと、また、各府県は、新規の個別機能別の指導を従来の地方課による指導と「総合」することによって、それを達成しようと試みたことなどである。

（６）ま と め

以上、戦時期における地方行政の膨張と変容の諸相を見てきたが、**図表２−３**を手掛かりに、この時期の地方行政をより広い歴史的パースペクティブの中に位置づけてみることにしよう。

明治以来の地方財政は、歳出項目に注目すると、４期に区分できる。第１期は、明治末期（〜1911年）までであり、その他という項目を除けば、教育費、公共土木費、一般行政費の３項目が大半を占める時期である。第２期は大正期から昭和６年頃まで（1912〜31年）であり、都市化の進展に対応して、都市、とりわけ六大都市を中心に、電気・ガス・水道の公益事業費の伸長が著しい。他方で、都市化と産業化の進展が社会福祉費（衛生・社会事業費）の増加を招いていることにも注意を要する。第３期は、昭和７年から敗戦まで（1932〜45年）

---

50) 木戸前掲論文49頁。もっとも、木戸自身は、この引用部分の後に、「然し乍ら」と切り替えし、総合指導の必要性を説いている。しかし、必ずしも歯切れのよい議論とはなっていない。

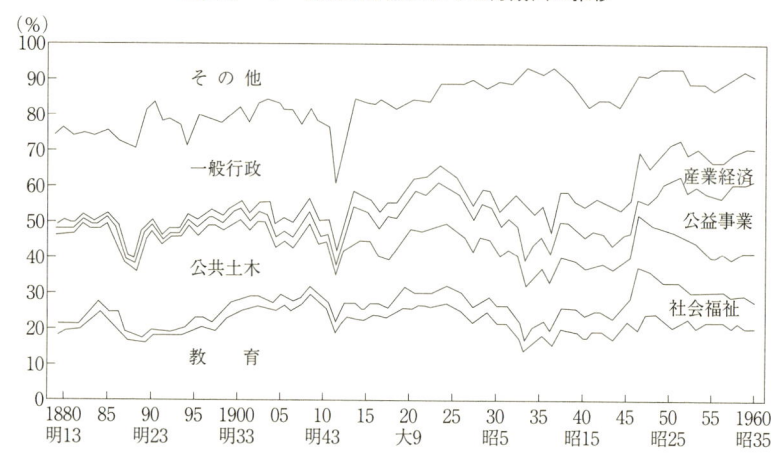

図表2-3 機能別分類による地方歳出の推移

註：各項目の内容は次のとおり。
　教育＝教育費。
　社会福祉＝衛生費、社会事業費。昭和7年度以降衛生費より水道事業費が分離して示されるが、それ以前についても水道事業費を推計し、公益事業費に合算する。
　公共土木＝土木費、都市計画費（昭和7年度以降）。
　公益事業＝電気・ガス事業（昭和7年度以降分離）、水道事業費、自動車事業費（昭和7年度以降）。
　産業経済＝勧業費、水利組合事業費。
　一般行政＝都道府県吏員教員費、役所及役場費、会議費、警察費、選挙費、道府県郡費取扱費、公債費、警防費（昭和7年度以降）。
　その他＝財産貯蓄費、諸税及負担、その他。
出典：江見康一＝塩野谷祐一『財政支出（長期経済統計7）』（東洋経済新報社、1966年）61頁。

であり、本章の対象時期にほぼ相当する。農業恐慌対策および戦時下の食糧増産政策が産業経済費（勧業費）を押し上げていることがわかる。また、厚生省が設置された1938（昭和13）年前後を境として社会福祉費の割合が増大している。この2項目の増加のあおりを受けて公共土木費の割合がわずかに減少しているが、額そのものは増加している。第4期は、敗戦後（1946年～）であり、社会福祉費の割合がさらに増大し、一般行政費の割合が減少する時期である。公益事業費の伸びが著しいが、収益事業費（宝くじ、競馬、競輪、競艇等）が公益事業費全体の3分の1から場合によっては半分近くを占めており、政策的経費はその分だけ割り引いて考える必要がある。

このように、戦時期は、勧業政策と衛生・社会事業政策が重要性を高めた時期であるが、このことは府県の行政機構の上からもうかがえる。当時の中規模県であった山口県の行政組織の変遷から、このことを確認しておきたい。[51]

第2章 戦時期：旧体制のもとでの機能的集権化の進行

図表2－4　山口県の行政組織の変遷

1926年7月		1官房3部18課	1930年		1官房3部20課	1945年（敗戦時）		1官房5部36課
知事官房	秘書係　文書係　統計係		知事官房	秘書係　文書係　統計係		知事官房	秘書課　文書課	
内務部	庶務課　地方課　土木課		内務部	庶務課　地方課　土木課		内政部	人事課　庶務課　会計課	
	農務課　農政課　林務課			農務課　耕地課　林務課			営繕課　教学課　地方課	
	商工水産課　会計課			商工水産課　会計課			兵事課　厚生課　健民課	
学務部	視学課　学務課			電気局			民生課	
	社寺兵事課　社会課		学務部	学務課　社会教育課		経済第一部	農政課　増産課　食糧課	
警察部	警察課　高等課			社寺兵事課　社会課			水産課　耕地課	
	特別高等課　保安課		警察部	高等課　特別高等課		経済第二部	商工課　軍需課　資源課	
	刑事課　衛生課			警務課　保安課　刑事課			林務課	
	健康保険課　巡査教習所			工場課　衛生課		土木部	監理課　道路課　河川課	
				健康保険課　警察練習所			港湾課　計画課	
						警察部	情報課　特別高等課	
							警務課　輸送課　防空課	
							経済保安課　刑事課	
							労政課　国民動員課	
							保険課	

1948年末		1公室9部40課	1951年6月		1公室12部47課	1956年10月		7部37課
知事公室			知事公室	文化公報課　企画課		総務部	職員課　県民室　県政室	
総務部	人事課　秘書課　文書課		総務部	人事課　秘書課　文書課			文書課　財政課　税務課	
	財政課　地方課　統計課			財政課　地方課　統計課			地方課　統計課　文教課	
	渉外課			渉外課　学事課		労働民生部	労政課　社会課	
民生部	社会課　児童課　保険課		民生部	社会課　児童課　保険課			婦人児童課　職業安定課	
	世話課			世話課			保険課　失業保険課	
衛生部	医務課　公衆衛生課		衛生部	医務課　公衆衛生課			世話課	
	薬務課　予防課			薬務課　予防課		衛生部	医務課　公衆衛生課	
経済部	農務課　農業改良課		経済部	農務課　農業改良課			薬務課	
	農業協同組合課　特産課			農業協同組合課　特産課		商工水産部	商工課　中小企業課	
	畜産課　水産課　林務課			畜産課			魚政課　水産課	
	賠償課　商工課		商工部	商工課　貿易観光課		農林部	農務課　農業改良課	
労働部	労政課　職業安定課			調整課			農地課　耕地課　畜産課	
	失業保険徴収課		水産部	水産課　魚政課			林政課　林業課	
土木部	監理課　道路課　砂防課		林務部	林務課　造林課　治山課		土木建築部	監理課　道路都市課	
	港湾課　計画課		労働部	労政課　職業安定課			砂防利水課　河港課	
建築部	住宅営繕課　建築課			失業保険徴収課			建築課	
	渉外設営課			労務管理課		出納部	会計課　用度課	
農地部	農地課　開拓課　耕地課		土木部	監理課　道路課　砂防課				
出納部	会計課　用度課			港湾課　計画課				
			建築部	住宅営繕課　建築課				
			農地部	農地課　開拓課　耕地課				
			出納部	会計課　用度課				

出典：山口県文書館編『山口県政史　下』（山口県、1971年）より作成。

---

51)　戦前の府県庁組織のより一般的な概観は、大霞会編前掲『内務省史　第2巻』3章2節参照。

図表2－4は、大正末期から昭和中半までの山口県における行政組織の変遷を表したものである。1926（大正15）年という年は郡役所が廃止された年であり、大量の郡役所職員を府県庁に吸収したため、府県行政機構が一挙に膨張した年である。山口県でも、1官房2部11課であった行政組織が、1官房3部18課に増大している。次に、本章の対象時期である戦時期における行政組織の増大を見ると、山口県庁の行政組織は、1930（昭和5）年に1官房3部20課であったのが、1945（昭和20）年の敗戦時には1官房5部36課に膨れ上がっている[52]。一見してわかるように、最大の増加要因は経済関係部課の増大である。1930年には農地、耕地、林務、商工水産の4課であったが、敗戦時には、警察部に設置された統制・配給・動員関係の課を除外しても、2部9課に膨れ上がっている。衛生・社会事業関係の課も増加しており、1930年には社会、工場、衛生、健康保険の4課であったのが、敗戦時には、厚生、健民、民生、労政、保険の5課になっている。また、土木課が部に昇格して5課体制をとるまでに成長している。土木部は必ずしもすべての府県で設けられたわけではないが、この時期に大・中規模府県の多くで設置されている。前述した時局匡救事業以来の府県土木事業の増大が土木関係部課の増大を招いたのである。さらに、この表には載っていないが、1942（昭和17）年に地方事務所（府県の出先機関）が概ね旧郡単位に設置されていることも、この時期の府県行政の膨張と変容を物語るもののひとつである。

府県と町村との中間機関として、大正末期まで自治体としての郡があり、郡役所が置かれていたが、郡は自治体としての十分な発展を遂げることなく、自治体としての郡は1921（大正10）年に、また行政機関としての郡長も（したがって郡役所も）1926年に廃止されていた。しかし、1930年代に入り農山漁村経済更生運動や時局匡救事業を契機として府県における勧業・土木行政の重要性が増すと、現地実行機関の必要性が叫ばれるようになった。1936（昭和11）年の地方長官の地方制度改革意見の中でも、「現行地方行政機構の改革を行ふに際

---

52) なお、この表によると、戦時期約15年間に16課が増大したのに対して、戦後期の約11年間はわずかに1課室しか増大していないことになるが、これには注意が必要である。戦後になって警察と教育に関する行政組織が知事部局を離れそれぞれ公安委員会と教育委員会のもとに移管されたため、この表に掲載されていないからである。

しては、新たに中間機関を設け、地方行政の円滑を図ること⁵³⁾」と、現地実行機関の必要性が唱えられている。結局、この現地実行機関は、1942年に地方事務所として実現した。その直接の原因は、当時著しく増加しつつあった時局関係事務の増大である⁵⁴⁾。したがって、地方事務所は、直接的には戦争遂行のために設けられた機関ということができる。しかし、地方事務所設置の原因となった時局関係事務の中には前述のように多くの民生行政が含まれている。地方事務所は、単に戦争遂行のための機構ではなく、1930年代を境とした地方行政の変容と膨張に対応したものであると言えそうである⁵⁵⁾。

3 戦時地方制度改革

このように、昭和恐慌と日中戦争・太平洋戦争は地方行政の膨張と変容を招いたが、それは単に量的な膨張ではなく、明治以来の地方制度の変革を迫る質的な変容であった。

はじめに、以上に述べた行政の変容がいかなる性質の制度改革を要請するものであったかについて5点にわたって指摘した後、制度改革(ないしはその試み)の具体的な内容について詳しく見ることにしたい。

(1) 戦時地方制度改革における5つの課題群

戦時期の地方行政の変容が要請した第1の課題は、実施における専門性の確

---

53) 前掲『都市問題』地方制度改革特輯544頁。
54) 湯沢内務次官は、地方事務所設置の理由を、「或ハ食糧ノ増産デアルトカ、或ハ又生活必需物資ノ配給デアルトカ、又貯蓄ノ奨励、軍人援護、或ハ軍事扶助ト云ツタヤウナ時局事務ガ非常ニ増加シテ参リマシテ、之ヲ処理スルニ付キマシテ、現地ニ実行機関ヲ置キマセヌケレバ、町村ノ指導ノ上ニ於キマシテモ非常ナ不便ガ生ジテ居ルト云フノガ現状デアル」と説明している。『第79回帝国議会衆議院予算委員会議録』第7回、147頁。
55) 地方事務所は、1950年代に行政の簡素化が課題になると、当時の自治庁の指導もあってほとんどの府県においてかたちの上では廃止されるが、結局、県税事務所、福祉事務所、農林事務所、土地改良事務所などというように、個別機能ごとに存続することになったという。安達勇「府県の出先機関」日本行政学会編『出先機関の実態と課題』(ぎょうせい、1982年) 119頁。

保の問題である。昭和恐慌による勧業行政の増大は、地方行政に占める農林行政の比重を増大させた。また、戦時経済統制により、大蔵省・商工省・農林省などの経済官庁や物流を担う鉄道省の役割が増した。一言でいえば、社会・経済行政を中心に地方行政の専門分化が進展したということなのであるが、その結果、地方行政に占める内務省以外の各省の比重が増大し、知事という実施手段を握る内務省と他省の軋轢を増大させることになった。他省の側からすれば、「非専門的な」内務官僚に専門性の高い行政の実施を委ねることに対する不安が顕在化したのである。実施における専門性確保の要請は、後に見るように、補助金の増大と出先機関の新設・拡充という、2つの機能的集権化現象を惹き起こすことになる。

　第2の課題は総合調整である。行政機能が拡大し専門分化が生じると、その反動として、分化した行政を総合的に調整する必要性が生じる。このうち、「総合指導」の試みについてはすでに見たとおりである。しかし、総合調整の試みは、これだけでは終わらなかった。農山漁村経済更正運動によって、町村の農政の主要部分が農林省系の職能団体である農会や産業組合によって担われるようになると、町村行政の侵食を危惧した内務省は、町村会に職能代表議員を加え、町村長に域内の各種団体に対する総合調整権を与える町村制改正案を用意し、これに対処しようとした。また、これとは別に、戦時期に出現した各省出先機関の新設・拡充は、出先機関間の、あるいは出先機関と府県の調整の必要性を生じさせ、道州制論議を惹き起こすことになった。

　第3の課題は、地方行政の標準化である。戦時行政はその性質上、全国隈なく確実に実施される必要のある行政である。食糧増産にしても、軍事援護にしても、あるいは労務需給調整にしても、ある地域のみで行われるだけでは効果のあがらない政策であり、「総動員」を実効あるものにするためにも、全国一律的な事務の実施が必要とされる。戦時期に増大した国政事務の一つひとつを、どの団体にも一様に、しかも確実に実施させる手段として、この時期、補助金が飛躍的に増加することになる。

　第4の課題は、地方財政の財政調整と財源確保である。昭和恐慌と戦争の進行は、都市と農村の財政力格差を従来以上に深刻化させた。満洲事変を契機とする重工業の隆盛により世界恐慌からいちはやく立ち直った都市部と、農業恐

慌から立ち直れない農村の経済格差がこれまでになく拡大したことに加え、財政力の貧弱な農山漁村も、戦時行政による国政事務の増加に対処しなければならなくなったからである。その結果、戦時期の1940（昭和15）年に初の本格的地方財政調整制度である地方分与税の制度が成立することになる。

第5の課題は、執行権の強化である。戦時行政の末端執行機関としての市町村長の役割が強調され、市町村会に対する市町村長の優位と市町村内各種団体に対する市町村長の統制権が強化された。1943（昭和18）年の市制町村制の改正がそれである。また、同じ改正で、そのように権限が強化された市町村長に対する国の人事統制の強化も実現することになった。

以上、要するに、標準的で専門的な行政の強力な執行をいかに確保するかという課題をめぐって、この時期の地方制度の問題が展開していくことになるのである。

この時期の地方制度改革論議は、以上5つの課題群をめぐって展開することになるのであるが、具体的な改革群としては、以下の3点にまとめられる。第1が、国の総合的出先機関としての知事のあり方に関する改革群である。これは、内務省－府県体制の根幹にかかわる問題であるといえる。第2の改革群は、市制町村制に関する改革群である。第3の改革群は、地方財政に関する改革群である。このほかに、都制に関する改革群も戦時期の地方制度の重要なテーマのひとつであるが、東京のみに限定される問題であり、本書では扱わないことにする。

（2）内務省－府県体制の動揺

はじめに、第1の改革群から見ることにしよう。上述のように、1930年代以降、社会経済行政の増大によって、地方行政は大きな変容を遂げることになった。それは、内務省以外の省の比重の増大を意味していた。そのことは、人事統制に過度に依存をして地方行政を統制していた当時の中央－地方関係のあり方と齟齬を来たすようになっていく。

① 内閣人事部構想

戦前の知事は国の総合的地方出先機関であった。事務の執行にあたっては、それを所掌する各省主務大臣の指揮監督を受けていたが、その身分上の進退賞

罰権は内務大臣が握っていた。そのため、府県行政の変容によって、知事の執行する事務全体に占める内務省以外の各省の割合が増加すると、知事に対する職務上の指揮監督権者と身分上の進退賞罰権者の不一致の問題が目立つようになっていった。しかも、先にふれたように、戦前の体制においては「人事上の結合」以外の監督統制手段の発達は必ずしも十分であるとはいえず、また、地方官になる内務官僚は非専門官的性格が濃厚であった。内務省－府県体制のこのような性格は、各省としては、府県における自己の行政の執行に不都合をきたしかねない問題であった。[56] 当時の公法学者の１人は、この問題を、次のように端的に表現している。「地方官がすべて内務畑から出、身分上内務省に専属してゐる現在の制度は、内務省が内政の主管省であり、警察が内政の全部であつた時代の遺物で、内務省の主管事務が分割せられて他省に移り、地方官の職務として経済及び社会行政が寧ろ重きを占める今日では、此の制度が意味のないものであることは、誰の目にも明瞭である」。[57]

　内閣人事部構想は、地方官の人事を内務大臣の手から切り離すことによってこうした問題の解決を図ろうとするものであった。

　当時は、世界恐慌をひとつの契機として、統制・計画・管理といった要素が行政に取り入れられようとしていた時代である。また、戦争が総力戦の様相を帯びてくると、その強力な遂行のための政治行政機構の確立が課題となり、行政機構改革の必要性が官民を通じて盛んに論議されるようになっていた。[58] こうしたなかで、内閣人事局（内閣人事部）構想も、内閣直属の総合国策企画機関、省庁統廃合、道州制（これについては後述）等とならんで、そうした行政機構改革構想の中に一項目として含まれていることが多かった。

　内閣人事部構想が政府の政策としてとりあげられたのは、第１次近衛内閣の1938（昭和13）年１月末、人物試験の重視、特別任用の範囲の拡大、官吏身分保障制度の緩和、内閣人事部の設置等を内容とする法制局の官吏制度改革試案が発表されたときのことである。この内閣人事部構想は、「人事を内閣の事務として、その為めに何れの省にも属しない専任の人事官を置き、同時に各省の人事当局は『仰付』の事務官としてその事務に参与せしめる仕組」であった。柳瀬良幹の評価によれば、この制度は、「職務上の指揮監督権者と身分上の進退賞罰権者との一致と、全体的見地からする各省人事の交流調整と、兼ねて待

遇及び昇進上に於ける各省間の不公平の除去とを目的とする一石三鳥の案であつた」というが、各省の反対に遇い、結局大いに後退することになった。

地方官に対する内相の人事権の喪失を嫌う内務省のみならず、他省もまた反

---

56) 例えば、内務省から衛生局と社会局の2局が独立して厚生省が設置されたとき、朝日新聞社説は次のように論じていた。
　「厚生省の事務ほど地方行政に関係密接なのはなく、府県庁の各部にわたりて協力統制を保つ必要あるのは、むしろ本家の内務省（今後の）以上といはねばならぬが、それに拘らず、地方官の人事行政が依然内務大臣によつて専管され、厚生省が出来ても地方に睨みが利かず、人事上の融通が付き難くなるならば、行政能率上の損失は大きいと見なければならぬ。従来でも地方長官の身分を内相が専管するのは不都合であつたが、今後は一層それが顕著となるであろう。内閣人事局その他の善処策につき、更に当局の留意を促す所以である」。前掲『厚生省50年史』399頁。この記事からも、人事統制が当時の地方統制の中核的手段であると観念されていたことがうかがえる。
　なお、内務官僚の多くは将来知事になることを目標として入省した者が多く、そのため、厚生省への移籍を渋る者がいた。そうした人事面の動揺を静めるため、1938（昭和13）年1月、内務厚生両大臣の間で「協定書」がとりかわされ、両省は全く一体的に人事を行うことになった（同書397-398頁）。こうした「人事上の結合」がなされた結果、厚生省と内務省との間には、農林省と内務省との間に生じたような深刻な対立を生じさせることはなかった。
　ついでながら、省庁間人事について言えば、内務省と文部省のあいだにも、これとは別の意味での結びつきがあった。鈴木俊一の述懐によると、文部省の局長や次官には内務省出身者が就くことが多く、「純粋に文部省育ちの人がやはり次官になり局長になりましたけれども、まあ半々以下だったんじゃないでしょうか」。内政史研究会『鈴木俊一氏談話速記録』（内政史研究資料第209-212集、1977年）187頁。寺崎＝平原も、戦前の文部省は、教育内容や教育課程についてはともかく、初等・中等教育に関する行政権の多くを内務省に委ねていたこともあって、内務省の強い影響下に置かれていたと指摘している。寺崎昌男＝平原春好「文部省の再編」海後宗臣編『教育改革〈戦後日本の教育改革　第1巻〉』（東京大学出版会、1975年）。
　しかし、戦後、こうした結びつきがなくなると、旧内務省地方局の後継官庁は、シャウプ勧告や神戸勧告の取扱いをめぐって、また教育委員会制度をめぐって、厚生省や文部省と対立することになる。
57) 柳瀬良幹「官吏制度」『国家学会雑誌』53巻9号（1939年）98頁。
58) 当時の行政機構改革論議と総合国策機関については、井出嘉憲『日本官僚制と行政文化』（東京大学出版会、1982年）2章、御厨貴『政策の総合と権力』（東京大学出版会、1996年）Ⅰ章、古川隆久『昭和戦中期の総合国策機関』（吉川弘文館、1992年）参照。また、当時の官民の行政機構改革の諸構想は、重要産業協議会『官界新体制の諸問題』（新経済社、1942年）に詳しい。

対の側にまわった。それは、「地方官に就て之（人事権の移管——引用者註）を認めるならば、関係各省の人事に就ても同様の統制を認めるのが当然であり、且各省の人事を所属省以外の第三機関に委ねる以上は、官吏の省の所属は人事上重きを置くに足ら」なくなってしまうことを恐れたからであるという。その結果、翌39年3月、平沼内閣の下で実現した改革案は、地方官に対する内務大臣の人事権を維持したまま、内務次官を委員長とし内務・厚生・文部・農林・商工等各省人事課長ないし秘書課長を委員とする委員会を内務省内に設け、府県庁と各省間の人事交流を図るというものに後退したのである。

② 各省出先機関の新設・拡充

内閣人事部構想は実現することなく終わった。しかし、内閣人事部構想を惹起した状況、すなわち、社会経済行政の増加を背景とする地方行政における内務省以外の各省の比重の増大と、それによる職務上の指揮監督権者と身分上の進退賞罰権者の不一致の問題は、解決されたわけではなかった。そうしたなかで、各省が地方出先機関を新設・拡充し、独自のラインで事務を執行する動きが現れてきた。

当時法制局参事官であった井出成三は、「各省は其の系列の行政の第一線担当官庁として、特別なる地方行政官衙を設置せんとし、既存の特別地方行政官庁の権限を拡大強化して、従前道府県庁に委ねありし行政事務を此等の特別地方行政官庁に移さんとするの傾向は著しきものが」あるとし、その例として、財務局の新設（大蔵省）、鉄道局の権限の拡充（鉄道省）、職業紹介所の改組（厚生省）、商工省工務事務所の設置、厚生省労務官事務所の設置等を挙げている。

井出によれば、当時の出先機関の新設・拡充の動きは、「道府県庁を中心とする現行地方行政機構に対する不満」に発しているというが、それは主として

---

59) 柳瀬前掲論文99頁。辻清明『公務員制の研究』（東京大学出版会、1991年）162頁註20も参照。
60) 柳瀬前掲論文98-99頁。
61) 同88頁。
62) 井出成三「特別地方行政官庁の拡充傾向に就て（2）」『自治研究』18巻3号（1942年）、33-42頁。

次の4点にまとめられるという。

(イ) 道府県の区域が地方行政区画の単位として不合理なるものとなりつつあること。
(ロ) 行政内容の複雑化は専門的分科的ならざる道府県庁に依る事務処理を慊らずとするに至れるものあること。
(ハ) 行政の計画性は中央集権的性格を増し、地方独自の事情に依る政策介入の余地を少なからしめつつあること。
(ニ) 地方長官に対する人事及一般監督の権限が内務省に属する現行制度は其他の各省にとりて、其の省所掌行政の強力存分なる実施を期する上に於て事実上の不完を感ぜしむることの虞あること。

このうち、(イ)は府県の区域に関する問題である。交通の発達、文化の進展等の結果、明治以来の府県の区域は国の地方行政区画として狭小になったという指摘である。

(ロ)は、既述の内務官僚の非専門官的資質の結果、各省は、「当該事務のみを所掌し其執行に専念する専門的なる特別行政機構を設置して、之に当らしむるに非ざれば当該事務の的確十全なる遂行を期し得ないと考えられること尠しとせざるに至」るようになったという指摘である。

(ハ)は、世界恐慌後徐々に取り入れられ始めた統制・計画・管理といった要素が、戦局の進展によって一挙にその重要性を増したことに関連している。国土全体を、あるいは「大東亜」全体を考慮した計画行政を遂行するうえで必要とされたのは、地方の事情を考慮することよりも「中央方針の簡明直截なる実施」であったが、府県知事に計画行政の遂行を任せるとどうしても地方の事情を考慮せざるをえなくなり、その結果、「中央方針の簡明直截なる実施」が妨げられるという指摘である。知事は、中央から任命されているとはいえ、やはり「地方の利害休戚を一身に負」っており、したがって「地方夫々の実情を斟酌し」なければならなかった。そのことは、知事を中心として国家の地方的事務を執行する内務省-府県体制の利点でもあったが、他方で、行政を国家的見地から迅速かつ計画的に行うという観点からすれば、短所としてとらえられるという指摘である。

---

63) 以下の引用は、井出成三前掲論文「特別地方行政官庁の拡充傾向に就て(1)」『自治研究』18巻2号(1942年)28-30頁による。

(ニ)は、内務省と各省の関係の問題である。既述のように内務省－府県体制は技術的監督統制手段が未発達な体制であったため、地方官に対する人事上の統制を有しない各省としては、「其の省所掌行政の強力存分なる実施を期する上に於て事実上の不完を感ぜしむることの虞」があるため、地方における事務を自らの系列において処理したいという要求が起こってきたのである。

　要するに、(イ)を別とすれば、行政の専門分化の進展に対する内務省－府県体制の不適応が、各省による地方出先機関の新設ないしは拡充強化の傾向を出現させたということである。その結果、井出によれば、「地方事務は道府県庁に於て之を担当するを原則とし、特殊なる事項のみを例外的に特別地方行政官庁の手に委ねるといふ建方は一転して各省行政の地方事務は夫々の特別地方行政官庁に於て之を処理するを原則とし、残余部分を道府県庁をして行はしむるといふ原則例外逆転の勢」が生じていた。

　こうして、戦時期に、多数の出先機関が設置されることになった。阿利莫二が指摘するように、「主な出先機関＝地方支分部局の基礎は戦前につくられており、外国の例と同じように特に戦時段階に増大傾向を発生させている」のである。そして、この傾向は、後述のように、敗戦をまたいで占領期にも継続することになる。

③ 道州制構想

　前項で検討した各省地方出先機関の新設・拡充は、国の地方的事務の執行における知事の役割を相対的に低下させることによって、内務省－府県体制の浸食をもたらす動きであった。これに対して、道州制構想は、もしそれが実現されれば、内務省－府県体制を根底から覆すものであった。当時の道州制構想は、数府県程度の区域を単位として道州庁を設置するという点を唯一の共通点とし、他の点に関してはきわめて多様であったが、ほとんどの案が、国の地方的事務の執行を府県知事から取り上げ道州庁長官に委ねることをその内容としていたからである。さらに、道州庁長官の人事は、内相ではなく内閣直属になることが想定されていた。当時の内務省が、道州制に対して消極的態度をとって

---

64) 井出成三前掲論文(2)33-34頁。
65) 阿利前掲「出先機関の理論と行政課題」39頁。

いたことはいうまでもない。

　このように、道州制は、当時の国内行政執行体制の一大変革を目指す構想であったが、その変革の巨大さのせいもあって、結局、実現には至らず、論議の段階で終わった。そこで、ここでは個々の道州制構想には立ち入らず、当時の道州制論の背景と論拠を、戦時期における行政の変容との関連において概括的に整理しておくにとどめたい。

　道州制論は、単なる府県合併論と異なっていた。内務省－府県体制に代わる国内行政執行体制の模索という課題が道州制論の核心であり、地方行政区画の拡大は、重要ではあるが、そのひとつの要素に過ぎなかった。したがって、当時の道州制構想のほとんどは、地方行政区画の拡大という課題のほかに、内閣人事局の設置を掲げており、道州庁長官の人事を、内相ではなく内閣直属とすることを前提としていた。地方行政区画の拡大を求めるにしても、道州制論は、交通通信の発達や地方経済の相互依存関係の拡大等によって明治以来の府県の区域が狭小になったというような一般的な理由のみではなく、より以上に、戦時体制の進展による行政の変容と新たな行政課題の出現が府県よりも広大で強

---

66) 当時の道州制構想の多くは、前掲『官界新体制の諸問題』に掲載されている。また、これらの諸構想の背景と詳しい解説は、佐藤俊一『日本広域行政の研究——理論・歴史・実態』（成文堂、2006年）1章3節参照。

67) 天川晃は、昭和前半期の国の地方行政区画のあり方をめぐる改革論議を、「内務省－府県モデル」と「内閣－道州制モデル」の対抗関係としてとらえている。天川前掲「昭和期における府県制度改革」。

68) 高木鉦作「広域行政論の再検討——昭和10年代の道州制問題を中心に」辻清明編『現代行政の理論と現実』（勁草書房、1965年）。

69) 前田多聞「地方制度改革偶感」前掲『都市問題』地方制度改革特輯201頁。
　なお、1936（昭和11）年のこの地方制度改革特輯号の中で、前田（元内務官僚、当時東京朝日新聞論説委員、占領期に文部大臣となる）を含む5人の論者が府県統合を主張していた。この引用は、前田が府県統合論の根拠としていたものであるが、他の4人も概ね同様の論拠に基づいていた。このように、府県合併に関する議論は、日本が本格的な戦時体制に突入することになる日中戦争以前からすでに存在していた。しかし、彼らはみな、内務省－府県体制を前提としたうえでの府県合併を唱えており、この号で府県の廃止とそれに代わる道州の設置を主張していたのは前掲入江『明日の地方自治』だけであった。その彼も、わざわざ、「或は極端な立言との批評を受くるかも知らぬが」との断り書きを付していたほどである。本格的な戦時体制に入る前の段階では、道州制論はまだ下火であったことがうかがえる。

力な行政単位を要請しているという認識に基づいていた。

　それは、大きくまとめると、国土計画的要請と行政事務の増大に対する対応、および地方段階における行政機関統合の必要性の3点に集約できる[70]。

　まず、国土計画的要請であるが、戦争遂行のための生産力拡充政策は大都市を中心に工場の急速な増設を招き、大都市への人口の集中をもたらしていた。そのことは、保健・衛生・住宅等の問題を深刻化させたばかりではなく、防空のうえからも好ましいことではなかった。反面で、前節でもふれたように、農村は疲弊を極めていた。さらに、対外関係の険悪化により、国内資源の開発によって工業原材料の貿易依存からの脱却を図ることが急務となっていた。そこで、従来から問題になっていた都市と人口の分散配置、工業の地方分散、農業生産の計画化、鉱山資源の開発等を総合的に推進するための国土計画が要請された。しかし、国土計画の実施単位として、府県では都市と農村の調整を図ることができないなどの問題があり、狭すぎると考えられていた。さらに、内外地一体ないし「大東亜」一体の計画という観点からしても、朝鮮、台湾、樺太などの外地と比べて府県では規模が狭小にすぎるという問題があった。

　次に、行政事務の増大に対する対応であるが、戦時体制の進展によって国家の経済に対する介入が増大したことにより、中央官庁は許認可事務を中心に煩雑な日常的事務に忙殺されるようになっていた。そのことはまた、国民の側からすれば、自己の業務の遂行について中央にいちいち出向かなければ何事もなしえないような状況が出現したことを意味していた。こうした問題を解消するため、許認可事務の大幅な地方委譲を図り、中央は大綱的事項を定め地方がそれを具体的に実施できるという体制を整えることが必要になってきた。そこで、そうした大幅な権限委譲を行うための受入れ体制の整備という観点から、数府県を単位とした道州という強力な地方官庁の設置が求められるようになったのである。

　最後に、地方段階における行政機関統合の必要性であるが、戦時統制の進展は、労務需給調整、食糧その他重要物資の需給統制、日常物資の配給、輸送計画等の事務を新たに出現させることになった。これらの事務のうち、日常物資

---

　　70)　以下の叙述は、高木前掲「広域行政論の再検討」によるところが大きい。

第 2 章　戦時期：旧体制のもとでの機能的集権化の進行

の配給など府県と市町村が実施にあたったものも少なくなかったが、前項でもふれたように、食糧の需給統制のために食糧事務所（農林省、1941年米穀事務所より改組）、労務需給調整のために職業紹介所（1938年府県庁より厚生省の出先機関へ）、工場に対する資材・労働者・電力等の斡旋と生産・経理等に関する指導監督のために商工省工務官事務所（1941年新設）が設置されるなど、各省が府県知事によらず独自の出先機関を新設ないし改組して実施する事務も多かった。さらに、輸送・通信に関する事務は、逓信局（逓信省）や鉄道局（鉄道省、1939年権限拡充）などの出先機関が実施していた。しかし、経済統制は、生産・流通・消費が一貫して行われなければならないものであり、地方段階における実施機関の分立割拠がその一貫性を阻害する要因になりかねなかった。この問題の解消という課題が、道州制論の最大の眼目であった。その場合、各省出先機関の中には全国を7から9程度に分割したいわゆるブロック単位のものが少なくなかった。そこで、府県庁とこれら出先機関の統合を図るためには、地方行政区画をブロック単位に、つまり道州制として設置することが求められたのである。

　以上のように、道州制構想は、内閣人事部構想や各省地方出先機関の新設・拡充に比べ、最も戦時色の濃いものであった。

　内務省－府県体制は、戦時期における行政の専門分化に適応しきれず、各省による出先機関の新設・拡充を招いた。道州制構想は、行政の専門分化に応じて分立した地方レベルの行政機関の統合を図ろうとする試みであったが、その場合、道州庁長官の人事を掌握するのはもはや内務省ではなく、内閣直属の部局として構想された人事局であった。道州制構想は、行政の専門分化に対する不適応をきたし始めた内務省－府県体制に代わる新たな総合行政体制を確立しようとする試みであり、その意味で、内務省－府県体制に対する最もドラスティクな改革構想であったが、実現されることなく終わった。[71][72]

　以上、内閣人事部構想、各省地方出先機関の新設・拡充、道州制構想についてそれぞれ見てきた。これらはいずれも、内務省－府県体制の空洞化や根底的転換をもたらしかねないものであったため、内務省は消極的態度をとり続けた。このうち、内閣人事部構想と道州制構想については、主として軍部や民間団体など官僚勢力以外から提起された。ともに内務省－府県体制の転換を図る試み

であったが、結局、実現されることなく終わった。これに対して、各省出先機関の新設・拡充は、行政の必要によって静かに進行し、結果的に、内務省－府県体制を部分的に侵食していった。

(3) 市制町村制の改正

前項で見た改革群のうち、実際に進行したものは各省出先機関の新設・拡充であった。これは、昭和恐慌と総力戦を契機とした地方行政の変容に、内務省－府県体制が首尾よく対応しえないがゆえに起こった現象であった。言い換えれば、この時期に新たに増大した国政事務の一部について、その執行をもはや府県知事に任せることはできないと判断され、内務省－府県体制の枠外において処理することを図った動きであった。

しかし、この時期に増大した国政事務のすべてが内務省－府県体制の枠外で処理されたわけではなく、現実には、多くの事務が内務省－府県体制の枠内で処理された。総力戦において国力の徹底的な動員が要請される以上、国民一人ひとりの直接的把握が必要であるが、そのことを実際になしえたのは府県－市町村の内務行政ルートのみであり、出先機関ではなかったからである。こうし

---

71) このことは、先に引用した井出成三が、その論稿の末尾において次のように言っていることからもうかがえよう。
「……見方に依りては時局の推移、行政の変遷はかうした（出先機関の新設・拡充のような――引用者註）徹温的な糊塗的な手段に依り解決すべく余りにも根本的な本質的な地方行政機構の解決を要求してゐるものと考へさせられざるを得ないのであるまいか。即ち新なる地方行政処理の綜合的官庁として道州庁の如きものの設置が必至となつて来てゐるのではあるまいか。かくて誕生し来るべき新なる綜合的地方庁たる道州庁に於ては現行の道府県庁に対して指摘せらるるすべての不満、欠陥が克服せられねばならない。其の管轄区域に於て、其の中央監督に於て、其の人事に於て」。井出成三前掲論文（2）43-44頁。

72) 道州制は実現されることなく終わったが、道州制を必要とした状況、すなわち、地方における実施機関の分立割拠による戦時経済統制の一貫性の阻害という状況は解決されたわけではなかった。そこで、この問題に対処するため、内務省－府県体制を前提としたうえで知事と各省出先機関との連絡強化を図るという方向での解決が模索された。地方行政協議会（1943年7月）から地方総監府（1945年6月）の設置へとつながる過程がそれである（ただし、後者は内務省－府県体制を部分的に変更する側面を含んでいた）。この過程は、高木前掲「広域行政論の再検討」に詳しい。

て、この時期の地方行政は膨大な国政事務を一挙に背負い込むことになった。当時内務大臣であった湯沢三千男の国会答弁の言葉を借りれば、「支那事変(ママ)以降国家目的ヲ達成スル非常ノ必要ガ生ズルトシテ、色々軍事上ノ仕事、或ハ軍事援護ノ仕事又更ニ進ンデ国民安定ニ関スル各般ノ仕事、斯ウ云フヤウナモノガ国家カラドンドン要求サレテ来テ、普通ノ形カラ言ヘバ是ハ委任事務ト云フヤウナ形ニ言ハレテ居リマスガ、サウ云ツタヤウナ風ノ仕事ガ非常ニ増加シテ参ツテ来テ居ル」[73]状況になったのである。

そこで、内務省は、府県と市町村が国家行政の末端を首尾よく担いうるようにするための改正に着手することになった。その場合、制度改正がより緊要とされたのは、もともと官選・官吏の知事をもち国の意向がよりストレートに反映されやすかった府県よりも、まがりなりにも完全自治体であり、必ずしも国の意向どおりに動くとは限らない市町村の方であった。改革の方向は、第1に、市町村長が能率的に国政事務を担えるような体制を実現すること、第2に、市町村長が国の意向に従うよう人事上の監督権を強化することの2点であった。

戦時期の市制町村制および府県制の制度改正は、日中戦争が全面化してからすでに6年近くが経過した1943（昭和18）年になって実現した。しかし、この改正はこの時になって突如として現れたわけではなく、6年近い議論の末ようやく実現したものである。そこで、その間の経緯についてもふれることにしたい。

① 農村自治制度改正要綱

1937（昭和12）年8月、地方制度調査会が設けられた。[74]同年11月の第1回地方制度調査会において、時の馬場内相が「地方制度全般ニ亙リ時代ノ要求ニ合致シタル基本的調査考究ヲ尽シ、以テ将来ニ対シテ我ガ国力ノ培養発展ノ根底

---

73) 藤田武夫「地方制度の画期的展開(3)——地方制度の画期的改革の実現(1)」『都市問題』39巻1号（1944年）25-26頁。なおこの論文は、戦時期になされた市制町村制、府県制、東京都制の改正・制定の経緯をきわめて詳細に論じている。

74) 現在と違い、戦前・戦中および戦後の一時期は、地方制度調査会は、地方制度にかかわる課題の出現に応じて随時に設置される審議会であった。現在のような形態の地方制度調査会が設置されるようになったのは、1952（昭和27）年の地方制度調査会設置法制定以後のことである。

ヲ堅固ナラシメ、国民総体ノ福祉ノ増進ニ資シタイ」として、「時運ノ趨勢ニ鑑ミ地方行政ノ制度ニ付改正ヲ加フルノ要アリト認ム、其ノ要綱如何」という諮問を発し、ここに地方制度の本格的な改正が検討されることになった。翌1938年5月の第3回地方制度調査会より具体的な審議に入り、東京都制と農村自治制度をとりあげ、それぞれ特別委員会を設けて調査検討を行うこととした。[75] 農村自治制度については第2特別委員会において審議が行われたが、同年6月に開かれたその第1回の会合で、「農村自治制度改正要綱」[76]の内務省地方局案が示された。この案は、戦時体制への本格的な対応という課題よりもむしろ、農山漁村経済更生運動への対応に主眼をおいた改革案であった。この要綱は、(1)町村に町村内の各種団体に対する調整権を付与する、(2)部落を町村の補助機構として法認する、(3)町村会に選挙によらない団体代表議員や特別議員を加える、(4)町村会に対する町村長の優位を確立するとともに府県知事に町村長の解職権を与える、の4点を主要な内容としていたが、このうちの最初の3点までが経済更生運動による農村行政の変化に対応するものであった。

内務省が意図したのは、前節でもふれた「行政自治」と「産業自治」が乖離した状態を改め、農会と産業組合によって実質的に担われていた「産業自治」を「行政自治」の下に統合し、各種農業団体に対する町村行政機構の優位を確立することであった。農村において農業の占める比重がきわめて高く、農民に

---

75) 藤田武夫「地方制度の画期的展開（1）――町村制改正問題の進展」『都市問題』38巻5号（1944年）25-26頁。

76) 「農村自治制度」となってはいたが、内務省は農村を対象とした特別法を意図していたわけではなく、一般的な町村制の改正を意図していた。にもかかわらず、「農村」と銘打っていたのは、この要綱が、農山漁村経済更生運動を進めるうえで明らかになってきた諸問題の解決を図ろうとしたものであることを示しているといってよいだろう。要綱の起草者らの言葉を借りれば、「現在農村に於て行はれて居る自治行政の活動と各農村住民の実生活とが十分に融合一致しなくなり、即ち地方団体の営む所の自治活動が、動もすれば一般住民の生活から遊離し、その間に頗る不満足なるものを生じ、而して其の結果は自ら自治機能の能率も鈍くなりその不振を来して居る」。坂千秋「農村自治制度改正案の骨子」『斯民』33編7号（1938年）4頁。そこで、「過去数年の経過に於て農村行政上経験したる行政運営の形態に深き考慮を払ひ、制度を之に即応して整備」しようとしたものである。古井喜実「農村自治制の改革と今後の農村政策」『斯民』33編9号（1938年）9頁。ここでいう「過去数年の経過に於て農村行政上経験したる」最大の問題が農山漁村経済更生運動であることは言うまでもないだろう。

第2章　戦時期：旧体制のもとでの機能的集権化の進行

とって農業がその生活のすべてに近い状態であった以上、農政の主要部分が農会や産業組合に担われている状態を放置したままにしておくと、農村において真に住民を把握するのは内務省系の行政ルートではなく、農林省系の団体ルートとなってしまう。そうした危機感が、内務省にこの要綱を作らせたのである。要するに、農村自治制度要綱の地方局案は、町村長が農会や産業組合に対する調整権を確保することによって「産業自治」を「行政自治」の下に統合するとともに、部落を町村の補助機関として積極的に法認することによって、農事実行組合を通じて産業組合におさえられていた部落を取り戻し、さらには、選挙によらない団体代表議員の制度を通じて、農政の実質的な指導者であった農会長や産業組合長を町村会に参与させることによって、「町村会デハ政治ヲヤリ、実生活ノ方ハ全ク別ノ機関デアルト云フ」[78]状態を改め、町村を「総合団体であり、全部社会」[79]たらしめようとしたのである。

　内務省のこうした方針に対し、農林省および帝国農会・産業組合が反発したことはいうまでもない。[80]こうした反発を受けて、地方制度調査会において、団体に対する町村長の「綜合調整」権を「連絡調整」権に弱めるなどの修正が行

---

77)　前節でふれたように、町村の経済更生計画を立てたのは町村の経済更生委員会であったが、それを実行したのは部落における農事実行組合であった。1932（昭和7）年の産業組合法第7次改正によって、部落に基礎を置く農家小組合を簡易な方法で法人化し、産業組合に加入する道を開いたことにより、農家小組合の多くは農事実行組合となり、産業組合の下に組み込まれていった。こうして、産業組合は、経済更生運動の展開過程において農事実行組合を通じて次第に農民の実生活を把握するようになっていったのである。したがって、ここでの問題は、農民の生活単位である部落を農林省系の産業組合が把握するか、それとも内務省系の町村が把握するかということであった（楠本前掲論文37頁参照）。なお、産業組合は1938（昭和13）年までに全農家の77.8％を組織するようになっていたという。森前掲書27頁。

78)　坂地方局長の地方制度調査会特別委員会での発言。藤田前掲「地方制度の画期的展開（1）」32頁。

79)　坂前掲論文6頁。

80)　当時の農林官僚は、市町村長が「指導奨励ノ周到適切ヲ期スル上ニ於テ到底農会等ノ現存産業団体ニ及バザルモノト信ズ。又市町村ガ産業組合等ノ如キ経済団体ノ事業ヲ経営スルコトハ危険多クシテ絶対ニ不可ナルコト多言ヲ要セザルベシ」との態度をとっていた。農林省遠藤三郎事務官私見「地方行政改善ニ関スル意見」農村更生協会前掲書20頁所収。

113

第Ⅱ部：歴史篇　集権体制の変容

われた[81]。

　ところで、農村自治制度要綱の地方局案は、農村の自治制度を町村民の実生活に即応させるという、以上に見た目的とならんで、もうひとつ重要な目的をもっていた。それは、「行政の能率化と合理化」[82]であった。昭和恐慌と日中戦争により「市町村長に対する国の委任事務は近時驚くべき分量に上り、且頗る複雑専門的なものとなつて来て」おり[83]、「殆んど国家行政の全部と云つて宜しいものが、町村役場の執行に任せられてある実情」[84]であったからである。

　そこで、地方局案は、第1に、町村会の権限を制限して町村長の優位を確立するとともに、第2に、そうして強化された町村長に対する監督官庁の権限を強化することによって対応しようとした。具体的には、前者については、町村会の議決事項を重要問題に限定するとともに、予算の増額修正を認めないとするものであり、後者については、監督官庁に町村長の解職権を与えようとするものであった。地方局案は、町村長の執行権の強化と町村長に対する国の人事統制の強化によって、町村を、国の末端行政の強力な執行機関たらしめようと

---

81) 内務省は町村長に各種団体の総合調整権を与えるだけではなく、さらに進んで町村の経済更生委員会を廃止する意向を表明した。これに対して農林省は、「農林省ガ従来カラヤツテ居リマス仕事自体ニ対シテ余リ残酷ナ鉈ヲ揮ヒ過ギヤセヌカ」と猛反発し、結局、原則として存置する方向で決着した。藤田前掲「地方制度の画期的展開（1）」34頁。なお、内務省は、経済更生委員会が町村政の中で事実上大きな機能を担っているにもかかわらず、その法律上・財務上の性格が不明確な場合が多いことに批判的であった。内務事務官の吉岡恵一は、当時次のように述べていた。「経済更生委員会も府県によりては町村会の議決により設置し、委員の選任に当りても町村長の推薦に依り町村会が定むる手続を経しめ、町村制に依る委員としてゐるものもあるが、大部分の府県にては然らずして、法律上の性質が明確でないものが多い。然かも委員会の費用は町村の収入として掲上し、別に補助の形式に依らず地方改良費等の名目の下に直接支出してゐるのが通常であり、町村の機関の如く見ゆるも整備された機関と言ふことを得ない」。吉岡恵一「町村内に於ける各種団体等の綜合調整」『斯民』33編8号（1938年）。

82) 古井喜実によれば、地方局案は、農村生活の実情に即応するように制度を整備することと、行政の能率化と合理化の2つを眼目としていた。古井前掲「農村自治制の改革と今後の農村政策」7頁。

83) 同6頁。

84) 坂前掲論文16頁。

する意図ももっていたのである。

　地方局原案は、先に見た町村の各種団体に対する総合調整権を弱化させる修正がなされたほかは、原案どおり特別委員会で可決された。さらに1938（昭和13）年10月31日の第4回地方制度調査会総会においても委員会修正どおり可決され、農村自治制度改正要綱答申案の決定を見た。

　こうして、町村制改正法律案が、第74回帝国議会における最重要法案として提出されることは既定の方針となったが、町村制改正法律案は、議会提出直前になって突如として不提出となった。改正法律案の議会提出が近づくにつれて、政友、民政ならびに社会大衆党の反対気運が濃厚になったためである。「総親和」を掲げる平沼内閣は、あえて政党と対決する道を選ばず、法案提出を回避した。政党がこの法律案に反対したのは、団体代表や特別議員の導入による公選議員の減少が政党の地盤侵食を招き、特別議員の参加や町村長の権限拡張その他が官僚政治の拡大をもたらすことを恐れた結果であったようである。[85]

　しかし、地方制度の改正はこれで頓挫したわけではなかった。1939年10月、久しく開かれていなかった地方制度調査会は1年ぶりに再開され、翌月7日の地方制度調査会第3特別委員会に「市制改正要綱」と「府県制改正要綱」の内務省地方局案が提出され、審議の末、原案どおり可決している。[86]

　この案は、先の案に比べ「現状維持的色彩が強く、改正内容も抹消的であり、事務的」[87]と評されるものであった。先の農村自治制度改正要綱の場合のように、産業組合の手から農政を取り戻すという緊迫した課題もなく、さりとて、

---

85) 藤田前掲「地方制度の画期的展開（1）」41頁。このほかに、農村自治制度改正要綱は、部落を強化するという視点から、町村会議員の選挙区を従来の全域一区から分割することができるという内容を含んでいたが、この点も、町村会議員の変動を招き、ひいては代議士の地盤にも影響を及ぼすことが懸念されたため、政党勢力の反対を招くひとつの原因となったようである。

86) ただし、市制改正要綱には、先の農村自治制度改正要綱にあったような選挙によらないいわゆる特別議員の項目がなかった。そのため、特別議員制度を求める意見が相次ぎ、その結果、「市会ノ構成ヲ整備充実シ以テ市政ノ向上ヲ期スルハ、市政ノ実績ニ鑑ミ最モ緊要トスル所ナルヲ以テ、一般公選議員ノ外ニ適当ナル方法ヲ以テ、之ニ市公民中有識経験者ヲ議員トナシ得ル制度ヲ採用セラレタシ」との附帯決議が付けられた。

戦時体制への本格的対応という課題についても、政党勢力への配慮を優先したためか、4年後に実現した実際の改正に比べれば弱いものであった。このように、「現状維持的」色彩が強い案であったが、法案提出はまたも見送られることになった。ひとつには、時の米内内閣が政党方面の反対を押し切って法案を提出することを躊躇したためであり、もうひとつは、内務省事務当局が、あえて不満足な改正案を提出するよりも、時機を見て案を練り直して提出することを望んだためとされている。[88]

この要綱に盛り込まれている項目のほとんどが後の改正で実現していること、さらに、後の改正ではこの要綱に盛り込まれていなかった重大な問題も実現していることから、これ以上この要綱に立ち入ることはせず、1943年に実現した実際の改正にあたることにしたい。

② 1943（昭和18）年の市制町村制の改正

1943年の市制町村制の改正は、その内容が多岐にわたるが、第1に市町村長と市町村会の関係に関するもの、第2に市町村長と市町村内の各種団体の関係に関するもの、第3に市町村長と国の関係に関するものの3点に整理することができる。

はじめに、市町村長と市町村会の関係に関する規定である。1943年の改正は、市町村会の権限を制約し、それによって市町村長の優位を確立することを意図していた。その意味で、先の農村自治制度改正要綱以来の路線を踏襲し、それをさらに推し進めたものであった。具体的には、市町村会の議決事項を概括例示主義から限定列挙主義に改めて軽易な事項は市町村長の権限に移す[89]、市会の閉会中は重要事件以外については市参事会が市会の議決すべき事件を代議決できる、市町村会は予算の増額修正をできないものとする、助役の選任過程から

---

87) 藤田武夫「地方制度の画期的展開（2）――市制及び府県制改正問題の発展」『都市問題』38巻6号（1944年）25頁。なお、内閣法制局の入江俊郎は、この案を評して、「夫れとしては別段批難せらるべき点もないやうではあるが、同時に、如何にも微温的且御座なり案であつて、既に農村自治制度改正要綱の答申を終へた今日としては、これでは、朝野の識者を集めた地方制度調査会に於て、委員諸氏が貴重な日子を費して考究を試みる迄のこともなく……」と論じていた。入江俊郎「感想と希望とを述べる」『都市問題』30巻1号（1940年）53頁。

88) 藤田前掲「地方制度の画期的展開（2）」35頁。

市会を外し市長が府県知事の認可を受けて選任できるようにする等の改正がなされた。いずれも、市町村会の権限を弱化し、執行機関としての長の地位の強化を図るものであり、当時の識者は、これを評して「市町村長中心主義の確立」[90]であると論じていた。また、このほかに、市会の会期を新たに法定するとともに、通常会と臨時会とすることになったが、これについても、その意図するところは市会の会期の短縮であった[91]ので、市会に対する市長の優位の確立という同様の文脈においてとらえられるものである。

　次に、市町村長と市町村内各種団体の関係に関する規定である。市町村長は市町村内の団体等に対し必要な指示をし、これに従わない場合は当該団体の監督官庁の措置を申請できる規定が設けられた。「今日市町村は、食糧の増産及供出、生活必需物資の配給、労務の供出、国民防空、国民貯蓄、資源の回収、軍事援護等戦時下緊要なる各種施策遂行の重責を荷負つて居るのであるが、其の何れの施策を取上げて見ても、個々の団体や機関のみの力では到底円滑且効果的に処理することが出来ない。……現在市町村に於ては、法令に依るものと依らざるものとを問はず、産業経済、教化、衛生、警備、兵事其の他各種の職能的な団体等が数多く存在して居る（が）……、斯くの如く多くの団体等が狭い地域に複雑に相関連し相交錯して存在して居る為に、動もすれば、其の間に連絡調整を欠き、時に責任の分担を曖昧にし、時に重複摩擦を生じ、不必要な無駄を重ね、好ましからぬ対立を招いて、市町村民に迷惑を与へ、お互に折角の機能を十二分に発揮することの出来ない場合が無しとしない。……何としても市町村全体の責任として、統一的且綜合的計画の下に、全市町村を挙げて、

---

89) その結果、市町村会の議決事項は条例の制定改廃など11項目に限定された。

90) 宇賀田順三「新たなる自治構成としての責任主義の確立」『都市問題』36巻4号（1943年）16頁。

91) 当時の内務官僚はこの点を次のように説明している。「現行制度に於ては、市会は会期を定めて招集し得ることになつて居るが、実際の状況を見るに、必ずしも会期を定めて招集することなく、市会は開会したるまま所謂万年議会となつて居る都市も少くない。之は市政の能率化簡易化と云ふ点より見て甚だ面白からざる現象であるのみならず、市政運営の上に於ても大いに遺憾の存する所である。依つて今回之を改め、市会はこれを通常会及臨時会とし、共に会期を定めて招集することゝするのが適当であると思ふ」。狭間茂「市制及府県制改正要綱大意」『都市問題』30巻1号（1940年）17頁。

団体と言はず、機関と言はず、個人と言はず、悉くが市町村長を中心にして緊密に連絡協調し、真に一丸となつて、各々其の職分に応じ最善の機能を発揮して、始めて克く最大の成果を期待することが出来る」というのが、その理由であった。

　先の農村自治制度改正要綱（当初案）における「綜合調整」権が、指示権へと強化されて、ようやくここに実現したわけである。先の綜合調整権が、「町村長は何処までも町村長であつて、他の団体の長ではないから、直接に各団体を指揮命令することは出来ぬが、自分が考へる所があり、意見があるならば、此の意見を各関係団体に対して呈示する」というものであったのに対して、この改正における「指示」とは、「意見の呈示とか、希望とか、勧奨とかとは違つて更に強い効果を有して居」り、「単に相手方に於て之を聞き置くとか、之に付いて考慮を要すとか云ふ程度ではな」いものであると説明されたように、戦時体制の深化にともない、より強い権限として実現したのである。

　町内会・部落会の法制化もこの1943年の市制町村制の改正で実現した。町内会・部落会およびその連合会ならびに隣保班については、すでにその3年前の1940（昭和15）年9月11日、各地方長官あてに内務省訓令第17号が発せられ、市町村の下部補助機関として整備されることになった。この昭和15年の訓令は、その目的を、（1）万民翼賛の本旨に則る地方共同の任務の遂行、（2）国民の道徳的練成と精神的団結、（3）国策の国民への透徹と国政万般の円滑な運用、（4）統制経済の運用と国民生活の安定の4点としている。同日、内務次官より各地方長官あてに、この訓令の実施に関し、町内会等がすでに設置されていて区域・構成等で不適当な場合は必要な再編成をすることなどを指示した依命通牒が発せられた。これを受けて町内会・部落会の整備は急速に進み、1940年末の段階で、町内会・部落会199,746、隣保班1,138,934（全国市町村数は11,190）が、また

---

92)　小林與三次「改正市町村制（6）」『斯民』38編8号（1943年）2-4頁。なお、小林は、「見方に依つては、此の制度運用の成否が、今後の市町村行政発展の趨勢を左右するものとも言へる」ととらえていた。同7頁。
93)　坂前掲論文7頁。
94)　小林前掲論文16頁。
95)　なお、普通地方公共団体の長が区域内の公共団体等の活動の綜合調整を図るための指揮監督権の規定は、現行の地方自治法の第157条に受け継がれている。

第 2 章　戦時期：旧体制のもとでの機能的集権化の進行

1942年 6 月の段階で、町内会・部落会211,805、隣保班1,323,630が整備されるに至っている。こうして、町内会・部落会は戦時下における防空・教化・防諜・配給・供出・健民・扶助その他の重要な役割を果たすことになったのである。1943年の法改正は、内務省訓令に基づいて町内会・部落会が事実上果たしていた機能を法的に追認するものであった。なお、町内会・部落会はこのように総動員体制の最末端機関として重要な役割を担ったことから、周知のように、戦後になって連合国軍総司令部の方針により禁止されることになった。

　戦時期における市制町村制の改正の目的は、このように、市町村会に対する市町村長の優位を確立し、市内各種団体に対する市町村長の統制権を整備することによって、市町村長を国政の末端執行機関として強化することであったが、市町村長が真に国政の末端執行機関になるためには、市町村長に対する国の統制権を強化する必要があった。そこで、市町村長と国の関係に関する規定に目を転じることにしよう。この改正の最大の眼目のひとつは市町村長の選任・解職に対する国の権限を強化することであった。

　1926（大正15）年に改正された旧法においては、市町村長の選任は、市町村会において選挙するものと定められていたが、今回の改正で、市長の場合は、市会の推薦した人物を内務大臣が勅裁を経て選任することになり、町村長の場合は、町村会が選挙し府県知事の認可を受けることになった（市制73条 3 項、町村制63条 1 項）。内務大臣の議会答弁によれば、市会によって推薦された市長や町村会によって選挙された町村長を監督官庁が不適当とする場合は、（1）推薦または選挙の手続きに瑕疵がある場合、（2）すでに起訴中の人物を推薦・選挙した場合、（3）疾病等のために職責に堪えられないことが明らかな場合、ならびに（4）市町村民の輿望に副わないことが諸般の情勢より明らかな場合に限るものとされた。当時の内務大臣によれば、この規定は「官民相協力し真に適材の挙用に万全を期する」ためのものであると説明されている。1926年以前の市制町村制においては、市長は内務大臣が市会の推薦した 3 名の候補者のうち

---

96)　自治大学校編『戦後自治史 I（隣組及町内会・部落会等の廃止）』（自治大学校、1960年）2-7頁。
97)　「市区町村常会、部落会町内会等整備の状況」『斯民』36編 5 号（1941年）、および「最近に於ける部落会町内会等数調」『斯民』37編 9 号（1942年）。

から上奏裁可を経て選任する、町村長は町村会が選挙し知事が認可するとなっていたから、戦時期の改正は、大正デモクラシー以前の段階にほぼ逆戻りすることを意味していた。

これに加えて、改正法ではさらに、市町村長について「著シク其ノ在職ヲ不適当トスル事由アリト認ムルトキハ、任期中ト雖モ」、市長の場合は内務大臣が勅裁を経て、町村長の場合は府県知事がそれぞれ解職できる規定が設けられた（市制165条、町村制145条）。従来の市制町村制においても、市町村長その他の市町村吏員に対する府県知事の懲戒解職権の規定が設けられていた（市制170条、町村制150条）。しかし、その規定は、ここで新たに設けられた解職権の規定とは異なり市町村長としての義務違反に対する制裁の規定であった。それに対して、「此の市町村長の解職に関する規定は市制町村制施行以来初めて設けられた規定で」、「義務違反の事実がなくとも苟も市町村行政の円満なる運営上其の在職を不適当とする事由ある場合に其の地位を去らしめる」ための規定であった。その制定の理由は、「市町村長の国家的地位の重大なるに鑑み、国家は其の選任に付き深い関心を有すると共に、其の職責の遂行に付いても深い関心を有せざるを得」ないからと説明された。市町村長の在職を不適当とする理由は、（イ）犯罪に因り刑に処せられ市町村民の信望を失ふに至りたるとき、（ロ）就任の後に於て久しきに亙る疾病等の為職責に堪へ得ざるに至りたるとき、（ハ）市町村会との間著しく円満を欠き而も市町村長を退職せしむるを相当とするとき、（ニ）其の他右に準ずるが如き著しく在職を不適当とする事由あるときであるとされている。

以上のほかに、法律ないし勅令によらなければ国政事務（機関委任事務および団体委任事務）を新たに設けることはできないとされていた従来の規定を改め、「法令」により委任事務の設置を可能にしたことも、従来の国－市町村関係を集権化する改正であった。その結果、閣令および省令によっても委任事務の設

---

98) 藤田武夫「地方制度の画期的展開（5）――地方制度の画期的改革の実現（3）」『都市問題』39巻3号（1944年）33頁。
99) 湯沢三千男「地方制度改正の根本精神」『斯民』38編3号（1943年）2頁。
100) 小林與三次「改正市町村制（4）」『斯民』38編6号（1943年）19-21頁。
101) 「地方制度の改正に関する件 依命通牒」『斯民』38編6号（1943年）掲載。

置をなしうることになり、国は従来よりも容易に委任事務を設置できるようになった。[102]戦争遂行による委任事務の増加に対応した規定であることはいうまでもない。なお、委任事務の新たな設置は法律勅令によらねばならないとした従来の規定は、団体委任事務に関しては1911（明治44）年の改正で、機関委任事務に関しては1929（昭和4）年の改正で実現したものである。それ以前は、団体委任事務については「法令又ハ慣例ニ依リ」、機関委任事務については「法令ニ依リ」委任が可能であった。その意味で、1943年の改正は、明治地方自治制度の制定当初への回帰を図るものであったといえるだろう。なお、この改正では、事務委任の容易化の規定とならんで、事務委任の際にはその財源に関して必要な措置を講ずべきものとの規定が設けられている。これについては、戦時期における中央−地方財政関係の変化について考察する次項で、改めてふれることにしたい。

　なお、ここで府県制の改正に関しても簡単にふれておく。府県はもともとが官選・官吏の知事を長としており選任・解職に関する国の関与を改めて強化する必要がなかったこと、市町村と違い総動員体制の末端行政機関として住民を直接的に把握するための域内各種団体に対する統制権を規定する必要がなかったことなどの理由により、市制町村制の改正に比べれば軽微な改正にとどまった。主要な改正点は、国政事務の委任に関して市町村の場合と同様の規定が設けられたこと、および府県会の権限を制約したことの2点である。ただし、府県会の場合は、市町村会と異なり、すでに会期制と制限列挙主義がとられており、予算の増額修正権も認められていなかったこともあって、主な改正点は、府県会の閉会中は重要事件以外については府県参事会が府県会の議決すべき事件を代議決できるという点であった。

　市制町村制および府県制の改正案は、いずれも政府原案どおり、第81帝国議会において、北海道会法の改正案および東京都制案とともに可決された。この改正案については、内務省がこれに対する批判論議を圧迫した事実があったというが[103]、それでもなお、市町村会の権限の縮小などの問題を中心に批判が集中し、「戦時議会としては珍しく、修正的乃至批判的な意見が強く主張された」[104]

---

102)　なお、庁府県令はここでいう「法令」には含めないこととされた。同「依命通牒」。

末の成立であった。

　以上見てきたように、この改正は、市町村会に対する市町村長の優位を確立するとともに、市町村内各種団体に対する市町村長の統制権を確立することの2つによって、市町村長の執行権を強化し、さらに、そうして強化された市町村長の選任・解職に対する国の関与を強めることによって、市町村長を国政の末端執行機関として強化することを意図したものであった。

　最後に、1943年改正について、簡単な考察を加えておきたい。

　戦前から戦後にかけて地方制度史研究の大家であった亀卦川浩は、『地方制度小史』の中で、1943年改正の直近の大改正であった1929（昭和4）年の地方制度改正に言及して、それを、「戦前のわが国地方自治制度史上に一つの分水嶺を形成するもの」であったと規定し、その特色を「地方分権の強化と行政能率化」であったと論じている。[105]

　「地方分権の強化」というのは、この昭和初期の改正によって、それまで市町村にしか認められていなかった条例および規則の制定権が府県にも新たに認められるようになったことや、内務大臣の府県予算の削減権が削除されたことなどを評価しているからである。

　これに対して、「行政能率化」であるが、こちらの方がやや複雑な評価となっている。例えば、地方議員に新たに議案の発案権が認められたり、府県会議員に新たに府県会招集請求権が認められ府県知事の府県会停会権が削除されるなど、議決機関の権限拡充がなされた一方で、府県会や市町村会の権限に属する事項の一部を議決により知事や市町村長に委任することができるようになったことや、長が原案執行する際に従来は必ず議会の再議に付さねばならなかったものが、特別の事由がある場合は再議に付すことなくただちに原案執行について監督官庁に指揮を請うことができるようになるなど、「議決機関万能主義に対する修正」がなされたことを評価してのことである。とはいえ、ここでいう「行政能率化」の改正は、あくまでも議会の権限拡大と対になってなされたも

---

103)　藤田武夫「地方制度の画期的展開（4）——地方制度の画期的改革の実現（2）」『都市問題』39巻2号（1944年）39頁。
104)　宮沢俊義「地方制の改正について」『都市問題』36巻4号（1943年）1頁。
105)　亀卦川浩『地方制度小史』（勁草書房、1962年）182-197頁。

のであり、議決機関に対する執行機関の優位をただちに招来するものではなかった。亀卦川が別の著書で下している評価を借りれば、1929年の改正は、あくまでも、「一面、原則的には議決機関の活動領域を拡げると共に、他面亦行政の合目的性より判断して執行機関にその処を得しめることに努めた」改正であった。[106]

さて、昭和初期の1929年改正が「分水嶺」であったとするならば、戦時期の1943年改正は、「地方分権の強化」と「行政能率化」という2つの特色に関して、いかなる評価を与えることができるだろうか。

順序を変えて、「行政能率化」から見てみよう。

先に見たように、この改正は「市町村長中心主義の確立」と評されている。その意味で、昭和初期の改正に現れた「行政能率化」の傾向をさらに強く推し進めたものとして理解することができるだろう。そして、ここで注意すべきことは、議会の議決事項の制限列挙主義にしても、会期制にしても、戦後の地方自治制度の中にそのまま定着していることである。もっとも、予算の増額修正権の否認についてはさすがに戦後の地方自治法の中には盛り込まれず、増額修正権は認められているものの、周知のとおり、「長の予算の提出の権限を侵すことはできない」（97条2項）との但し書が付され、きわめて限定的に解釈され、かつ運用されている。

このことに関連してもうひとつ注目すべきことは、当時の制度改正論議の中で、市長の権限強化を図るのであればそもそも直接選挙の方式をとるべきではないかという意見や、[107]町村長の権限を強化するのであればそもそも町村長を名誉職（つまり無給）とはせず有給吏員とすべきではないかとの意見が見られたことである。[108]たしかに、長の間接選挙制をとりながら議会に対する長の優位を確立するという方式は、制度論的に見てもかなりの無理があるものであったし、また、名誉職自治にしても、社会関係の複雑化と事務の煩雑化の急激な進展によって、それが有効に機能する条件は、ますます乏しいものになっていた。しかし、これらの議論は、当時としては必ずしも主流とはなりえなかった。直接選挙制度による市町村長中心主義の確立は、戦後改革を待たなければならな

---

106) 亀卦川浩『自治50年史 制度篇』（東京市政調査会、1940年）572頁。

かった。

次に「地方分権の強化」であるが、これについては完全に反転し、明治期に後戻りしてしまったといってよい。その意味で、1929（昭和4）年の改正はまさに「分水嶺」であった。市町村長の選任については、かつての勅裁や知事の認可が復活した。また、国政事務の委任に関する規定も、ほぼ明治期へと逆転してしまった。

それにしても、市町村長の選任・解職に監督官庁の関与を強めたこの改正は、いかにも復古的な改正であった。「復古的」というのは、それが集権的改革であったことのみをもってそう言うのではない。人事統制を強化するというその集権化の手法が「復古的」であった。

戦時期に、市町村長は従来にまして大量の国政事務の執行を担うようになった。そこで、「市町村長の占める顕著なる国家的地位に鑑みれば、之が選任に関して、国家として無関心足り得な」[109]くなったため、「戦時下の市町村長の重

107）「市長は依然として市民が直接に選挙するのではなく、市会が選挙するといふ根本が改められない限り、結局市長は市会に対して従属的地位を占むるに過ぎず、如何に政党などによつて腐蝕され堕落した市会といへども、これを無視しては何事も出来ず、また自己の地位を保つために、絶えず神経を先鋭にして市会内の会派の動きに注意しつゝ、これを操縦することに骨を折らなければならぬ現状にはあまり変りはないであろう。……市長を市民が直接選挙するやうにするだけの勇断がない以上、かうした姑息極まる市会権限の縮小、市長権限の増大ぐらゐでお茶を濁しておく外はないであらう」。藤田進一郎「市政改正要綱を評す」『都市問題』30巻1号（1940年）48-49頁。

108）例えば、弓削七郎や杉村章三郎の次の意見などである。「今回の案は町村会に対して町村長の地位を強化し、従来の町村会中心主義を転じて町村長中心主義を確立せんとして居るもの、如くであるが、それであるならば、更に進んで町村長を原則として有給専務職たらしめ、有能なる専門行政家をこれに置いて、町村行政の全般的指導者たらしむる如くにする必要はないか」。弓削七郎「農村自治制度改正要綱批判」『斯民』33編9号（1938年）43頁。「地方局案は不適任な町村長に対する監督官庁の退職権を提唱するに過ぎない。併し町村長が自ら進んで繁忙な町村行政を処理するやうな町村程成績がいゝと云はれる程だから、町村長の職務を本務的なものと考へる上から、市長の場合と同様に之をも有給吏員たることを原則とすると云ふやうな積極的な改革はなし得ないであらうか。更に此際町村に於ける名誉職制度の再検討が希望される」杉村章三郎「農村自治制度改正案について」『斯民』33編9号（1938年）24頁。なお、戦前の地方自治制度においても市長は有給職であった。戦前の名誉職自治制度については、石川一三夫『近代日本の名望家と自治』（木鐸社、1987年）が詳しい。

大職責に鑑み、官民協力して一層の人材を挙げ、其の職責に専念献身」（傍点は引用者）させるため、この規定が必要になったというのが、当時の内務官僚の説明であった。つまり、内務省は、この時期の行政の課題に対し、「人」の問題で解決しようとしたのである。

　自治行政の当局者によき人を得るという発想は、内務省の地方行政に対する明治以来一貫した態度であった。「自治の不振」が問題となると、必ずそれは「人」の問題として観念され、しばしば「公共心の喚起」が期待された。戦時期というまさに非常時において、そして市町村が複雑煩瑣な国政事務を抱え込むようになった戦時期において、内務省は、明治以来のこの対応を繰り返したのであった。

　しかし、こうした人事統制権の強化のみによって、戦時期における国政事務の増大に対応することは不可能であった。戦時期にはこれとならんで、「技術的方法に拠る監督又は統制」の側面でも、中央－地方関係に大きな変化が訪れた。財政関係における変化がそれである。なぜなら、神野直彦が的確に指摘しているように、「地方政府に不作為を強制するのであれば、これまでのような人事権を媒介としたサンクションによる統制でも効果を発揮しえたかもしれない。しかし、作為を強制する場合には、どうしても財源を保証する必要があった」からである。本項で見た市町村長の選任・解職に関する中央統制の規定は結果的に戦時期かぎりで終了したが、戦時期に形成された中央－地方財政関係は、その後の制度的精緻化を経て定着し、現在に至っている。そこで、次項では、中央－地方財政関係にかかわる改革群について見ることにする。

（4）補助金の増大と地方財政調整制度の創設

　戦時期における中央－地方財政関係の主要な変化は、第1に、地方歳入に占

109）　小林與三次「市制町村制改正案の要旨」『自治研究』19巻2号（1943年）16頁。
110）　小林前掲「改正市町村制（4）」13頁。
111）　例えば、水野練太郎『自治制の活用と人』（実業の日本社、1912年）。水野はこの著書を執筆した当時の地方局長。後に内務次官、貴族院議員、内務大臣、文部大臣などを歴任。
112）　蠟山前掲『地方行政論』102頁（再出）。
113）　神野前掲論文237頁。

める補助金の比率が著しく増大したこと、第2に、定率の国庫負担金制度の萌芽的整備が図られたこと、第3に、初の本格的な地方財政調整制度である地方分与税制度が導入されたこと、第4に、地方税において標準税率という概念が導入され、第3の点とならんで地方財政負担の平準化が図られたことである。要するに、戦時期を通じて、地方財政の平準化と標準化が進展したのである。これらのうち、第2・第3・第4の改革は、いずれも1940（昭和15）年の地方税財政制度改革で実現している。そして、この1940年改革こそ、戦後の中央−地方財政関係の原型を形作るものであった。

まず第1の点から見てゆこう。

戦時期には補助金が著しく増大した（1章図表1−2参照）。昭和恐慌後に補助金の比率が上昇しているのは、時局匡救事業の実施によって府県に対する土木補助金が増加したからである[114]。また、日中戦争の全面化による本格的な戦時体制への突入とともに補助金が格段に増加しているのは、時局関係事務（戦争関係事務）による。食糧増産にしても、軍事援護にしても、あるいは労務需給調整にしても、ある一定地域のみで行われるだけでは十分な効果のあがらないものである。「総動員」を実効あるものにするためには、全国一律的な事務の実施が必要とされたのであり、そのための統制手段が整備されなければならなかった。先に述べたように、地方に不作為を強制するためには人事統制でも足りるが、作為を強制するためには財源を付与する必要があったからである。こうして、特定財源たる補助金が、この時期に急速に拡大することになった。

第2に、戦時期の国政事務の増大は、単に個別補助金を量的に増大させたばかりではなく、定率の国庫負担金制度の萌芽的整備を図らせることになった[115]。この方式の補助金は、国が地方に事務の実施を委ねる以上その一定割合をもつのは当然であるという考えに基づいて支出されるものであり、その結果、地方の側は国の財政事情に振り回されることなく、一定割合の補助を得られることになる[116]。この方式が戦時期に導入されたのは、戦時行政の拡大により、地方団

---

114) 井手前掲書86-87頁。
115) 内務官僚らによる座談会「『時局と地方行政』を語る」『地方行政』50巻11号（1942年）43-44頁。

体がその財政力の強弱にかかわらず全国一律的に実施しなければならない事務が増えたことによる。当時、財政力の貧弱な町村は、「地方財政の健全なる運営に対する努力が如何に払はれるとも、……委任事務そのものの遂行に支障を見るのみならず、地方財政はその運営を害せられて、或は市町村は本来の活動が困難になり、或は地方負担に不均衡を来たすことに」なりかねない事態となっていた。[117] 委任事務の増大が市町村独自の事務を圧迫し、また財政負担の不均衡を招いていたのである。

　新方式による補助金の初の本格的導入となったのは、1940年の地方税財政制度の改革における義務教育国庫負担金であった。義務教育費をいかに捻出するかは、明治以来、市町村財政、特に財政力の脆弱な町村の財政にとって最大の問題であり続け、すでに大正期から、その国庫補助制度も徐々に整備されていた。1940年の改革によって、義務教育の教員給与費の負担が市町村から府県へ移管されるとともに、その半額を国が国庫補助する方式が実現した。[118] また、同じ改正で、警察費連絡支弁金の定率方式への組替えも実現した。[119] 新方式への組替えは、国庫負担率の決定が困難であるなどの理由により実際にはなかなか進まなかったが、制度化が行われないまでも、実際の運用にあたってはその趣旨にできるだけ即するための努力が払われたという。[120] 定率の国庫負担金制度は、戦後の地方財政法によって法律的に確立されることになる。

　このことと関連して注意を要すべきことは、1943（昭和18）年の市制町村制

116）　例えば、直後にふれることになる義務教育費国庫負担の場合、かつては、教員俸給費に対する国庫負担は定率ではなく定額であった。当時の支給額は1930（昭和5）年度以来総額で8,500万円であった。この額は、当初は俸給費のおよそ半額を目安に定められたというが、定額であるからその後の実際の俸給の上昇が捕捉されず、1940年当時は実際の俸給費総額の約4割強に下がっていたという。荻田保「改正地方税制解説（8）」『自治研究』16巻11号（1940年）81頁。補助金の定率化は、こうした問題の解決をひとつの目的としていた。この点については、藤田前掲『現代日本地方財政史（上巻）』156頁も参照。

117）　奥野誠亮「市町村財政の実態と国費地方費負担区分（1）」『自治研究』20巻9号（1944年）29頁。

118）　この方式は、戦後も、シャウプ改革による数年間の中断を経て、ごく最近まで継続していたが、三位一体改革の結果、かつての1／2補助は、現在では1／3補助へと変更されている。

の改正で、委任事務の負担に関する従来の思想の根本的転換が図られたことである。従来、市町村は、その公共事務はもちろん、団体委任事務および機関委任事務の執行に関する費用負担についても、市町村の負担が原則とされ、機関委任事務について「法令中別段ノ規定アルモノ」に限り例外的に国庫補助ができるものとされていた。この改正は、この規定そのものを変更するものではなかったが、新たに市制116条3項、町村制96条3項に、「市（町村）又ハ市（町村）長其ノ他市（町村）吏員ヲシテ国ノ事務ヲ処理執行セシムル場合ニ於テハ之ガ為要スル費用ノ財源ニ付必要ナル措置ヲ講ズベキモノトス」の規定が加えられ、委任事務の処理執行に要する費用について国は必要な措置を講じなければならないことになった。この規定が実際にどの程度の効力を有したかについては必ずしも明らかではないが、この改正を受けて発せられた改正市制町村制施行令39条ノ2に、「内閣総理大臣又ハ各省大臣其ノ定ムル所ニ依リ、市町村又ハ市町村長其ノ他市町村吏員ヲシテ国ノ事務ヲ処理執行セシメントスルトキハ、予メ内務大臣ニ協議スベシ」との規定が設けられたので、おそらく、この

---

119) 1940年改正に際して、当時の内務事務官の荻田保は次のように解説している。「今回、税制改正と平行して国費地方費の負担区分の是正を行ふこととしたのである。即ち既往に於て定まつてゐるものに付ては此の際之を改正し、将来発生すべきものに付ては、今後は不合理なことを始めから定めないこととしたのである。然し乍ら、この中、前者に付ては、方針は一応此のやうに定めても、此の方針通りに直に実行するとすれば、事務的に極めて負担が多くて不可能である。何となれば、既に定まつてゐる国費地方費の負担区分に関する事項は百を以て数へねばならぬ程、多数に存するのであるから。依つて此の際は、過去のもの中、最も主要なものを二三解決して、他は今後機会ある毎に成る可く速かに解決することとしたのである」。荻田前掲論文79-80頁。

120) 自治庁財政局編『地方財政のしくみとその運営の実態』（地方財務協会、1959年）338頁。谷口壽太郎「地方財源の拡充強化に就て」『地方行政』51巻12号（1944年）。

121) 以下の改正と条文については、自治省財政局編『地方財政制度資料 第2巻』（自治省財政局、1965年）等を参照。

122) 「市（町村）ハ其ノ必要ナル費用及従来法令ニ拠リ又ハ将来法律勅令ニ拠リ市（町村）ノ負担ニ属スル費用ヲ支弁スル義務ヲ負フ」（市制116条、町村制96条）、および「前項ノ事務（いわゆる機関委任事務を指す――引用者註）ヲ執行スル為要スル費用ハ市（町村）ノ負担トス但シ法令中別段ノ規定アルモノハ此ノ限ニ在ラス」（市制93条2項、町村制77条2項）等の規定による。

123) 府県制についても、同年の改正で、やや規定ぶりは異なるが、102条2項に類似の規定が追加された。

協議を通じて地方財政に対する一定の配慮がなされたものと推測される。[126]

　いずれにしても、戦時期を境に、国政事務を地方の負担において執行させるという従来の方式は、国が地方に財源を与えて国政事務を実施させるという方式への転換が図られたのである。このように、1943年の法改正は、直後に述べる1940年の地方財政調整制度の成立とあわせて、従来の「自己調達主義」から「財源保障主義」への転換を図る改革であった。そして、後に4章で論じるように、内務省地方局の戦後の後継官庁は、この「財源保障主義」を進化させることによって、戦後の機能的集権体制に自らを適応させていったのである。

　日本における初の本格的な地方財政調整制度は、やはり1940年改革において、地方分与税として実現した。

　地方団体間の財政格差は、すでに大正期から是正すべき課題であると認識されていたが、[127]昭和恐慌を契機に、さらに深刻化した。蔵相高橋是清の財政政策の成功もあって、日本は、比較的早期に世界恐慌からの脱出を果たしたが、満州事変後の軍需をひとつの引き金として重化学工業の発展をみた大都市部と、

---

124) なお、現行の地方自治法では、232条2項に、「法律又はこれに基づく政令により普通地方公共団体に対し事務の処理を義務付ける場合においては、国は、そのために要する経費の財源につき必要な措置を講じなければならない」の規定が、また地方財政法には、13条に、「地方公共団体又はその経費を地方公共団体が負担する国の機関が法律又は政令に基づいて新たな事務を行う義務を負う場合においては、国は、そのために要する財源について必要な措置を講じなければならない」の規定が存在する。

125) 府県制施行令についても、同年の改正で、やはりやや規定ぶりは異なるが、25条ノ2に類似の規定が追加されている。

126) 現行の地方財政法では、21条に、「内閣総理大臣及び各省大臣は、その管理する事務で地方公共団体の負担を伴うものに関する法令案について、法律案及び政令案にあつては閣議を求める前、命令案にあつては公布の前、あらかじめ総務大臣の意見を求めなければならない。」の規定が存在する。この規定については、4章で再論する。

127) このことは、1918（大正7）年に成立した義務教育費国庫負担法が、その当初から、総額の一定割合を「資力薄弱」な町村に対する上乗せ分としていたことからもうかがい知ることができる。前述のように、義務教育費をいかに捻出するかは明治以来の市町村財政にとって最大の課題であり続けたが、大正中期に制定された義務教育費国庫負担制度は、その当初から微弱ながら財政調整的機能をもっていた。義務教育国庫負担制度が日本における財政調整制度の萌芽であるという視点は、遠藤湘吉「政府間の財政調整──地方財政調整制度の変遷」東京大学社会科学研究所編『戦後改革7　経済改革』（東京大学出版会、1973年）。

農村恐慌から依然として立ち直れない農村との経済格差は、従来にもまして拡大したからである。[128] その結果、財政力の脆弱な地方団体はますます税収難に悩まされることになった。他方で、時局匡救事業による土木費等の拡大を必要としたのは、むしろこうした財政的打撃の激しい府県や市町村であった。それらの支出は、地方債や補助金などによってまかなわれた部分もあったにせよ、やはり租税収入にたよる部分も多かった。こうしたことも手伝って、従来からあった地方団体間の税率格差は激化していった。富める地域ほど税率が低く、貧しい地域ほど税率が高いという問題である。このことを、**図表2-5**、**図表2-6**によって確認しておきたい。

当時の道府県の4大租税収入は、国税所得税附加税、国税営業収益税附加税、国税地租附加税および家屋税であったが、前2者については、最高税率の宮城県と最低税率の東京府の格差はともに1.74倍であり、地租附加税は、沖縄県と東京府の間で3.03倍、家屋税の場合は鹿児島県の税率は東京府の約30倍となっている。

市町村の場合、国税所得税附加税、国税営業収益税附加税、国税地租附加税、府県税家屋税附加税ならびに戸数割が当時の5大租税収入であったが、例えば、同じ町村をとってみても、地租附加税の場合、最高率の岡山県の団体（町村名不祥）と最低率の三重県の団体（町村名不祥）とでは約14倍の開きがあり、他の税目についても、やはり著しい格差が見られる。

この当時、すでに内務省では、第1次世界大戦後にドイツとイギリスで成立した地方財政調整制度に関する研究を進めており、1932（昭和7）年には地方財政調整交付金制度要綱案を発表していた。この案は、地方財政難打開策として各政党の共感を集め、この案に刺激を受けた政友会、民政党、国民同盟の3党派は、1934（昭和9）年の第65帝国議会にそれぞれ法案を提出し、やがて3派妥協のうえ「地方財政補整交付金法案」に一本化したが、政府が同意せず、衆議院は通過したものの、貴族院で審議未了となり廃案となっていた。[129] しかし、上に見たような格差の激化をさすがに政府も放置できなくなり、1936（昭和11）年、臨時町村財政補給金が導入された。この制度は、「財政特ニ窮乏セル町村」

---

128) 前掲『昭和財政史』第14表、137頁参照。

第 2 章　戦時期：旧体制のもとでの機能的集権化の進行

図表 2 － 5 　道府県税課率高低状況

(1935年度 厘)

税　目	課税標準	制限率	全国平均	最高率		最低率	
地租附加税	本税 1 円につき	820	1,325	沖縄	1,695	東京	560
営業収益税附加税	本税 1 円につき	465	719	宮城	807	東京	465
所得税附加税	本税 1 円につき	240	371	宮城	417	東京	240
家屋税	賃貸価格 1 円につき	＊	42	鹿児島	183	東京	6.5

註：＊の家屋税制限率は、税予算総額に対する比率で定められている。
出典：『昭和財政史　第14巻 地方財政』154頁より抜粋。『地方財政概要』(1935年度版) も参照した。

図表 2 － 6 　市町村税課率高低状況

(1935年度 厘)

税　目	課税標準	制限率		全国平均	最高率		最低率	
地租附加税	本税 1 円につき	660	市	741	熊本市	1,210	東京市	450
			町村	799	岡　山	2,542	三　重	181
営業収益税附加税	本税 1 円につき	660	市	912	前橋市	1,506	市川市	660
			町村	732	徳　島	1,980	岡　山	200
所得税附加税	本税 1 円につき	70	市	128	東京市	210	海南市	70
			町村	77	大　阪	113	北海道	30
家屋税附加税	賃貸価格 1 円につき	＊	A (39市)	191	A 室蘭市	383	A 東京市	27
			B (89市)	34	B 帯広市	356	B 飯塚市	10
			町村	22	北海道	158	新　潟	2
特別税戸数割	一戸当たり平均			15,486	神奈川	111,110	福　島	300

註：(1) Aは戸数割を賦課せざる市、Bは戸数割を賦課する市の課率。
　　(2) ＊の家屋税附加税制限率は、税予算総額に対する比率で定められている。
出典：『昭和財政史　第14巻 地方財政』154頁より抜粋。『地方財政概要』(1935年度版) も参照した。

に対して総額2,000万円を交付するというものであった。翌年には、臨時地方財政補給金と改名し、交付対象も町村のみから道府県に拡大され、交付総額も 1 億円となり、以後年々増額していった。とはいえ、この制度もなお、その名の示すとおり臨時の補給金に過ぎず、その目的も一般財源の付与ではなく、地方税の負担過重な団体において減税を実現するための減税補給金という性格であった。本格的な地方財政調整制度が成立するには、本格的な戦時体制への突入を待たねばならなかった。

　1940 (昭和15) 年に成立した地方分与税制度は、還付税と配付税より成り、

---

129)　持田前掲書204-208頁。

そのうち後者が地方財政調整資金としての役割を果たすものだった。還付税は、地租・家屋税・営業税を国税として徴収し、全額を徴収地である道府県にそのまま還付するというものである。配付税は、所得税、法人税、入場税および遊興飲食税の一定割合を財源とし、課税力の弱い地方団体に交付される第1種配付税、財政需要（＝割増人口[130]）に比例して交付される第2種配付税、災害発生や人口急増など特別の事情を考慮して交付される第3種配付税の3種に分かれ、道府県と大都市については第1種および第2種配付税が、市と町村については第1種から第3種までの配付税が、それぞれの交付基準に従い、交付されるというものであった。現在の地方交付税の制度と比較すると、交付額の算定方式は、行政項目ごとに必要額を積み上げて基準財政需要額を計算して財源不足額を交付する現行方式に比べ、はるかに素朴なものであったが、主要国税の一定割合を地方財政調整資金とするという方式については、現行制度と基本的に同じ構造である。

既述のように、この時期は、補助金が量的に、また制度的に整備されていったが、補助金は通常、費用の全額が交付されず、あくまでも一定部分が支給されるものである。自治体は、何らかのかたちで、一般財源からいわゆるウラ負担をまかなわなければならない[131]。その意味でも、補助金と地方財政調整制度は同時に整備される必要があった。

地方分与税の成立後、地方団体間の税率格差は、徐々にではあるが是正されてゆく。この点で注目すべき改正は、この1940年改革において、地方税の税率

---

130) 割増人口とは、その地方団体の人口に一定数を加え、さらに小学校児童数による補正を施して算出した値である。一定数（例えば道府県の場合は30万人、町村の場合は8,000人）を加えるのは、小規模団体に配慮したためである。荻田保「改正地方税制解説（7）（8）」『自治研究』16巻10・11号（1940年）参照。

131) 国政事務の補助金を整備するにしても、費用の全額を与えるわけではなく、あくまでもその一定割合を与えるというのが、内務省の改革方向であった。内務省がこうした方向をとったのは、ひとつには、「国政事務と雖も、地方的利害と関係の深いものが多いので、其の範囲に於て当該団体の負担を求めることは決して不適当ではない」からであり、もうひとつは、「兎角あてがひぶちの金では濫費の弊に陥り無責任なやり方に終り易い」ので、地方団体にコスト意識をもたせるためにも全額負担よりも一部負担の方がよいという立場による。奥野誠亮「市町村財政の実態と国費地方費負担区分（2）」『自治研究』20巻10号（1944年）15、20頁。

に関して、標準税率という方式が初めて取り入れられるようになったことである。先に見たように、この改革以前は地方税の税率は地方団体間で著しい格差があり、税源に乏しい団体は、その乏しい税源に過重な課税をしなければならなかった。当時の制度においても制限税率が定められており、それを超えて課税する場合は監督官庁の許可が必要であったが、先の図表2－5、図表2－6において主要税の平均税率のほとんどが制限率を超えていたことからもわかるように、制限外課税が常態化していた。制限外課税をしなければ必要な経費の支出が果たせないということであれば、監督官庁としてもこれを許可せざるをえなかったということであろう。1940年改革によってただちに地方団体の税率が標準税率へと収斂していったわけではないが、それでも、配付税の増額と内務省の指導などにより、地方団体間の税率格差は徐々に是正され、住民負担の平準化が図られていった。[132]

以上、戦時期における中央－地方財政関係の変化を概観してきたが、ここで簡単にこの項をまとめておきたい。

1940年改革によって、日本初の本格的地方財政調整制度である地方分与税制度が成立するとともに、教育費の国庫負担金制度が実現した。補助金の新方式への組替えは、前述した困難から必ずしも容易には進まなかったが、それでも、運用上一定の配慮がなされた。そして、定率の国庫負担金制度は、戦後の地方財政法によって制度的に確立することになった。国庫負担金制度を整備することによって地方行政の標準化を図るとともに、そのウラ負担を地方財政調整制度によって保障するという戦後の地方財政の原型は、1940年改革の中に見出すことができるのである。

4 小　括

昭和恐慌と戦時体制の進展によって、地方行政は大幅な変容を迫られた。「松方デフレーション以来の恐慌」に陥った農村を救済するため、積極的な土木事業と勧業政策が実施された。また、恐慌による「国民体位の低下」に危機感を

---

132)　奥野誠亮「昭和20年度地方予算の編成方針」『斯民』39編8号（1944年）11-12頁。

抱いた軍部によって厚生省が設置されたことを契機として、地方行政における衛生・社会行政の比重が高まった。こうした傾向は、戦時体制の進展によってますます強められた。戦局の進展によって食糧増産と人的資源の保持培養が至上命題となったからである。応召や統制も軍事援護や転失業対策等の事業を増大させた。こうして、地方行政に占める社会・経済行政の比重が大いに高められた。その結果、地方行政事務における内務省以外の省の比重が高まり、知事に対する職務上の指揮監督権者と進退賞罰権者との不一致が目立つようになった。それは、各省からすれば、所管の専門行政の執行に不都合をきたしかねない事態であった。

こうした状況に対応するため、2つの方式による機能的集権化が進展した。ひとつは、各省による出先機関の新設拡充である。内務省－府県体制の技術的監督統制手段の未発達と地方官の非専門官的性格のため、戦時体制の進展により行政の専門分化が高まると、各省はその所管の専門行政の実施を知事に委ねず、独自の出先機関を新設・拡充することによってその適正な実施の確保を図ろうとしたのである。

もうひとつは、補助金の増大である。重要物資の需給調整や物流・通信などは各省出先機関によって担われる部分が少なくなかったが、配給や戦時厚生事業などの対人行政や食糧増産などは、府県－市町村の内務行政ルートによらなければ実施できないものであった。こうした戦時行政を、標準的に、遺漏なく実施させるために、補助金が用いられた。この時期、補助金は単に量的に増大したばかりではなく、制度的な整備も図られた。定率の国庫負担金方式への漸次的転換である。

先に指摘したように、明治以来の地方行政においては、地方の負担において国政事務を実施させるという「自己調達主義」の原則がとられていた。しかし、そうした原則が貫かれるならば、当然のことながら、財政力に乏しいところはそれなりの行政しかできないことになる。

具体的事例に即してこれをみると、戦前の町村には、義務教育の教員給与費を満足に支払えないところがあった。例えば、昭和恐慌下の1932（昭和7）年6月に帝国教育会が行った調査によると、回答小学校数2,384校のうち教員給与未払い校は、557校にもおよび、回答校の実に23％を占めていた。[133] 先生の給

与すら満足に支払えないのであるから、他は推して知るべしである。既述のように、義務教育費については、当時すでに、不十分ながら補助金も与えられていた。にもかかわらず、こうした事態が起きているのである。

　戦時期は、国家のもてる人員と資源を「総動員」するため、国民生活を完全に包摂しなければならなかった。財政力のないところはそれなりの行政などという悠長なことではやっていられなくなる。そこで、地方団体に対して、等しく積極的に行財政能力を付与する必要に迫られることになった。こうして、補助金が量的に増大するとともに、定率の国庫負担金方式への漸次的転換が図られ、同時に、地方財政調整制度が整備されていった。また、国政事務の負担についても、従来の「自己調達主義」から「財源保障主義」へと、その理念の転換が図られた。そして、地方団体に遍く財源を付与して最低限の行政を保障するという、戦時期につくり出された行財政構造は、戦後の福祉国家にそのまま適合しうるものであった。

　戦時期は、一方で、市町村長に対する人事統制の強化に見られるように、「明治の集権体制」の反動的再編という側面も認められる。しかし、そうした復古的な改革のみでこの時期を特徴づけることはできない。

　同じ戦時期になされた改革でも、市町村長に対する人事統制の強化などの規定は、戦時期かぎりで消滅している。これに対して、財政関係の改革については、補助金の増大にしても、定率の国庫負担金方式にしても、地方財政調整制度の精緻化にしても、財政負担の平準化にしても、戦時期に芽生えた傾向がすべて戦後にまで連続し、かつ発展していくことになるのである。

　機能的集権化とは、個別機能別の実施統制手段の増大のことである。一般論として言えば、それは通時的に起こりうる。しかし、以上にみたように、昭和恐慌と総力戦を契機とする中央政府主導による積極行政の全国化を背景として、戦時期の機能的集権化は、構造的な変化として出現した。それは、地方歳入に占める補助金比率の飛躍的増大、および、従来は限定的であった各省出先機関の一般化を招くとともに、国庫負担金制度の萌芽的整備や地方財政調整制度の導入とあわせて、それまでの中央－地方関係を大きく変化させたのである。

---

133)　前掲『昭和財政史』122頁。

第3章　占領改革期：旧体制の終焉と機能的集権体制の成立

　占領改革期は、分権化と集権化が同時進行した時代である。
　繰り返し述べてきたように、本書は、日本の集権体制は占領期に「温存」されたのではなく「変容」したとの立場をとっている。「変容」は、昭和前半期に起きた2つの相互に独立した過程の合成の結果である。すなわち、（Ⅰ）内務省－府県体制の終焉過程──占領初期の地方制度改革による内務省の対地方統制手段喪失──と、（Ⅱ）1930～40年代の機能的集権化の進展過程の2つが足し合わさったことにより、内務省－府県体制は、機能的集権体制へと変容した。
　要するに、占領期は、（Ⅰ）と（Ⅱ）が交錯する時期であり、分権化と集権化が同時進行した時代ということになる。そして、この2つが、ともに「民主化」という要因によって進行したところに、占領期の特色を見出すことができる。
　しかし、占領期における集権と分権の同時進行を指摘し、しかもその原因をともに「民主化」に求める認識は、これまでほとんどなかったといってよい。[1]知事公選制の実現、警察分権・教育分権などこの時期に実現した分権化が戦後改革の成果として頻繁に論じられるのに比べて、この時期に集権化が進行したことが言及されることは少ない。もちろん、出先機関の新設・拡充や機関委任事務制度の残存など、集権的要素もこれまで多く指摘されてきたが、それらは、あくまでも分権化の裏面として、すなわち、分権化に抵抗する中央各省の策動として理解されてきた。その結果、この時代に集権化をもたらした独自の要因に関心が集まることは、これまでほとんどなかった。
　知事公選制の実現や警察や教育の分権化などは、いずれも当時一般に報道され、当時は必ずしも明らかにされなかった部分があったにせよ、日本政府と総司令部[2]との間で、ときには総司令部の各部局間で激しい対立があった改革であった。これに対し、出先機関の新設・拡充や機関委任事務の増大などの形態

第3章　占領改革期：旧体制の終焉と機能的集権体制の成立

をとった当時の機能的集権化は、第1章でも論じたように、その性質上、目立たず静かに進行するものであり、後にその整理が課題となったときに初めて関心を集める種類の問題である。機能的集権化は、制度史や政治史、あるいは事件史的な追跡では捕捉が困難である。こうした型の集権化を把握するには、制度史的視点だけではなく、行政史的視点による考察が必要となってくる。

　本章ではまず、第1節で、上記の(Ⅰ)の過程、すなわち内務省－府県体制の終焉過程を概述する。憲法制定といわゆる第1次から第3次にわたる戦後地方制度改革がこの過程に相当する。次いで第2節において、上記の(Ⅱ)の過程、すなわち機能的集権化の進展過程を叙述する。

1）　鳴海正泰『戦後自治体改革史』（日本評論社、1982年）121頁の次の記述はその数少ない例外である。
　「発足したばかりの地方自治体は、府県も市町村もまだ戦後の混乱期のなかで十分な体制ができないうちに、社会保障・社会保険・保健衛生など国民生活にとって緊急な課題がつぎつぎ立法化され、地方自治体の執行すべき行政として降りてきた。しかもそれらの大部分は機関委任事務としてであった。（中略）こうした戦後過程を通じていえることは、（昭和）23年頃からすでに進行している中央集権化は、戦前型の伝統的なそれとは異なり、現代的官僚制を中軸とした集権化ということができよう。すなわち、（昭和）20年代前半につぎつぎと打ち出されてきた近代国家としての体制整備の課題は、中央政府の主導の下でなければ実施できないものであった。たとえば社会保障制度、雇用政策、経済計画ならびに国土計画、地域間の不均衡の是正など、中央政府は近代国家として備えるべき当然の公共的分野の拡大という歴史的役割を果たさねばならなかった。しかも、先進国群におくれて民主国家に仲間入りした日本としては、そうした課題を上から迅速に達成しなければならなかった。
　すなわち戦後日本の政治と行政は、地方自治＝分権化の確立という課題と、近代国家としての緊急な内容整備という集権的課題と、両方を同時にかかえていたのである。」（括弧内は引用者）
　ただし、鳴海著は、他方で、その目次を一瞥すれば明らかなように、辻清明の温存説に明確に依拠しており、残念ながら、上記の貴重な指摘を深めて従来の歴史認識の枠組みを変更させるまでには至っていない。

2）　連合国軍最高司令官総司令部 GHQ / SCAP（General Headquarters / Supreme Commander for the Allied Powers）については、竹前栄治『GHQ』（岩波書店、1983年）参照。

第Ⅱ部：歴史篇　集権体制の変容

1　内務省-府県体制の終焉――憲法制定と第1～3次地方制度改革――

　前章で見たように、内務省-府県体制は、戦時期に一定の動揺を経験し、各省の出先機関の新設・拡充などの動きが現れたが、その根幹は維持された。

　しかし、この体制は、占領初期の地方制度改革によって、終焉することになる。知事を国の総合的出先機関とし、知事と府県庁高等官に対する人事権を内務大臣が握り、知事が市町村の上級監督官庁として市町村行政を一般的に監督する体制は、総司令部の民政局によって、その存続を阻まれ、終わりを告げることになる。

　占領初期の地方制度改革は、4つの過程により構成される。

(1) 日本国憲法の制定

　第1は、日本国憲法の制定過程である。よく知られているように、幣原内閣は、総司令部の示唆を受けて、1945（昭和20）年の秋から憲法問題調査委員会を設置して憲法改正作業に着手した。ところが、この委員会案が明治憲法の小幅な修正で対応しようとしていることを知ったマッカーサーは、翌46年2月3日、総司令部の民政局 GS（Government Section）に憲法草案の作成を指示した[3]。民政局の起草した草案は、日本政府による若干の修正を経て、3月6日、政府の「憲法改正草案要綱」として発表され、次いで多少の字句の修正を受けて、4月17日に政府草案として発表されている。この政府草案が、第90帝国議会における審議と若干の修正を経て可決されたのが、現在の日本国憲法である。第8章に「地方自治」に関する4つの条文が盛り込まれた。

　日本国憲法の中に地方自治に関する条文が規定されたことの最大の意義は、地方自治が憲法上の権利として初めて認められたことであるが、地方「制度」の問題に限定して言えば、93条2項の、「地方公共団体の長、その議会の議員……は、……住民が、直接これを選挙する。」の条文が盛り込まれたことが重

---

[3] 豊永郁子「現憲法下におけるアメリカ型地方自治の可能性」『地方自治』692号（2005年）は、日本国憲法第8章に対する当時のアメリカ州憲法の影響を検証した優れた研究である。憲法8章制定過程については、本書1章註93の天川の諸業績も参照。

要である。これによって、長と議員の直接公選制が確定した。後述のように、このとき内務省地方局は、すでに第1次地方制度改革に着手しており、民主化の必要から知事の公選制を検討していたが、内務省の考えていた知事公選はあくまでも間接公選であり、直接公選までは考えていなかった。また、市町村長についても、内務省は、議会による間接公選を考えていた。しかし、内務省が第1次地方制度改革案を作成していた最中に憲法草案が発表されたことによって、内務省の作業は、変更を余儀なくされることになった。

(2) 第1次地方制度改革

第2の過程は、第1次地方制度改革である。この過程は、民政局の主導した日本国憲法制定過程と時期的に重なる。

第1次地方制度改革は、1945年の暮れに、内務省地方局が、いまだ態勢の整わない総司令部の先手を打って始めたものである。内務省は、敗戦後まもない1945年10月27日に地方官の大幅な異動を行い、3人のいわゆる「民間人知事」を誕生させた。また、選挙法改正を行い、婦人参政権を実現させた。第1次地方制度改革もまた、これらとともに、内務省が総司令部の機先を制して着手した改革のひとつであった。

内務省の基本戦略は、総司令部に先駆けて知事間接公選制や直接請求制度などの「民主化」を実現することによって、旧来の体制の根幹部分については、その維持を図ることであった。知事間接公選といっても、内務省－府県体制の枠内での公選であり、したがって、それは、「知事公選・官吏案」であった。言い換えれば、官吏の知事を国の総合的出先機関とし、国政事務の執行にあたらせるという体制を変更することまでは意図していなかった。当時の大村内務大臣が、「官吏ノ候補者トシテ知事公選ニ当選シタ者ヲ任命条件ニシテ、ソレニ任用サレル」と帝国議会で答弁しているように、公選制は知事選任のための任命条件にすぎず、選挙で当選した人物を国が任命するという制度であった。知事に対する一般職務上の監督権と進退賞罰権を内務大臣が握るという体制は

---

4) 自治大学校編『戦後自治史Ⅱ（昭和21年の地方制度改革）』（自治大学校、1961年）12頁。

5) 内務省編『改正地方制度資料 第1部』（内務省、1947年）894頁。

存続されるべきものと考えられていたのである。また、内務省案では、知事を官吏にするのみならず、府県庁高等官を内務大臣の人事権に服する官吏とすることも以前のままであり、知事が市町村の上級監督官庁であることも基本的にかわりなかった。

しかし、この内務省案は、まず上述の憲法草案が直接公選制をとっていたことにより一定の修正を余儀なくされる。内務省は、憲法草案のこの規定を変更するよう働きかけたが失敗に終わり、長の直接公選を受け入れざるをえなくなった。しかし、内務省-府県体制の骨格部分、すなわち、内務大臣の人事統制に服する官吏の知事が国の総合的出先機関として国政事務の執行と市町村の監督にあたるという体制については、変更しなかった。そして、この「公選知事・官吏案」を、1946年7月2日、第90帝国議会に政府案として提出した。

この法案提出は内閣の責任において行われ、民政局はこれを承認も不承認もしないとの態度をとった。内務省が改正作業を進めていた1946年前半は、民政局内部で、まだ重要な点に関して十分な合意が形成されていなかったからである。[6]しかし、法案提出後、民政局は、上程中の地方制度改革案に対し、さまざまな修正を求めてきた。その一部は、議会における修正というかたちで取り入れられたが、民政局の修正意見の中には、知事を官吏とすることに対する批判が含まれていた。「府県知事ハ政府ノ官吏デアツテハナラナイ。府県知事ハ府県住民ニ対シテ責任ヲオフモノトスベシ」[7]がそれである。

この批判は、政府案の根幹にかかわる問題であったため、議会における部分的修正で対処しきれるものではなかった。議会審議においても、政府案に対する批判が数多く出されたが、その多くが、知事の身分が官吏であることと内務大臣の権限が強すぎることに向けられていた。[8]

結局、政府案は修正のうえ可決されたが、内務省は、民政局や議会における批判に応えて、第2次の地方制度改革を約束せざるをえなくなった。総司令部の求めに応じて「地方自治制度改正ニ関スル今後ノ方針」を発表した大村内務大臣は、その中で、「更ニ第二次的ノ地方制度ノ根本的改正ヲ図ル必要ガアル

6） 天川前掲「地方自治制度の再編成」220頁。
7） 自治大学校編前掲『戦後自治史Ⅱ』62頁。
8） 同76-89頁。以下の記述もこれによる。

ト考ヘテ居ルノデアリマス」と答えざるをえなかったのである。こうして、内務省の公選知事官吏案は、第2次地方制度改革における変更を条件として、かろうじて認められることとなった。

第1次地方制度改革に関する4法案は、1946年9月20日に可決成立し、同27日に公布された。

(3) 第2次地方制度改革＝地方自治法制定

こうして内務省は、第2次地方制度改革に着手せざるをえなくなった。最大の課題は、これまで官吏の知事が国の総合的出先機関として処理していた事務の執行を、今後どうするかという問題であった。第2次地方制度改革を約束させられた段階で、知事はもはや官吏ではなく、公選の公吏となることが決まっていたからである。身分変更することになった知事が、従来どおり国の事務を処理することができるのか。できるとすれば、いかなる方式によってそれが可能か。現在官吏の知事が処理している事務は、都道府県の固有事務に委譲すべきか、国の事務として知事が処理すべきか、あるいは各省が独自の出先機関よって処理すべきか、といった問題である。それは、当然のことながら、ひとり都道府県の問題にとどまらず、都道府県と出先機関の関係、知事に対する中央官庁の監督の問題とかかわってくることである。

大きく分けて3つの選択肢がありえた。（Ⅰ）第1の選択肢は、知事がもはや国の出先機関ではなくなるのであるから、従来知事が国の出先機関として処理していた事務は知事の手から切り離し、それぞれの事務を所掌する各省が独自の出先機関を整備して執行するというものである。（Ⅱ）第2の選択肢は、従来知事が国の出先機関として処理していた事務は従来どおり知事が執行するが、国の機関委任事務として、主務大臣の指揮監督を受けて知事が執行するというものである。（Ⅲ）第3の選択肢は、都道府県へ、固有事務として委譲する、あるいは団体委任事務として委任するというものである。[9]

第2次地方制度改革にあたっては、地方制度調査会が設けられた。[10] 1946年10

---

9) この3つの選択肢は、天川モデルの、（Ⅰ）＝「集権・分離」、（Ⅱ）＝「集権・融合」、（Ⅲ）＝「分権・分離」に相当する。天川モデルについては、本書1章5節（1）④参照。

月24日に、第1回地方制度調査会が開催され、以後数回にわたる審議を経て、同年12月25日、地方制度調査会は、内務大臣に答申を行った[11]。

　上記の問題に対する地方制度調査会の答申は、以下のようなものであった。まず、立法上の形式として、従来の東京都制、道府県制、市制及び町村制という多元的な法制を廃して、単一の地方自治法(仮称)を制定することとし、また、事務の委任方式としては、地方団体への団体委任の方式と知事または市町村長への機関委任の方式の2つを採用することとした。従来、市町村についてはこの2つの委任方式が存在していたが、都道府県の場合、知事(長官)はそもそも国の出先機関であったため、「機関委任」という形式は必要なく、したがって、「委任」形式としては団体委任のみが存在していた。知事への機関委任という新たな委任形式は、知事が国の総合的出先機関として従来処理していた事務の執行を公吏の知事に受け継がせるための受け皿としての意味をもっていた。

　そのうえで、答申は、「国政事務は、原則としてこれを府県に委譲し、事務の性質上委譲することが困難なものは、府県又は府県知事に委任するものとすること」とし、さらに、「府県知事の身分を公吏とした場合においても、現在の府県知事の処理する国政事務は原則として、府県知事をして処理させるものとすること」とした。なお、ここでいう国政事務とは、従来知事が国の出先機関として処理していた事務と、府県に団体委任されていた事務の総称である[12]。

　これを額面どおり受け取れば、知事が国の出先機関として処理している事務、および府県という団体の長として処理している団体委任事務は、可能なかぎり都道府県の固有事務に委譲し、それが困難なものについては団体委任または機関委任の方式をとるという方針がとられたと解することができる。しかし、当時、実際にそのような固有事務化への努力が払われた形跡は見られない。

　焦点は、むしろ、知事と各省出先機関の関係にあった。答申は、各省の出先機関について、「極力これを府県に統合すること」とした。答申は、上記(I)

---

10) 地方制度調査会については、2章註74参照。
11) 地方制度調査会の審議の概要と答申については、自治大学校編『戦後自治史Ⅴ(地方自治法の制定)』(自治大学校、1963年) 1章1節、また議事録の詳細については、内事局編『改正地方制度資料 第3部』(内事局、1948年)。
12) 市町村の場合は、機関委任事務と団体委任事務の総称。

第3章　占領改革期：旧体制の終焉と機能的集権体制の成立

の立場に、すなわち、現に知事が処理していた国政事務の執行を知事の手から切り離して各省出先機関へ新規に移管することに反対したのみならず、当時すでに存在していた各省出先機関について、その統廃合を進め、都道府県に吸収することを求めたのである。つまり、前章で見た戦時期以来の各省出先機関の新設拡充の傾向を、ここで反転させようと試みたのである。

　内務省は、地方制度調査会の答申を受けて、各省出先機関の抜本的な統廃合を盛り込んだ「地方自治法案要綱」をまとめ、閣議決定を求めた[13]。しかし、1947年1月8日の臨時閣議で各省の反対に遇い、この方針は大きく後退せざるをえなくなった。それどころか、次節で詳しくふれるように、各省は、この時期に競って出先機関の新設・拡充に努めたため、従来知事が国の出先機関として処理していた事務の少なからぬ部分が各省出先機関へと移っていった。とはいえ、それでもなお多くの国政事務の執行が知事の手に残され、その多くが機関委任事務として執行されることになった。

　さて、知事が従来国の総合的出先機関として処理していた事務の執行を今後どうするかという問題とならんで、内務大臣の地方公共団体に対する一般的監督権の問題も、第2次地方制度改革における主要な争点であった。

　一般的監督権に関する内務省の態度は、内務省当局者の地方制度調査会における次の発言に見ることができる。「府県行政の監督その他一般的監督権については、これも全国的に府県行政を把握して、全国的な情報の収集や配分を扱うとか、全国的な基準を設定するというような職能を行ううえに最小限度このような権限が必要であると考えられるので、現行どおり内務大臣の権限としたい。市町村の事務の報告、命令及び処分の停止、取消の権限については、これも内務大臣が今後全国の市町村について、事務の情況を常に把握しているとか、或いは全国的な基準を設定するというような任務を行なうために最小限度必要な権限であると思うので現行どおりとしたい」[14]。

　地方制度調査会で表明したこの方針に基づいて、内務省は、一般的監督権の規定を地方自治法草案の中に盛り込んだ。内務省は、しかし、旧来の規定をそ

---

13)　自治大学校編前掲『戦後自治史Ⅴ』86-90頁。
14)　同264頁。

のまま地方自治法に移したのでは総司令部の承認が得られないと判断し、草案の作成に際して、「監督」を「所轄」という概念に変えてその温存を図った[15]。そうした迷彩を施したにもかかわらず、なお総司令部から修正意見が寄せられた[16]。内務省はこれを無視して政府原案を作成したが、総司令部から再度の修正意見が寄せられた[17]。衆議院が総司令部の意見に従った法案の修正を行ったため、結局、内務大臣の一般的所轄の権限の規定は削除されることになった[18]。なお、この規定とともに、やはり内務省が地方自治法の中に盛り込もうとしていた「所轄」行政庁による強制予算と代執行の規定も削除されることになった[19]。

　知事および府県庁高等官に対する人事権を失った今となっては、一般的監督権は、内務省にとって守るべき最後の砦であったが、総司令部の民政局に阻まれて、内務省は、この規定を失うことになった。内務省による行政統制は排除すべきであり、国と地方自治体の間の何らかの調整が必要であればそれは司法によって行えばよい、というのが民政局の考えであった[20]。

　しかし、民政局は、同じ行政統制でも、機関委任事務に関する主務大臣の指

---

15) 同265頁。なお、内務省によると、
　「所轄とは、監督と異なる。即ち所轄下に在る団体に関する事項を所管するという意味である。
　監督は、監督下にある団体に関する事務を単に所管するのみならず、更にこれを監督するという意味である。従つて、所轄の場合には、その所管する事項について如何なる権限を有するか、即ちこれを指揮監督する権限を有するか、指示する権限を有するに止まるか将又これに対して何等直接的権限を有せず予算人事等の間接的権限を有するに止まるかどうかは、すべて法律に別に定められたところによつて定まつて来る。
　所轄は又、単なる所管とも異なる。所管は、単に所謂所管区分を示すのであるが、所轄は、所管区分を示すとともに更に所管内の事項について何等かの具体的権限を別に有することを示す言葉である」。内務省編『改正地方制度資料 第2部』（内務省、1947年）412頁。

16) 内務省の作成した地方自治法政府草案に対し、総司令部から54項目の修正意見が寄せられたが、その中に「地方団体に対する内務大臣の一般的監督権の規定を削除すること」という項目が含まれていた。自治大学校編前掲『戦後自治史Ⅴ』103-105頁。

17) 衆議院の審議中に総司令部より全37項目よりなる修正意見が寄せられたが、その中にもやはり一般的監督権の削除を求める項目が含まれていた。同124頁。

18) 同265頁。

19) 同267-269頁。

揮監督権についてはこれを排除しようとしなかった。むしろ、「行政官庁法第7条の規定と照応して主務大臣の指揮監督を規定すること」を、2度にわたって内務省に要求したほどであった。民政局は、機関委任事務制度を見落としてしまったのでも、無関心だったのでもなく、承知のうえで、敢えてそれを容認したのである。民政局は、地方自治の〈一般的事項〉については内務省の監督権をことごとく排除した一方で、〈個別行政〉の実施に関する各省の監督については、その必要性を認めたのである。

いずれにしても、こうした経緯を経て、機関委任事務に関して、主務大臣の指揮監督権の規定、すなわち、地方自治法旧150条の「普通地方公共団体の長が国の機関として処理する行政事務については、普通地方公共団体の長は、都道府県にあつては主務大臣、市町村にあつては都道府県知事及び主務大臣の指揮監督を受ける」の規定が設けられることになった。この条文は、知事に対する国の指揮監督権を規定していた地方官官制5条、「知事ハ内務大臣ノ指揮監督ヲ承ケ内閣又ハ各省ノ主務ニ付テハ内閣総理大臣又ハ各省大臣ノ指揮監督ヲ承ケ法律命令ヲ執行シ部内ノ行政事務ヲ管理ス」の後半部分を引き継いだものである。このことは、知事の身分が公吏となったことによって、知事に対する内務大臣の一般職務ならびに進退賞罰に関する監督権を定めた前半部分の規定「知事ハ内務大臣ノ指揮監督ヲ承ケ」が失われたことと比べると、きわめて対照的であった。

ところで、内務省と各省との関係の変化を考えるうえで重要なことのもうひとつに、機関委任事務に関わる長の解職の規定がある。1991（平成3）年の地方自治法の改正により職務執行命令訴訟制度による長の解職の規定がなくなり、さらに言えば2000年分権改革で機関委任事務制度自体が廃止された現在、この規定の沿革をたどることの重要性は低下している。しかし、〈一般的事項〉から〈個別行政〉への統制の移行を理解するうえでの好材料であり、またこの

---

20) 天川前掲「地方自治法の構造」参照。例えば、市町村の境界の裁定または決定、原案執行、議会選挙への異議に関する内務大臣の権限が、民政局の指示によって、地方自治法の制定時に裁判所へ移管された。自治大学校編前掲『戦後自治史Ⅴ』157-158、204-205、243-249頁参照。

21) 同104、124頁。

問題に関する民政局の態度を示す好例でもあるので、とりあげることにしたい。
　内務省は、公聴会による長の解職の規定を地方自治法案の146条に用意していた。これは、知事が著しく不適任である場合に内務大臣が、市町村長が不適任である場合には知事が、それぞれ公聴会を開いて解職できるという規定である。では、この規定は内務省にとっていかなる意味をもっていたのであろうか。法案審議に際して用意した「大臣答弁資料」の中で、内務省はこの規定の論拠を次のように考えていた。[22]
　まず、知事の解職規定について見ると、第1に、内務省は、知事の身分が公吏となることによって失った懲戒処分の権限に代位するものととらえていた。つまり、知事は、市町村長と異なり担当する国政事務は膨大であるので、その職務の公正かつ適切な執行は当該都道府県のみならず国政にも直接的影響を及ぼす。そこで、国による何らかの統制手段が必要であるが、知事が公吏となり国は人事上の懲戒処分の権限を失ったため、それに代わる国家的意思実現の保障としてこの規定が必要だというのである。第2に、このことと関連して、住民に知事のリコールの規定があることからすれば、国が国政運営の見地よりその解職権をもつのは当然であると考えていた。つまり、知事は膨大な国政事務を処理しているので、住民に対してばかりではなく国に対しても責任を負っており、国が知事の解職権をもつのは当然だということである。第3に、内務省は、公選知事が「その府県の利害に拘泥し、跼蹐して大局を誤り、例えば主食、燃料の供出を怠る等のことがあつた場合」に対処する必要等を挙げて、この規定を正当化していた。
　次に、公聴会による市町村長の解職権を都道府県知事に与える理由として、①市町村長は住民に対して責任を負う一方で、国の機関委任事務を処理し、また都道府県の事務についても委任されて処理する義務を負っていること、②「都道府県知事は、都道府県の機関ではあるが、一面国家機関として市町村の第一次所轄行政庁であり、この点では現在の地方長官と同様の地位にある。而して、現在の知事は、市町村長に対する懲戒処分の権限を有しているが、今後は、これに代るべき民主的方法により、その意思の実現に期しうる権限が与えられな

---

　22)　内務省編前掲『改正地方制度資料　第2部』401-403頁。

ければならない」こと、③したがって、市町村長の適任・不適任は「単に当該市町村の禍福の繋るところであるのみならず、国及び府県の利害休戚に重大なる関係を有する」ことを挙げていた。

　ここで重要なことは、公聴会による長の解職権が、内務大臣－知事の系列で行使されることが予定されていた点である。仮に内務省の論理を認めるにしても、一般的「所轄」権をもつ内務大臣ではなく、実際に国政事務を委任している主務大臣が解職権をもつべきだとする主張も、十分に成り立つはずである。しかし、内務省はそうは考えず、地方公共団体を一般的に「所轄」する内務大臣が解職権をもつべきであると考えていた。

　公聴会による長の解職規定に関しても、やはり総司令部から２度にわたる修正意見が寄せられ、結局、衆議院による修正を経て「弾劾裁判所」の規定に変更された。そして、弾劾裁判所の規定は、次項で見る第３次地方制度改革＝第１次地方自治法改正において、職務執行命令訴訟制度へと変更され、長の解職権は、地方自治の〈一般的事項〉を所管する内務省の手を離れ、〈個別行政〉の系列に移行することになるのである。

　地方自治法は、1947（昭和22）年３月28日に可決成立し、４月17日に公布された。施行は、日本国憲法と同じ５月３日であった。

（４）第３次地方制度改革＝第１次地方自治法改正

　５月３日に施行された地方自治法は、総司令部との綿密な折衝を重ねその意向を十分に取り入れて制定されたが、全文325条にわたる膨大な法典を短期間に作成したため、総司令部としても十分に検討する余裕がなかった。そのため、公布後も、引き続いて総司令部より改正意見が寄せられた。こうした改正意見は40項目に及んだという。[23] この改正意見に基づいてなされたのが、戦後３度目の地方制度改革、すなわち第１次地方自治法改正である。この改正は、多岐にわたる内容を含んでいるが、その中でも、地方公共団体への行政事務の処理権の委譲および職務執行命令訴訟制度の導入などが重要である。

　23）　自治大学校編『戦後自治史Ⅶ（昭和22・23年の地方自治法改正）』（自治大学校、1965年）１頁。

このうち、地方公共団体への行政事務の処理権の委譲は、自治体警察の発足にともなう改正であり、戦後の地方自治に展開にとってきわめて重要性の高いものであるが、本書の主題と直接の関係をもたないので、ここでは省略し、もうひとつの重要事項である職務執行命令訴訟制度の導入に移ることにする。

制定時の地方自治法にあった弾劾裁判所制度が改められ、職務執行命令訴訟制度が導入されたことは、単に国による長の解任制度が変わったにとどまらない意味をもっていた。弾劾裁判の規定では知事の罷免を訴追できるのは内務大臣（市町村長については知事）であったが、職務執行命令訴訟制度では、裁判を請求できるのは主務大臣（市町村長については知事）となったからである。当初閣議決定された案では主務大臣とともに地方自治委員会もこの権限を有することになっていたが、総司令部との折衝の結果、地方自治委員会のこの権限は削除された[24]。つまり、この改正によって、従来は、内務大臣－知事という〈一般的事項〉の系列で行使されることが予定されていた長の解職権が、各省主務大臣－知事の〈個別行政〉の系列で行使されることになったのである[25]。前項で見た一般的監督権の喪失とならんで、内務省地方局およびその後継官庁は、この点でも、地方自治体に対する統制手段を失うことになった。第1次地方自治法改正には、このほかにも、出先機関の新設が国会承認事項となったことなどの改正事項が含まれていたが、これについては、次節で扱うことにする。

第1次地方自治法改正法案は、1947年12月7日可決成立し、同12日に公布された[26]。

（5）まとめ

ここで、本節を簡単にふりかえっておこう。

3次にわたる地方制度改革の結果、内務省は、知事と府県庁高等官に対する内相の人事権を失い、知事は住民から直接公選される公吏となった。それにと

---

24) 内務省解体後の旧地方局は、この段階では、地方自治委員会に改編されることが想定されていた。旧地方局の実際の後継官庁については、本書4章図表4－1参照。
25) 自治大学校編前掲『戦後自治史Ⅶ』17-19、106-112頁。
26) この改正をはじめとする地方自治法の主要な改正の経緯と意義については、市川喜崇「地方自治法改正の系譜」『月刊 自治研』385号（1991年）参照。

第3章　占領改革期：旧体制の終焉と機能的集権体制の成立

もない、知事はもはや普通地方行政官庁（国の総合的出先機関）ではなくなり都道府県は完全自治体となった。内務省は、知事に対する人事権を失ったばかりでなく、地方団体に対する一般的監督権を喪失し、知事は市町村の監督官庁ではなくなった。内務大臣－知事の系列で行使されていた市町村に対する一般的監督権は廃止された。内務省が総司令部の命令で解体されるのは1947年末のことであるが、内務省－府県体制は、すでに地方自治法の施行（同年5月3日）をもって実質的にその終焉をみていた。

次節で述べるように、占領初期には、戦時期以来の傾向が加速され、多くの各省出先機関が新設・拡充されている。しかし、このことは、知事が国の地方的事務の執行機関としての役割を喪失したことを意味しなかった。従来知事が処理していた国政事務の少なからぬ部分が各省出先機関によって処理されるようになっても、なお多くが知事の手に残ったからである。そして、機関委任事務に関して、主務官庁は、大臣－知事－市町村長の系列で指揮監督権を行使できることとなった。

地方制度改革をめぐる内務省と民政局との交渉を概観していえることは、民政局は、「内務大臣が地方行政に対して全般的監督権を持つ制度に反対」した一方で、「地方行政について各省大臣がそれぞれの分野において監督するという行き方を主張」していたということである[27]。その結果、地方公共団体に対する内務大臣の一般的「所轄」権は削除されたが、他方で、機関委任事務に関する主務大臣の指揮監督権の規定については、行政官庁法との関連からその導入

---

27) 内務省地方局行政課長の鈴木俊一と民政局のA. J. グラジダンツェフとの会話より。自治大学校編前掲『戦後自治史Ⅶ』188頁。
　次節で見るように、民政局内の地方自治観は必ずしも統一がとれていなかったが、内務省の権限を弱めるということに関しては、完全に一致していたようである。民政局にとって、「内務省は、府県知事の任免権、市町村長の訓戒権、財源の配分と差止めの権限を持つことによって、日本中のあらゆる小さなコミュニティに至るまで何をなすべきで何をなさざるべきかを命令し」た特別な官庁であり、「その監察官、地方の情報員および秘密調査官の組織によって、すべての地方政府とその下部機構は、東京にいる全能の内務大臣のなすがままになっていた」。この体制を破壊し変革することが、地方制度改革に関する民政局の最大の関心事であった。Government Section, Supreme Commander for the Allied Powers, *Political Reorientation of Japan* (Washington: U. S. Government Printing Office, 1949) vol. Ⅰ, p.135.

が指示された。各省出先機関についても、次節で見るように、民政局地方政府課（GS / Local Government Division）のC. ティルトン課長は、その大幅な廃止と都道府県への統合という内務省の方針を支持したが、この立場は、必ずしも民政局全体に共有されていたわけではなく、他局と局内からの反対に遇い、結局、出先機関の整理は限定的なレベルにとどまった。

官僚（内務省）は、たしかに総司令部の進める改革に抵抗し、旧体制の「温存」を試みた。この点は温存説の指摘するとおりである[28]。しかし、温存説の想定とは異なり、その企てはことごとく失敗に終わっている。こうして、地方自治の〈一般的事項〉では分権化が実現した。しかし、他方で、次節で見るように、それとは別の〈個別行政〉において、日本の中央省庁と総司令部の諸部局の協調のもとに、機能的集権化が進展し、その結果、戦前とは別の新しい集権体制が立ち現れることになるのである。

2　連合国軍総司令部と機能的集権化

次に、〈個別行政〉分野における機能的集権化の進展過程を見ることにしたい。前節で見たように、地方自治の〈一般的事項〉においては、民政局は内務省の監督権を徹底的に排除し、最終的には内務省を解体させた。それでは、〈個別行政〉分野の集権と分権の問題について、総司令部はいかなる態度をとったであろうか。

まず確認しておくべきことは、第1に、占領改革において、分権化は民主化のための手段であってそれ以上のものではなかったという点であり、第2に、分権化の問題に関して総司令部は必ずしも一枚岩の対応をとっていたわけではなかったという点である。

前節でも見たように、総司令部の中で地方分権を主導したのは、「日本帝国政府の分権化のための勧奨」をその任務のひとつとしていた民政局であった[29]。

---

28)　本書1章1節および1章5節参照。

29)　Kurt Steiner, *Local Government in Japan* (Stanford: Stanford University Press, 1965) p.70. スタイナーは法務局 LS（Legal Section）に勤務した元GHQ官僚であり、後に日本政治研究者となった。

第 3 章　占領改革期：旧体制の終焉と機能的集権体制の成立

図表 3 − 1　総司令部組織図

（1946 年 8 月時点のもの）

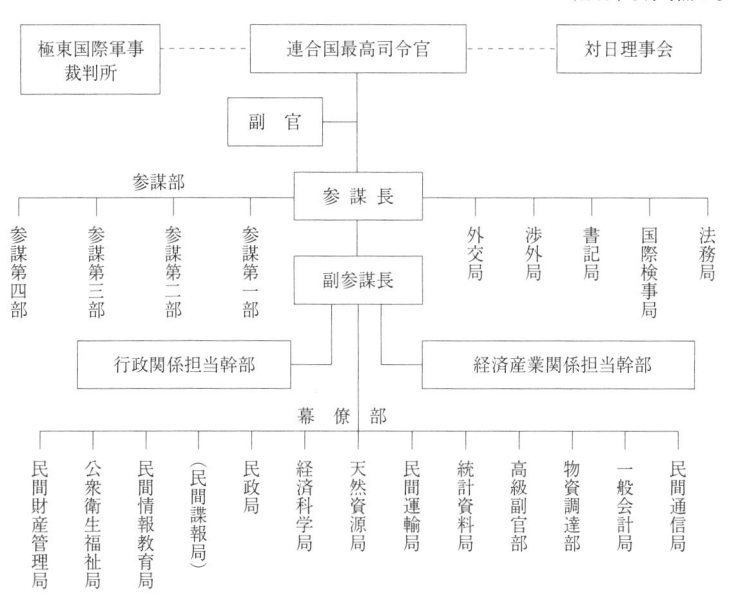

```
極東国際軍事裁判所 ------ 連合国最高司令官 ------ 対日理事会
                              │
                            副 官
                              │
    参謀部               参 謀 長                外交局　渉外局　書記局　国際検事局　法務局
  ┌──┬──┬──┬──┤
参謀第四部 参謀第三部 参謀第二部 参謀第一部
                          副参謀長
              ┌───────┴───────┐
        行政関係担当幹部         経済産業関係担当幹部
                          幕 僚 部
    民間財産管理局　公衆衛生福祉局　民間情報教育局　（民間諜報局）　民政局　経済科学局　天然資源局　民間運輸局　統計資料局　高級副官部　物資調達部　一般会計局　民間通信局
```

出典：竹前栄治『GHQ』（岩波書店、1983 年）91 頁。

「しかし、分権化と地方自治への情熱は総司令部全体に共有されていたわけではなかった」[29]。

　民政局が担当していたのは〈一般的事項〉の領域、すなわち地方自治体の一般的な機構と運営に関する部分であり、自治体の行う〈個別行政〉については、教育なら民間情報教育局CIE（Civil Information and Education Section）、衛生と福祉なら公衆衛生福祉局PHW（Public Health and Welfare Section）、労働なら経済科学局労働課ESS／LD（Economic and Science Section／Labor Division）というように、それぞれ個別の部局が担当していた。したがって、民政局は、地方自治の〈一般的事項〉については他部局とかかわりなく分権化を進めることが可能であったが（ただし経済科学局が担当する地方財政の問題は別）、警察、教育、労働、福祉などといった〈個別行政〉については、それらの分野を担当する諸部局との交渉が必要になる。具体的には、知事の身分や選任方法をどうするかという問題や、地方自治体に対する内務大臣の一般的監督権を認めるかどうかなど、

主として内務省地方局にかかわる問題については独自に改革を進められるが、出先機関の整理とか個別補助金や機関委任事務の廃止などといった問題になると、警察なら参謀第2部、衛生・福祉なら公衆衛生福祉局、労働なら経済科学局労働課などといったそれぞれの担当部局との協議が必要になるのである。

したがって、分権化が自治体の〈一般的事項〉にとどまるのか、それとも〈個別行政〉の領域にも及ぶのかは、民政局の側に、「分権化」を掲げて他局の領域に介入する意思がどの程度まであるのかということと、介入した場合の民政局と他局の力関係にかかわる問題であった。結果的にいえば、占領期に〈個別行政〉の分野で分権化が進展したのは教育と警察であった。しかし、教育と警察の分権化の場合も、「その主要な理由は、それらが本質的に地方の行政機能だからということではなく、集権的な教育制度が狭隘なナショナリズムの教化に、また集権的な警察制度が『危険思想』の取り締まりに利用されてきたからであった。このように、警察と教育の分権化は、主として過去の特殊な害悪を除去しその復活を阻止するための手段として考えられていたのであり、行政機能の再配分という一般的なプログラムの手段としては付随的にしか考えられていなかったのである[30]」。

本節では、機能的集権化と総司令部との関係について、具体的事例に即して考察することにしたい。先に挙げた警察と教育以外では、分権化が進まなかったばかりか、むしろ著しい機能的集権化が進展した。そこで、まず（1）において、機能的集権化と総司令部との関係を概括的に提示し、次いで、（2）以下で、その具体的局面を検討することにしたい。

（1）集権化をめぐるクロス・ナショナルな連合

占領期は、中央各省の地方出先機関、機関委任事務、個別補助金、必置機関・必置職員の設置など、機能的集権化の著しく進展した時代であった。そして、これらの集権的統制手段の設置に関して、日本の中央各省は、対応関係にある総司令部の各部局の指示ないしは支持を受けていた。総司令部の各セクションは、それぞれ自らの担当分野に関して責任を有しており、その分野において、

---

30) *Ibid*, p.90.

ワシントンから与えられた、あるいは自ら考えるプログラムを日本政府の各省を通じて実施することを使命としていた。したがって、日本の各省が総司令部の諸部局の方針を受け入れるならば、あるいは、わざわざ受け入れるまでもなく、両者が初めから同じ認識を共有しているならば、集権化をめぐる「クロス・ナショナル連合」[31]が両者のあいだに成立する余地があったのである。経済民主化政策や公衆衛生、社会福祉政策などが前者の場合であり、経済統制政策などが後者の場合である。

　前者の場合、改革は、上からの、ドラスティックな改革であり、しかも、それを限られた占領期間中に、「直接軍政」によらず日本政府を通じた「間接統治」という形態によってやり遂げねばならなかった。このような条件下で、総司令部の各部局が、改革を自らの意図どおりに全国に行き渡らせるためにとりうる最も有効な方法は、対応する日本の各省に集権的な統制手段を与えることであった。

　これに対して、後者の場合、国民生活の維持と経済の復興のために限られた資源を最も有効に利用するには、中央による一元的な計画と統制が必要であった。そのため、経済統制を担当するセクションは、出先機関の設置を指示ないし支持したのである。

　このように、本節では、第1章で検討したT. J. ペンペルの「日米クロス・

---

31) この概念はペンペル前掲論文による。ただし、本書はペンペルと2点において大きく異なる。ひとつは、「温存説」に立つペンペルと異なり本書は「変容説」をとることである。この点は、1章および本章の後述の記述参照。もうひとつは、ペンペルは内務省地方局（およびその後継官庁）と総司令部民政局のあいだにも「クロス・ナショナル連合」の成立を見出すが、本書はそのような認識をとらないことである。理由は、第1に、内務省地方局は民政局によって完全にその存在意義を否定されていること、第2に、たしかにペンペルのいうように各省出先機関の廃止をめぐって内務省地方局（およびその後継官庁）と総司令部民政局のあいだに一定の意見の一致が見られるが、それは地方制度改革をめぐる多数の論点のうちのひとつに過ぎず、また、後述のように、その「一定の意見の一致」にしても、民政局内に十分に共有されたものではなかったからである。本書は、「クロス・ナショナル連合」は、〈個別行政〉分野における実施過程への関心の共有によって成立するものととらえており、その意味で、地方自治の〈一般的事項〉をめぐって内務省と民政局のあいだに「連合」が成立する余地は初めから乏しかったと考えている。

ナショナル連合」という枠組みを用いることにする。本節では、機能的集権化をめぐる総司令部の諸部局とそのカウンター・パートにあたる日本の中央各省の協力関係を重視する。

しかし、第1章でも指摘したように、本書は、ペンペルの枠組を用いながら、ペンペルと大きく結論を異にしている。ペンペルは「温存説」をとるが、本書は「変容説」をとる。「日米クロス・ナショナル連合」は、戦前の旧い集権体制を守ったのではなく、占領改革プログラムを推進するため、新しい機能的集権体制を形成したのである。そして占領の中期から末期にかけて、出先機関の統廃合、および補助金と機関委任事務の整理が課題になると、占領改革の成果とその実施体制を守るため、分権化に反対したのである。彼らが守ろうとしたのは、明治以来の「旧い集権体制」ではなく、占領側と被占領側が協力して作り上げた昭和の「新しい集権体制」であった。

さて、占領期には、ペンペルのいう「日米クロス・ナショナル連合」が多くの行政分野で成立したのであるが、すべての分野で成立したというわけではない。前節で見たように、内務省は民政局からことごとくその監督権限を否定され、最終的には解体の憂き目にあった。民政局と内務省とのあいだに「連合」は成立しなかった。それでは、なぜ、例えば、公衆衛生福祉局と厚生省、経済科学局労働課と労働省、天然資源局NRS（Natural Resources Section）と農林省とのあいだに成立したものが、民政局と内務省とのあいだには成立しなかったのだろうか。

集権化連合の成立と不成立は、ひとつは、総司令部の部局の遂行すべきプログラムの性質の相違によって説明することができる。いまここに、占領改革のプログラムを、制度改革によって完結するものと、そうではなしに、制度の改革のみではなく、具体的な施策の実施によって完結するものに分類するとき、前者の場合は集権的実施手段を必要としないが、後者の場合は、実施を集権的に統制するための手段が必要となる。総司令部の諸部局を、その遂行すべきプログラムのうち前者の割合が支配的な部局と、後者の割合が支配的な部局に分類するとき、民政局は前者の典型的な代表であった。

民政局は、非軍事化、分権化、封建的・全体主義的慣行の除去などを任務とする部局であり、概括的にいって、「日本における民主主義的傾向の復活強化」[32]

（ポツダム宣言）を、政府機構の改革によって実現することを使命としていた部局であるといってよい。そのために、民政局は、憲法制定や地方制度改革をはじめとするさまざまな制度改革を行った。そして、彼らの使命は、民主主義的傾向の復活強化のための制度的基礎を作り上げることによって完結する性質のものであった。[33] 民政局は、占領半ばの1948（昭和23）年6月末に大幅な機構の縮小を経験しているが、[34] このことが、何よりも民政局という部局の性質を雄弁に物語っているように思われる。民政局は、制度の改廃を担当する部局であり、具体的な施策の実施に責任をもつ部局ではなかった。実施にかかわる部局であれば、カウンター・パートである日本の各省が地方に対する実施統制手段をもつことを支援したであろうが、民政局はそうした部局ではなかった。その意味で、内務省と民政局とのあいだに集権化をめぐる「クロス・ナショナル連合」が成立する余地はまったくなかったのである。その意味で、内務省地方局は、庇護者をもたない組織であった。

これに対して、農林省と天然資源局、厚生省と公衆衛生福祉局、労働省と経済科学局労働課など、他の多くの場合は、改革プログラムは、具体的な施策の実施によって初めて完遂する性質のものであり、その意味で、集権化をめぐる「クロス・ナショナル連合」が成立する余地があった。これに加えて、労働行政と衛生・社会福祉行政の場合、こうした実施構造をめぐる問題のみならず、改革理念も集権化を支持していた。経済科学局労働課は、中央政府の出先機関によって労働行政を行うことは当時の世界的趨勢であると認識していたし、また、衛生・社会福祉行政の場合、当時のアメリカにおいてまさに集権化が進展しつつあり、公衆衛生福祉局の担当官は、こうした傾向が日本でも取り入れられるべきであると信じていた。一言でいえば、当時の諸外国における福祉国家化の実践が、日本におけるこれらの行政分野の集権化を支持したのである。

しかし、施策の具体的な実施が重要性を占める分野でも、集権化連合が単純

---

32) Government Section, *Political Reorientation*, vol.Ⅱ, p.796.
33) 周知のとおり、このことが、占領後期に民政局の影響力が急速に低下するひとつの原因となったのである。
34) 例えば、地方政府課は第八軍軍政局に移管された。天川前掲「戦後地方制度改革における民政局と内務省の態度」17頁。

に成立しなかった分野がある。教育と警察がそれである。この2つの分野は、労働行政や衛生・社会福祉行政の場合とは反対に、改革理念が分権化を支持していた。

　教育の場合、集権的な統制が日本の狭隘なナショナリズムを生み出す一因となったという認識と、改革モデルであるアメリカの教育制度が、分権的改革を支持した。そのため、教育改革を担当した民間情報教育局は、文部省の統制強化を嫌い、その出先機関の設置に反対した。

　警察の場合、事情はさらに複雑であった。それというのも、機構改革に関心をもつ部局（＝民政局）と政策の実施——国内治安の維持——に関心をもつ部局（＝参謀第2部）が異なっており、両者のあいだに対立が見られたからである。よく知られているように、警察の分権化による警察国家の解体という理念が優先されたため、結果的に民政局が勝利を収め、人口5,000人以上の市町村に自治体警察が設置されることになった。[35] 民政局が「分権化」を掲げて他局の領域に積極的に介入し、かつ勝利を収めた数少ない事例であった。

　以上が、占領改革における機能的集権化の概観である。

　最後に、いわゆる占領政策の転換が集権と分権にいかなる影響を与えたかについて、簡単に述べておきたい。結論から言えば、いわゆる占領政策の転換は、この問題にほとんど影響を与えることはなかった。本書の対象である内政に限定すれば、いわゆる占領政策の転換は、治安維持政策と経済政策の2つの分野に集中的に現れている。そこで、この2つの領域について簡単に見ることしたい。[36]

　労働運動の激化等を背景として、総司令部は、国内治安の維持強化に乗り出した。しかし、それは自治体警察の解体へとは進まなかった。吉田内閣は、1949（昭和24）年7月22日に警察法改正案の国会提出を表明し、自治体警察の解体へ踏み出した。これに対して、マッカーサーは、9月2日、自治体警察を

---

35) 自治体警察創出をめぐる民政局と参謀第2部の対立の過程は、三浦洋一「占領下警察改革の一断面——1947年9月16日付マッカーサー書簡の成立過程」『歴史学研究』498号（1985年）に詳しい。

36) 以下の治安維持政策に関する記述は、佐藤俊一『戦後期の地方自治』（緑風出版、1985年）9章に負っている。

擁護する立場を表明した。総司令部としては、自ら作り上げた自治体警察をわずか1年半で大きく手直しすれば、占領政策の妥当性を自ら否認することになりかねなかったからである。

　総司令部は、警察機構を集権化することはしなかったが、他方で、治安の維持強化の必要性については、十分に認識していた。そこで、総司令部がとった手法は、分権的な警察機構を維持したまま、各自治体警察に対して、占領軍の地方軍政機構を通じて横から働きかけるという方式である。総司令部は、当時すでに大阪市などで制定されていた公安条例を全国の他の自治体においても制定させたのであるが、その際、参謀第2部は、第八軍軍政局を頂点とする軍政機構を利用し、地方軍政部から各自治体へ条例制定の働きかけを行ったのである。このことが、自治体警察を創出して警察国家を解体し民主化を推進するという当初の理念と抵触しないのかという問題はともかくとして、少なくとも制度の側面に限定して論じれば、警察機構の集権化がなされなかったことは事実である。[37] 同様に、対労働組合政策も占領半ばで劇的な転換を遂げたが、集権と分権という問題に関してはまったく影響を与えていない。

　これに対し、経済政策の転換については、経済統制関連の出先機関の整理に若干の貢献をしたものと思われ、その意味では多少なりとも分権化に寄与したことになる。ドッジ・ラインによる荒療法は、経済政策を統制と計画から自由経済へと一挙に切り換えたからである。[38] しかし、これは、時期が来ればいずれ整理されたであろう統制関係の出先機関の整理を早めただけで、分権化に対する積極的貢献をしたとまでは言えないだろう。

(2) 出先機関の新設・拡充

　占領期は、多くの出先機関が新設・拡充された時期である。主なものを挙げ

---

37) 警察の再集権化が起きるのは、講和独立後の1954（昭和29）年のことである。ただし、戦前の国家警察の復活というかたちではなく、市町村自治体警察と（都道府県単位で設置されていた）国家地方警察の都道府県警への改編というかたちをとって実現した。これについては、市川喜崇「昭和前期の府県行政と府県制度——内務省‐府県体制の終焉と機能的集権体制の進展（4）」『早稲田政治公法研究』41号（1993年）参照。

38) 中村前掲「概説1937-54年」50頁。

ただけでも、財務局地方部（大蔵省）、農地事務局、作物報告事務所、統計調査事務所（以上農林省）、地方商工局（商工省）、都道府県労働基準局、労働基準監督署、公共職業安定所（以上労働省）などがあり、これらはいずれも1946（昭和21）年から47年までに設置されている。[39] これらの出先機関が設置された時期が、知事公選制が実現に移された時期と一致しているため、公選知事に対する官僚の不信感が、各省出先機関の増加を促したと説明されることが多い。[40] しかし、知事に対する各省の不満が出先機関の増加を招くという現象は、既述のようにすでに戦時期に見られており、しかも、それは、知事がまだ官選の官吏であった時代に起きている。このことと、後の事例などを合わせ考えれば、公選知事に対する不信感は、占領初期における出先機関増加のひとつの要因であったとしても、その実際に果たした役割は副次的なレベルにとどまっていたと考えるべきであろう。この時期における出先機関の増加は、基本的に、当時における行政の変容との関連でとらえられるべきである。

　第1に、占領初期に設置された出先機関は、戦時期以来の経済行政の拡大傾向の延長線上にとらえられるものが多い。既述のように、満州事変と昭和恐慌を契機として国家の経済に対する介入が強化され、日中戦争の全面化により日本は本格的な統制経済に突入した。このことが、戦時期における出先機関の新設・拡充を招いた要因となったのであるが、この事情は敗戦後も変わらなかった。とりわけ、物資の絶対的不足とその計画的配分の必要性という点では、戦時期よりも敗戦直後の方が深刻であった。経済統制と物資の調整ないし調達などに関連して設置された出先機関の中には、教育施設局出張所（文部省）、資材調整事務所（農林省）、地方商工局出張所（商工省）などのように、需給状況の好転によってその必要性が薄れ、廃止されたものも少なくない。しかし、財務局地方部（大蔵省）、地方商工局（商工省）、公共職業安定所（労働省）のように、この時期に設置されそのまま存続したものもある。

　このうち、財務局地方部の設置は、大蔵省の事務に占める国税徴収以外の事

---

39) 1948（昭和23）年以降も、地方建設局をはじめとして建設省、運輸省および郵政省関連の出先機関が多く設置されているが、これらは、省庁の新設・再編にともなう改組である場合が多いのでここではふれないことにする。

40) 本書1章註108および109参照。

第3章　占領改革期：旧体制の終焉と機能的集権体制の成立

務が増加したことをその背景としており、戦時期における税務監督署の財務局への改組の延長線上に[41]、また、地方商工局の設置も、工務官事務所の設置に象徴される戦時期における商工行政の拡大の延長線上にとらえることができるものである。公共職業安定所は、前述の国営職業紹介所の後身にあたる出先機関[42]である。戦後、地方自治法の制定時に、内務省は勤労署（職業紹介所の後身）を都道府県に移管することを図ったが実現しなかった。むしろ、公共職業安定所を監督する都道府県の職員が地方事務官——労働大臣の任免する国家公務員——になったため、労働省職業安定局－都道府県職業安定課－公共職業安定所という縦の系列が出来上がり、職業安定行政は従来以上に知事からの独立性の強い機関となった[43]。そこには、公選知事に対する不信感や「役人の縄張り心理ないし習性」もあったというが、「GHQも職業安定行政の公平・能率性の見地から国営には反対し」なかったという[44]。

　第2に、同じ経済行政に属するものでも、戦時期との断絶の強いものも見られる。地方農地事務局や、都道府県労働基準局、労働基準監督署のように、総司令部の経済民主化政策にかかわる出先機関である。農地事務局は、農地改革のため1946年11月に設けられた機関であり、前年に設置されていた開拓事務所を吸収して設立され、都道府県の部局として新設された農地部とともに農地改革の実施にあたった[45]。この出先機関は、総司令部が日本政府の第1次農地改革案を批判し、直接買収による自作農創設という方式を指示しなければ、設置されることはなかったものである[46]。また、都道府県労働基準局と労働基準監督署は、厚生省労政局内が設置の方向で固まっていなかったにもかかわらず、総司令部の指示により設けられた出先機関であった[47]。その意味で、これらは、公選知事に対する不信感や役人の縄張り意識論で説明することが困難な事例であ

---

41) 大蔵省大臣官房地方課編『大蔵省財務局30年史』（大蔵省大臣官房地方課、1980年）3-4頁。
42) 通商産業省40年史編纂部編『通商産業省40年史』（通産資料調査会、1965年）425頁。
43) なお、地方事務官制度は、2000年分権改革の結果、廃止されている。
44) 占領期の職業安定局長であった斉藤邦吉の談話。竹前栄治『戦後労働改革』（東京大学出版会、1982年）394頁。
45) 農林水産省百年史編纂委員会編『農林水産省百年史　下巻　昭和戦後編』（農林水産省百年史刊行会、1981年）89頁、同編『農林水産省百年史　別巻　資料編』84-85頁。

第Ⅱ部：歴史篇　集権体制の変容

る。

　以上のように、占領初期に設置された出先機関の多くは、経済行政に関するものであり、経済統制などにかかわる戦時期以来の連続性の強いものと、経済民主化政策にかかわるものに区分される。これらの出先機関のすべてについて総司令部の直接的な指示があったかどうかはともかくとして、少なくとも、労働行政（労働保護行政と職業紹介行政）の出先機関の設置に関して総司令部がきわめて前向きの立場をとっていたことと、後述のように、後に出先機関の整理統合が課題になると、経済科学局や天然資源局が経済統制関係の出先機関の整理に反対したことについては間違いないところである。

　次に、出先機関の廃止が課題になったとき、民政局をはじめとする各部局がいかなる態度をとったかについて見ることにしよう。

　出先機関の廃止が占領下で最初に議題となったのは、既述のように、1947年1月7日、出先機関の大幅な廃止とその都道府県への統合を図った地方自治法案要綱を内務省が閣議に提出した時である。この案は、財務局地方部、地方物価事務局、地方農地事務局の廃止、試掘権、採掘権等に関する事務を除く地方商工局の事務の都道府県移管など、敗戦後に設置された出先機関の整理統合を図っていたばかりではなく、さらに、勤労署と営林署の都道府県移管、特殊船舶の検査及び船用品の検定に関する事務を除く海運局の事務と地方専売局の事務のうち葉煙草の製造及び製塩に関する事務の都道府県移管、土木事務所、木炭事務所、食糧事務所の廃止とその事務の都道府県移管など、戦時期やそれ以前からある出先機関の整理統合をも図っており、この案が実現すれば、無傷で

---

46) 当時の東畑四郎農政課長によれば、総司令部の指示した「国が買い上げて売るというような方式は、それだけの行政能力もないし人手もないし、そんなことは全然考えてもいなかった」という。前掲『農林水産省百年史 下巻』726頁。ここで注意すべきことは、当時の担当者が、行政資源の不足からこの方式を不可能であると考えていたところに、総司令部の指示が降りてきたため、新たに機構と人員が整備されたということである。農地改革をめぐる総司令部と農林省の交渉過程は、大和田啓氣『秘史 日本の農地改革』（日本経済新聞社、1981年）参照。

47) 松本岩吉『労働基準法が世に出るまで』（労務行政研究所、1981年）第7章。

48) 「連合国最高司令官総司令部労働諮問委員会最終報告書」竹前栄治『アメリカ対日労働政策の研究』（日本評論社、1970年）所収、参照。

残るのは、わずかに財務局、税務署、税関、鉄道局、逓信局、通信官署などに過ぎなかった。各省は、すでに地方制度調査会の場で自省の出先機関の廃止に反対の旨を述べていた。さらに、法案要綱が閣議に提出されると、大蔵省をはじめとして出先機関を抱える各省がこぞって反対意見を述べため、出先機関の整理統合は、見送られることになった。このとき、民政局地方政府課長のティルトンが「各省の次官を集めて各省の出先機関は統合しなければならぬという議論をした」というが、「それぞれひも（各省の背後にひかえている総司令部の各部局のこと——引用者註）がついているので、言つてみただけで結果は大したことはなかつた」という。

次に出先機関の整理統合が課題になったのは、地方自治法施行後に、民政局が、内務省と公選知事の積極的働きかけを受けて出先機関の廃止と抑制に乗り出したときのことである。このために民政局がとった動きは、次の2つであった。

ひとつは、出先機関の新設を国会の承認事項とすることであった。この民政局の意図は、1947年の第1国会における第1次地方自治法改正によって、とりあえず実現した。

民政局は、地方自治法施行後、40項目にのぼる改革意見を内務省に提示したが、その中に、「地方出先機関の設置は、国会の承認を必要とし、その承認ないものは知事が否認することができることとせよ」という事項が含まれていた。そこで、内務省は、各省の反対による曲折を経ながらも、出先機関の設置を国会の承認事項とする旨の規定（156条4項）を地方自治法改正法案の中に盛り込み、国会の議決を経て成立させた。この当時すでに、憲法および地方自治法と同日施行されていた行政官庁法12条但書において、「地方特別官庁の設置および廃止については、法律の定めるところによる」と規定されていた。しかし、

---

49) 自治大学校編前掲『戦後自治史Ⅴ』89-90頁。
50) 同24-30頁。
51) 同86-94、96-102頁。内務省の各省地方出先機関の整理案に対する大蔵省および他省の態度については、大蔵省財政史室編（林健久執筆）『昭和財政史——終戦から講和まで　第16巻』（東洋経済新報社、1978年）187-195頁も参照。
52) 鈴木俊一談。自治大学校編前掲『戦後自治史Ⅴ』93頁。

第Ⅱ部：歴史篇　集権体制の変容

この規定は、制度としての出先機関の設置及び廃止を規定したものであり、ひ

---

53)　「内務省分権化」の覚書が出された直後の1947年5月5日、この問題に関して斎藤昇内務次官と民政局中央政府課（GS / National Government Division）のG. スウォープ課長の会見がもたれたが、その中で次のようなやりとりが交わされた。
　　（斎）地方分権化については、内務省としてもそのつもりである。従って、新自治法も、知事公選も行った。私は地方分権については寧ろ他の省の問題だと思う。例えば、農林省、商工省の如き。しかるに、事実は、かかる省は特別官庁を地方に設けてゐる。これは地方分権の精神に反する。
　　（ス）そのような省が、より中央集権化を強くなった(ママ)というのか。
　　（斎）然り。例えば、労働基準局、食糧検査所、公共職業安定所の新設の如き。
　　（ス）このようなものは前は知事を通じてやったのを、今度は各省が直接やることになったのか。
　　（斎）然り。従って従来は県会や県民が関心をもったが、今後はできなくなる。
　　（ス）よくわかった。その点は司令部も関心をもってゐる。行政調査部とアメリカの使節団が研究してゐる。
　　（斎）然し、それは実際問題としては公務員のことのみをやってゐる。
　　（ス）個人的の意見としては、この問題は大きく、各省をどうするかを、まとめて、重複のないよう案を作ることが、よいと思う。
　　（斎）その通りだ。然し例えば、今の3局でも、地方分権の趣旨から、内務省も反対であり、法制局もしかり、当該省も好まないものもあった。然るにGHQの当該セクションは強く主張されたので、かくなった。わたしはGS（民政局——引用者註）と各セクションの間に思想統一がないのかと疑う。
　　（ス）それをきくことは異常とは思はない。アメリカでも同じである。遺憾であるというより外にない。GSは政府の機構に対して関心をもつ。他のセクションは仕事に関心をもつ。故に仕事そのものが最も能率的に効果を挙げるように、そのようなことになると思う。これを統一しようとしてゐるが出来ない場合がある。（中略）
　　（斎）私の地方でみてゐた感じでは、内務省は自治制を発達しようと法律を作ったが、各省は逆の方向にむいてゐる。これは経済統制を強化せよとのGHQの指示によるものと思はれる。（後略）自治大学校編『戦後自治史Ⅷ（内務省の解体）』（自治大学校、1966年）43-47頁。
　　内務省地方局は、同じく「覚書」が出された直後に、「内務省に地方自治の充実、発展を図ることを任務とする一局を必要とする理由」を作成したが、その中でも、各省による出先機関設置の動きを批判していた。同42、58-61頁。
　　また、全国知事会の前身にあたる組織は、出先機関の廃止と抑制に向けて、7月22日に「特別地方行政機関改廃に関する全国知事会議意見」を発表するなど、積極的な陳情・要望活動を展開していた。全国知事会編『全国知事会10年史』（全国知事会、1957年）17-18頁、同編『全国知事会10年史　資料篇』（全国知事会、1957年）164-166頁。
54)　自治大学校編前掲『戦後自治史Ⅶ』1-4、131-148頁。

とたび設置された出先機関がその数を増大させることまでは対象としていなかった。

これに対して、第1国会における地方自治法改正により新たに導入された規定は、出先機関の数を増加するときにも国会の承認を経なければならないとするものであった。しかし、この規定は、出先機関の抑制には一定の効果があったものの、既設の出先機関を積極的に整理する効果は果たさなかったという。[55]

出先機関の廃止と抑制を図る民政局内の動きは、もうひとつは、翌48年5月14日に閣議決定された「各省（庁）地方出先機関整理案」に結実した。

民政局中央政府課（GS／National Government Division）は、日本政府の行政調査部とともに、最近設置された都道府県レベルの出先機関の調査に乗り出した。[56] 行政調査部は、戦災復興院建築事務所、内務省駐在官（国土局関係）、文部省地方駐在官、資材調整事務所（農林省）、地方商工局出張所（商工省）などの廃止と、公共職業安定所、都道府県労働基準局（ともに労働省）などの都道府県移管を盛り込んだ「中央政府の地方出先機関再調整のための試案」を作成した。[57]

この案では、先の地方自治法案要綱と異なり、ブロック単位の出先機関の整理統合は見送られ、整理統合の対象は、はじめから都道府県レベルの出先機関の一部に限定されている。しかし、この案に対しても、総司令部の天然資源局と経済科学局が反対の意向を述べている。[58]

民政局の中で出先機関の整理統合に最も熱心だったのが、地方政府課長のティルトンであった。彼は、出先機関の廃止と抑制を求める内務省や公選知事

---

55) 佐久間前掲「地方出先機関の問題」30頁。

56) Memorandum for the Record, 'Examination of the National Government Structure with Special Reference to Offices Recently Opened in the Prefectures', Guy J. Swope, Chief, National Government Division, 15 September 1947, GS(A)-00564. 以下、本節の英文引用文献は、Shoup Mission, *Report on Japanese Taxation*を除き、すべて国立国会図書館憲政資料室蔵である。

57) 'Tentative Plan for Readjusting Local Agencies of Central Government Offices', n.d., GS(A)-00574. なお、Administrative Research Bureau, 'Revision and Consolidation of Tentative Plan for Readjusting Local Agencies of Central Government Offices', 26 December 1947, GS(A)-00574によると、この試案が示された日付は、1947年10月2日である。

の主張に理解を示し、出先機関の増加が地方自治を損ないかねないという危惧と、「おはこ」を出して集権的・垂直的な統制の貫徹を図る各省、およびその背後に控える総司令部の各部局に対する批判を表明していた。そうした立場から、彼は上記の行政調査部の試案を支持するばかりではなく、さらに進んで、「都道府県政府によって十分にその職務が遂行できるならば廃止の方向で検討」されるべき出先機関として、地方経済安定局、内務省土木事務所、地方専売局、財政局、医務局出張所、地方農地事務局、作物報告事務所、木炭事務所、営林署、地方商工局、地方貿易事務局などを挙げていた。要するに、彼は、先の内務省の地方自治法案要綱とほぼ同じ抜本的な出先機関廃止路線をとっていたのである。ところが、行政調査部が先の試案よりも後退した内容の改定案を示したため、ティルトンは、「改定案は当初案の効果をかなり減じてしまった」と批判し、当初案の採用を強く主張することになった。

しかし、ティルトンのこの立場は、必ずしも民政局全体に共有されていたわけではなかった。民政局統治機構課（GS／Governmental Powers Division）のA.ハッシー課長は、分権化のゆきすぎに対する総司令部他部局の懸念に理解を示し、次のように主張していた。「我々（民政局——引用者註）の作業は近代民主主義における地方自治の意味の基本的誤解の下に進められている。完全な政治的分権化への執着は日本の国家政府を骨抜きにしてしまうだろう」。また、ティ

---

58) Untitled Document (with the beginning, '23 December 1947 - Conference with …'), n.d., GS(A)-00581. この会議録によると、経済科学局は、「現在の経済危機は出先機関を不可欠なものにしている」。「これらの統制は一時的な性質のものであり、また経済統制は地方的問題ではなく、全国的な問題なので地方自治という観念と抵触しない」と主張している。

59) Memorandum for the Record, 'Establishment of National Agencies in the Prefectures', Cecil G. Tilton, 30 December 1947. GS(A)-00539.

60) Administrative Research Bureau, 'Revision and Consolidation', op. cit. なお、この改定案は、行政管理庁管理部『行政機構年報 第1巻』（1950年）103-104頁に収録されている。それによると、当初案が作成された日付は1947年6月30日となっているが、民政局中央政府課が行政調査部とともに出先機関の調査に乗り出したのが、47年9月である（本章註56参照）ことや、当初案が民政局に示されたのが10月2日（本章註57参照）であることからして、6月30日は9月30日の誤りではないかと思われる。

61) Memorandum to Chief, National Government Division, 'Decentralization Program, Re Your Memo 22 January 1948', C. G. Tilton, 4 February 1948. GS(A)-00574.

ルトンは、分権化を推進する立場から政府機能を中央政府の機能と地方政府のそれとに「線引き」することを主張していたが、ハッシーは、民政局としてはそうした「線引き」はすべきではなく、日本人が独自にすべきことであるという立場を表明した。要するに彼は、中央政府が全国的基準にしたがい統一的に実施すべき行政の領域を広く認めていたのであり、そうした領域にまで、民政局が「分権化」を掲げて介入することを強く戒めたのである。中央政府課長のスウォープも、最終的にハッシーの主張に同調した。[63]

結局、1948年5月14日に閣議決定を見た「各省（庁）地方出先機関整理案」[64]は、先の改定案よりもさらに後退した内容になった。しかし、これに対しても、経済危機の深刻さなどを理由に経済科学局、天然資源局などが再考を求めてきた。[65] 未設置の国立公園管理所（厚生省）と地方労働局（労働省）の設置見合わせが実現することになったとはいえ、[66] 先の反対もあって、実際に整理された出先機関は、文部省教育施設局地方駐在員など臨時物資需給調整法関連の若干のものにとどまった。出先機関の整理統合は翌49年にも行政整理との関連で再び課題となり、商工局出張所など臨時物資需給調整法関連の出先機関が廃止された。

このように、出先機関の廃止と抑制を求める動きは、結局のところ、物資の統制と調達に関して臨時的に設置された出先機関などの整理につながったに過

---

62) Memorandum for the Chief, Government Section, 'Local Autonomy', Alfred A. Hussey, Jr., 12 December 1947. Hussey Papers 77-B-7-1.
63) Memorandum for Deputy Chief, GS, 'Local Government Division's Memorandum in Re Instructions Issued by Agencies of National Government', Alfred A. Hussey Jr., 2 March 1948, Hussey Papers 77-B-8-1.
64) 行政管理庁管理部前掲『行政機構年報　第1巻』39-40頁、所収。
65) 'Proposed Readjustment Plan of Local Offices of National Government' from NR/P to DCS, SCAP, 27 May 1948, GS(A)-00528; Letter (APO 500) to Prime Minister from W. F. Marquat, Chief, ESS, n.d., ESS(D)-12133.
66) この2つの出先機関は、それぞれ公衆衛生福祉局と経済科学局がその設置を強く求めていたにもかかわらず、結局設置されることなく終わった。ibid; 'Proposed Readjustment Plan of Local Offices of National Government' from PHW to DC/S, 25 May 1948, GS(A)-00528. 特に地方労働局の設置見合わせは、前掲の労働諮問委員会最終報告書の勧告内容から判断して意外な感がするが、前述のように、都道府県に地方事務官を職員とする職業安定課が設置されたため、労働省にとって、自省と公共職業安定所を結ぶ中間監督機関を敢えて設置する必要がなくなったのであろう。

ぎなかった。民間情報教育局が文部省の出先機関の設置に反対したという稀少な例外があるものの[67]、総司令部の部局の多くは、対応する日本の各省が出先機関を維持することを望んでおり、政府機構の問題を担当する民政局も、この問題に積極的に介入することを避けたからである。

（3）社会福祉行政における機能的集権化の進展

　占領期における機能的集権化は、出先機関の設置という形態でのみ進展したのではない。出先機関の設置は、事務の実施を地方自治体に委ねることを嫌った中央各省が独自の系列における事務処理を求めて推進した機能的集権化である。しかし、中央各省は、なお多くの事務の実施を自治体に委ねていた。それらについては、機関委任事務、個別補助金、必置機関・必置職員等の設置などによって機能的集権化が進展した。そこで、本項では、社会福祉行政を例にとり、自治体の実施事務における機能的集権化の進展と総司令部との関係を見ることにしたい。

　社会福祉行政を例にとるのは、第1に、この分野が支出の上でも機構の上でも占領期に著しい増大を見た分野だからである。占領期は、六三制の導入が教育費の増大を、戦災復興と災害復旧が土木費の増大を、食糧増産の必要が産業経済費の増大を、自治体警察の新設が警察消防費の増大をそれぞれ招いたが、社会および労働施設費は、伸び率の点でこれらを大きく上回っていた[68]（なお、都道府県の機構については、2章図表2－4参照）。

　第2に、このような支出と機構の増大を招いた社会福祉行政の改革は、公衆衛生福祉局の主導した「上からの」改革であった。「公的扶助」という新規の

---

67) 当時文部省は、教育行政の都道府県行政機構からの独立を目指して、独自の出先機関の設置を構想していた。市川昭午＝林健久『教育財政《戦後日本の教育改革　第4巻》』（東京大学出版会、1972年）214-216頁。自治大学校編前掲『戦後自治史Ⅴ』97頁。しかし、この構想は、教育分権化を求める民間情報教育局の構想と決定的に異なっていたため、結局受け入れられなかった。民間情報教育局のルーミス博士は、民政局のマクリーンとの会談（1948年1月9日）で、「文部省の出先機関は不必要であるばかりでなく、教育の分権化という点からみても一般的に言って好ましくないため、民間情報教育局は反対」である旨を語っている。Untitled Document, op. cit.

68) 藤田前掲『現代日本地方財政史（上巻）』96-97頁。

理念に基づく事務の量的質的な増大と政策内容の変更に対応するため、地方に対する集権的な実施統制手段——高率の国庫負担金と必置機関・必置職員制度——が整備された。その意味で、社会福祉行政は、典型的な機能的集権化が進んだ分野であった。

第3に、衛生と社会福祉を担当した公衆衛生福祉局は、後に地方分権を図るシャウプ勧告および神戸(かんべ)勧告が出されると、その路線に最も激しく抵抗した部局であった。公衆衛生福祉局は、厚生省との協力の上に作り上げた機能的集権体制にまったく満足しており、シャウプ勧告と神戸勧告が地方分権と行政責任明確化の理念を掲げて国の地方に対する統制手段の削減を図る路線をとると、総司令部の中で最も激しい抵抗を示した。その意味で、この分野は、占領改革における集権と分権の問題を考察するうえで格好の事例を提供している。

社会福祉行政の分野は、戦後長らく、機関委任事務を定率補助金(国庫負担金)と必置機関・必置職員によって実施させる体制をとっていた。例えば、生活保護、児童福祉、身体障害者福祉などの行政分野では、社会福祉主事、児童福祉司、身体障害者福祉司などの職員と、福祉事務所や児童相談所などの機関の設置が義務づけられ、また、いずれも定率の国庫負担金によって事務が実施されている。しかし、こうした体制は一朝一夕に出来上がったのではなく、公衆衛生福祉局と厚生省との交渉と協力のもとに、時間をかけて徐々に形成されたものである。なお、その後、機関委任事務制度は廃止され、また、補助率の変更などがあったが、定率補助金(国庫負担金)と必置機関・必置職員によって実施するという体制は、現在でも維持されている。

1946(昭和21)年2月27日、総司令部指令SCAPIN775 'Public Assistance'[69]が発せられた。ここで示された公的扶助の3原則——①無差別平等、②国家責任、③必要充足——が占領期の社会福祉行政の原則となったという点で、この指令は重要な意味をもっているが、この指令は、同時に、同年4月30日までに救済福祉計画の実施体制を決定するよう日本政府に指示するものであった。

この指令を受け取った厚生省は、従来から救護法などでとられていた実施体

---

69) 社会保障研究所編『戦後の社会保障 資料』(至誠堂、1968年)7頁、所収。SCAPINは、Supreme Commander for the Allied Powers Instructionの略称。

制——市町村長が厚生大臣と知事の監督を受け、機関委任事務として社会事業を行う——を踏襲するか、それとも、新たに出先機関による実施体制をとるかの選択を迫られた。指令の中には、「日本帝国政府ハ都道府県並ニ地方政府機関ヲ通ジ、差別的又ハ優先的取扱ヲスルコトナク平等ニ、困窮者ニ対シテ適当ナル食糧、衣料、住宅並ニ医療措置ヲ与エルベキ単一ノ全国的政府機関ヲ設立スベキコト」という一節があったが、最後の部分の「単一ノ全国的政府機関ヲ設立スベキコト」は、「国がその出先機関を府県、市町村まで置いてやれというふうにも読め」たからである。「現に（厚生省内には——引用者註）そういう議論もあった」という。「ところが、あの混乱かつあの虚脱状態の時に、そんな大規模な機構を新たに設けることは、とても出来ないし、国民に一番身近な市町村長にやってもらうほかないとの結論」が得られた[70]。その結果、従来と同様に、機関委任事務による実施体制がとられることになった。そして、この実施体制は、総司令部の承認を経て[71]（旧）生活保護法（1946年9月9日公布、同年10月1日施行）に取り入れられることになった。

　ここで注意すべきことは、この過程において、分権的な実施体制はまったく検討されなかったことである。「単一ノ全国的政府機関ヲ設立スベキコト」という指示を受け取り、分権的実施体制は初めから考慮外であった。

　総司令部のもうひとつの関心は、先の引用部分の中段の、「差別的又ハ優先的取扱ヲスルコトナク平等ニ、困窮者ニ対シテ適当ナル食糧、衣料、住宅並ニ医療措置ヲ与エルベキ」にあった。総司令部は、援助が無差別平等の原則を踏み外して復員軍人等に対して優先的な取り扱いになる恐れや、困窮者に最低限度の生活を保障するに足るものになるかどうかなどを懸念していたのである。

　こうした中で、厚生省社会局に20名、都道府県に414名（1都道府県あたり9名）

---

70) 葛西嘉資厚生省保護課長（当時）の証言。吉田久一＝一番ケ瀬康子編『昭和社会事業史への証言』（ドメス出版、1982年）119頁。

71) 葛西嘉資の証言。小野顕編『占領期における社会福祉資料に関する研究報告書』（財団法人社会福祉研究会、1978年）306頁。

72) 村上貴美子によると、「厚生省社会局に一挙に20名の定員増ということは、今日ではとうてい考えられぬことであり、一つの課を新しく設置するのに匹敵する」という。村上貴美子『占領期の福祉政策』（勁草書房、1987年）73頁。

第3章　占領改革期：旧体制の終焉と機能的集権体制の成立

の増員が新たに決定された[72]。総司令部としてはこの結果に満足したが、他方で、つい最近まで戦時厚生行政のもとで軍事優先の扶助をしてきた日本の実施機関が差別的・優遇的取扱いをしないという保証はどこにもなかった。そのため、第八軍司令官宛に通知を発し（1946年3月1日）、地方軍政部を通じて救護の被扶助者のサンプル・チェックを行うよう指示していた[73]。総司令部は、日本政府を通じた間接統治の実施状況を、軍政機構を使ってチェックしていたのである。

次に、定率補助金の設置についても簡単に見ておきたい。

総司令部の指示により救済福祉計画を立案していた厚生省は、「いよいよこれを実行するという段階になって、これを予算化すべくいろいろ過去の例なんかを調べて全国民の一割が困っているとみれば、まず大丈夫だろうと推定して……積算してみたら30億位ということになった」[74]。総司令部もまた、「それ位はかかるだろうという顔をしていた」。厚生省としては、この数字はやや大雑把な見積もりであり、大蔵省の査定の結果、実際は8億円位に収まるだろうと予測して、その線で各都道府県に内示を出していた。ところが、大蔵省の態度は予想以上に厳しく、2億円に値切られ、政府予算案は閣議決定されてしまった。すでに内示を出していたこともあり、葛西保護課長が責任をとるために辞表の提出も考えていたところ、生活援護の経費は要求どおり30億円にすべしという指示が総司令部から大蔵省に寄せられ、本当に30億円の予算がついてしまった。これには、厚生省の担当者もびっくりさせられたという。当時の担当者の述懐によれば、総司令部としてはソーシャル・セキュリティの金だからこれくらいは当然と考えたのであろうが、当時の厚生省の担当者は社会保障という世界の大勢を知らず、「軍事扶助法や戦時災害保護法に毛の生えたぐらいな知識しかな」かったからである。「生活保護法の初めの案では3分の2を国が持ち、3分の1は都道府県、市町村に持たすという案だった」が、「30億円ではもう使いようがない、それでは国の負担分を8割にしようやということになった」という。国家責任の原則からして全額補助にすべしとの意見もあったが、自治体にコスト意識をもたせ濫給を防ぐという意味で8割にとどめたのだという[75]。

---

73)　同68-69頁。
74)　葛西嘉資の証言。吉田＝一番ケ瀬編前掲書109-110頁。以下の引用もこれによる。

こうして、(旧)生活保護法の成立により、機関委任事務を高率の補助金によって地方自治体に実施させるという体制が確立された。この体制は、同じく占領下で制定された児童福祉法（1948年4月1日全面施行）と身体障害者福祉法（1950年4月1日施行）にも採用されることになった。

 次いで、生活保護行政における必置機関と必置職員の確立を見ることにしたい。1950（昭和25）年における生活保護法の全面改正と翌51年における社会福祉事業法の成立によって、生活保護行政における必置機関と必置職員の体制は確立した。

 生活保護法が施行後わずか4年で全面改正されることになった原因は大きく分けて次の2つであった。

 そのひとつは、民生委員の問題である。当時の民生委員は、生活保護行政にかかわる市町村長の補助機関であり、(旧)生活保護法の制定によって旧来の方面委員の名称を改称して設置された。制定当時の生活保護法では、法令に規定されていた基準額を個々人の生活実態にあわせて支給額を決定する行為は、民生委員の裁量に任されていた。民生委員は、実質的に法の運用の実権を握っていた。[76] そこで、厚生省は、「要保護世帯『ケース』指導事務打合会」を頻繁に開催する一方で、民生委員用の執務参考資料として『生活保護百問百答』を編集した。[77] しかし、先の予算過程にも明らかなように、また、公衆衛生福祉局長のサムズ少佐の証言――「当時、慈善と区別されたところの公的扶助に当る日本語が無かった」ため、「日本人にとっては、その考え方のすべてが、新しいもので」理解できず、その後も「二つの違った考え方」が日米双方に存在していた[78]――からもうかがえるように、国家責任による公的扶助という理念は、『生活保護百問百答』を編集した厚生官僚にとっても容易に理解できるもので

---

75) 葛西嘉資の証言。小野顕編前掲『占領期における社会事業における調査研究報告書』282-283頁。小山路男編『戦後医療保障の証言』（総合労働研究所、1985年）52-53頁にも葛西による同様の証言がある。なお、生活保護費の国庫負担率は、1980年代の改正で現在は7割5分となっている。
76) 村上前掲書240頁。
77) 同87頁。
78) 小野顕編前掲『占領期における社会福祉資料に関する研究報告書』211頁のサムズの証言。村上前掲書77頁も参照。

はなかった。ましてや、つい先日まで方面委員として「殆ど戦時国策への協力、戦争遂行への寄与に終始した形」をとってきた民生委員が、無差別平等の原則に則った法運用が十分に果たせなかったとしても無理からぬことであった[79]。そのため、法の運用面で地域差が大きく、扶助額がまちまちでしかも軍人優遇とみられるものがあるとの報告が、地方軍政部から寄せられていた。

　また、これとは別に、生活保護費算定方式の技術的精緻化も、民生委員の排除を支持する理由となった。1948（昭和23）年8月に行われた生活保護基準第8次改定において、家計費目ごとの所要量を生活科学上の知識に基づいて合理的に積算するマーケット・バスケット方式が採用され、素人の民生委員による事務の遂行は困難になったからである[80]。こうして、公衆衛生福祉局から「有給の専門職員」による実施を迫られ、厚生省は、法改正に取り組むことになった[81]。法改正の結果、民生委員は市町村長の補助機関から、協力機関となった。

　生活保護法の全面改正を必要とした第2の要因は、被扶助者の権利性を強化し不服申し立ての制度化を図る必要が生じたことであるが、この点は本書の主題と直接の関係をもたないので、これ以上詳しくふれないことにする。

　ところで、これとは別に、「有給の専門職員」による法の適用の問題と関連して、福祉行政の最適な実施単位をいかに定めるかという問題があった。当時、地方軍政部から、福祉行政の実施単位が狭すぎるため実施における非能率と不公平を生じているという報告が寄せられていたからである[82]。前述のように、当時の社会福祉行政は市町村長に機関委任され、その財政については、国が8割、都道府県と市町村が1割ずつを負担していた。公衆衛生福祉局は、当時の市町村の財政能力ではその「10％すらも通常は供与し得ないでいる[83]」状態であるとの認識をもつに至っていた。また、福祉行政を「有給の専門職員」により実施することになれば、行財政能力が乏しい末端の市町村がそうした職員を抱える

---

79) 括弧内の原文は、全国社会福祉協議会『民生委員40年史』（1954年）285頁（村上前掲書86-87頁からの再引用）。
80) 厚生省50年史編集委員会編前掲『厚生省50年史（記述篇）』751、770頁。
81) 村上前掲書242頁。
82) 前掲『厚生省50年史（記述篇）』751頁。
83) 「行政事務配分の基本原則」社会保障研究所編前掲書所収15頁。

ことは困難であった。

　そこで、厚生省と公衆衛生福祉局は、衛生行政における保健所地区の成功にならって、福祉行政においても福祉地区の導入を試みた[84]。保健所地区をそうしたように、福祉地区も市町村から切り離し、実施機構の人事を市町村から独立させることによって専門性をもった職員の配置・育成を図ろうとしたのである[85]。この案は、当時すでに占領末期にさしかかっており総司令部の影響力が低下していたこと、新たな機構の設置による財政支出の増大に大蔵省が反対したこと、地方自治体の権限削減に地方自治庁が反対したこと、当時の厚生大臣橋本龍伍が行政管理庁長官を兼任していたため、行政整理を目指す立場から新機構を作ることに反対したことなどの理由により変更を余儀なくされた[86]。そのため、改革案は、市町村行政からの独立の度合と、職員の専門性の２点について後退したが、当初の意図はある程度実現された。「社会福祉主事の設置に関する法律」（1950年５月15日施行）によって社会福祉主事が設けられ、社会福祉事業法（1951年10月１日全面施行）により、社会福祉主事の活動拠点として、都道府県と市と一部の町村に福祉事務所が設けられることになった。

　こうして、定率の国庫負担金によって補助された機関委任事務を必置機関と必置職員を置いて実施するという、戦後社会福祉行政の実施体制が確立されたのである。

　さて、以上の経過から何が考察できるだろうか。

　敗戦直後の混乱の中で総司令部より救済福祉計画の樹立を求められた厚生省は、厚生大臣を頂点とし地方団体を実施機関とする旧来の体制の存続を決定し、総司令部もこれを承認した。敗戦後の混乱を旧来の実施体制（機関委任事務体制）で乗り切ることにした厚生省も、「単一の政府機関」による実施を求めた総司令部も、福祉行政を分権化することはまったく考えていなかった。しかも、占

---

84)　同14頁。なお、衛生行政の現地実施機関である保健所は、都道府県と人口30万人以上（当時）を有する都市のもとに置かれていた。保健所地区も福祉地区も、当時のアメリカの州において（特に中西部諸州において）整備されつつあった制度であるという。

85)　副田義也「戦後日本における生活保護制度の形成」東京大学社会科学研究所編『日本の社会と福祉〔福祉国家第６巻〕』（東京大学出版会、1985年）158頁。

86)　同158-159頁。

領期の福祉行政改革は、単に旧来の実施体制を存続させたばかりではなく、高率の国庫負担金と必置機関・必置職員制度という集権的統制手段をも整備した。こうして、福祉行政は、分権化が進むどころか占領期に著しい機能的集権化を遂げたのである。

とはいえ、おそらくこれ以外の選択肢は不可能だったものと思われる。占領期の社会福祉行政改革は、新しい理念と技術をともなう「上からの」改革だったからである。

占領期の社会福祉行政は、総司令部によってもたらされた「公的扶助」という新しい理念に基づく政策を、困窮者があふれかえる切迫した状況下で実施することを課題としていた。先の引用箇所からもうかがえるように、「公的扶助」という理念は、公衆衛生福祉局と頻繁に接触していた厚生官僚でさえも容易に理解できるものではなかった。仮に集権的統制手段がなく分権的実施体制がとられていたならば、おそらく、各々の自治体が、「無差別平等」に「公的扶助」を行うことは困難であったに違いない。さらに、この時期を通じてなされた福祉行政の専門性の増大という要請に対処することも困難であったろう。

そもそも、救済福祉計画の立案とその実施は、総司令部から日本政府宛に寄せられた指令であった。厚生省は実施に対して責任を負っており、また、公衆衛生福祉局は、実施状況を見届け、必要ならばその改善を勧告する責任があった。福祉行政における改革は、地方制度改革などと異なり、旧制度を破壊し新制度を創出すれば完結する改革ではなく、政策が実施に移されて初めて意味をもつ改革である。その実施には新しい理念と知識がともなわれなければならなかったが、そのためには、上からの指導が必要であった。さらに、改革は限られた占領期間内に完成しなければならなかった。ここに、ひとたび厚生官僚が新しい理念を受け入れさえすれば、厚生省と公衆衛生福祉局との間に、機能的集権化をめぐる「クロス・ナショナル連合」が結ばれる必然性があったのである。こうして、地方の政策実施に対する集権的統制手段が著しく整備されることになった。

また、1930年代から40年代のアメリカは大恐慌を契機として著しい集権化が進行しつつあった時代であるが、衛生と福祉についても例外ではなかった。公衆衛生福祉局の担当官は、母国におけるこの傾向を強く支持しており、衛生行

政と福祉行政は日本においても集権的に行われなければならないと確信していた。[87]その意味でも、分権的改革の余地は初めから乏しかったといえる。

しかし、公衆衛生福祉局が厚生省との協力により作り上げたこの体制も、占領末期になると、シャウプ勧告と神戸勧告によって挑戦にさらされることになる。そこで、次項では、個別補助金の一般財源化を図ったシャウプ税財政改革と、機関委任事務の廃止を課題とした神戸勧告について見ることにしよう。

（4）シャウプ勧告と神戸勧告

出先機関の廃止と抑制を求める動きは占領下の比較的早い時期に起こったが、個別補助金と機関委任事務の整理を図る動きは、占領末期まで待たねばならなかった。

シャウプ勧告は、その正式名称「日本税制報告書」（1949年8月27日）が示すように、コロンビア大学教授カール・S.シャウプを団長とする税制使節団が、日本に恒久的な租税体制を確立することを目的として行った勧告であった。[88]しかし、この報告書は、単なる税制改革の勧告にとどまらず、地方税財政の確立から広く地方自治の確立、中央地方を通じた事務再配分の必要性の勧告にまで及ぶものであった。シャウプ勧告が地方行財政に与えた影響については、①地方税体系の変更、②地方財政調整制度の変更（地方財政平衡交付金制度の創設）、③補助金の整理と地方財政平衡交付金への吸収およびその課題に付随して提起された事務再配分（機関委任事務の整理）に3分類することができるが、ここでは、その膨大な全体像のうち、③の個別補助金と機関委任事務に関する部分についてのみ取り上げることにする。なお、②の地方財政平衡交付金制度成立の意義については、第4章で再論する。

集権と分権という視点からシャウプ勧告をとらえる場合、この勧告が、地方自治の強化と行政責任の明確化という2点を強調していたことが重要である。前者に関して、勧告は、「地方団体は、民主的生活様式に潜在的な貢献をする

---

87) 前掲「行政事務配分の基本原則」社会保障研究所編前掲書所収、参照。

88) シャウプ使節団は翌50（昭和25）年にも来日し、第2次の勧告をしているが、ここでシャウプ勧告という場合、もっぱら第1次の勧告を指すものとする。シャウプ税財政改革については、市川喜崇「シャウプ勧告の今日的意義」『地方自治』675号（2004年）。

ものであるから強化されねばならない[89]」として、地方自治に対する深い理解を示している。また、勧告は、後者に関して、納税者は自らの支払う税金の使途を容易に理解できるべきであり、そのためには、ある特定の行政活動に対する責任の所在が中央政府にあるのか地方政府にあるのかが曖昧であってはならないとの立場をとっていた[90]。この2つの立場から、勧告は、補助金制度を批判した。勧告によれば、補助金は、地方政府を中央政府の統制下に置き、行政活動に対する責任の所在を曖昧にしているからである。勧告は、災害復旧事業等の公共事業補助や奨励的補助金についてはその必要性を認めた。他方で、全額補助金の廃止、および奨励的補助金以外の一部補助金（国庫負担金）の廃止を主張した。そのうえで、勧告は、当時の地方財政調整制度であった地方配付税制度にかえて地方財政平衡交付金制度を設けるとともに、廃止した国庫負担金をこれに吸収して一般財源化することを求めたのである[91]。

ところで、以上に要約したシャウプ勧告の立場は、制定まもない地方財政法（1948年）に規定されていた当時の地方財政観と根本的に異なるものであった。当時の地方財政法10条は、「国と地方公共団体相互の利害に関係のある事務を行うために要する経費は、国と地方公共団体とが、これを負担する」と規定し、具体的には、義務教育なら5割、生活保護なら8割というように、国庫負担がなされていた。この方式は、事務に対する責任を中央政府と地方政府が分有するという二重責任説に立つものであり、シャウプ勧告の求める「行政責任明確化」の立場とはまったく相容れないものであった。

既述のように、定率の国庫負担金制度の確立は戦時期以来の懸案であり、1940年改革によってすでにその端緒が開かれていたが、戦後になってこの方式は本格的に導入されるようになっていった。また、法律的にも、地方財政法の規定の中にその根拠を得ることになった。定率の国庫負担金制度は、中央政府が国家的必要から地方に事務を実施させる以上、国がその一定割合をもつのは当然であるという考えに基づいたものであるが、他方で、この方式の本格的導

---

89) Shoup Mission, *Report on Japanese Taxation* (Tokyo: General Headquarters, Supreme Commander for the Allied Powers, 1949) vol.Ⅲ, p.A 2 .
90) *Ibid*, pp.A 4 - 5 .
91) Shoup Mission, *Report*, vol.Ⅰ, pp.24-27.

入は、地方行政の標準化を強力に推し進めることに貢献したこともまた確かである。

　占領期に増大した事務の中には、全国的に一定水準を保持し標準的に実施することを必要とする事務、いわゆるナショナル・ミニマムにかかわる事務が多かったが、定率の国庫負担金制度は、ナショナル・ミニマムの確保という点で重要な役割を果たした。国のその時々の財政的都合に振り回されることなく、国が一定割合の補助を支出するという方式は、一定の標準的な行政を全国の地方自治体に遺漏なく実施させるという点において優れた方式だったからである。本節（3）でみた社会福祉行政の事例が示すように、個別補助金が「上からの」占領改革を実現するための重要な手段であったことを考えれば、〈個別行政〉の諸分野で占領改革を主導した総司令部の諸部局が、個別補助金の廃止というシャウプ勧告の路線に対し、反対の立場をとったのは、ある意味で当然のことであった。

　総司令部の各部局の中で、個別補助金の廃止に最も強く反対したのは、公衆衛生福祉局長のサムズ大佐であった。彼は、個別補助金の廃止とその平衡交付金への吸収をテーマとして開かれた1949（昭和24）年10月10日と同12日の２回の会議において、出席者の中で最も強硬な態度をとっていた。このなかで彼は、もし中央政府が、衛生と福祉のために一定額を使用するよう自治体に義務づけることをしなければ、自治体は、法律に明記されている要件を無視するに違いないと主張した。彼はまた、地方自治体の職員は、都道府県レベルでさえも、衛生と福祉の職務の遂行に関して恣意的で怠慢で不誠実でさえある場合が多く、客観的な基準を確立するためにも、また政策目的の遂行のためにも、厚生省を通じた継続的な監督が必要であったと述べている。[92]

---

92) Memorandum for the Record, 'Inter-SCAP Conference Re Interpretation of Shoup Tax Mission Recommendation concerning National Equalization Grants', 14 October 1949, Nickolas Cottrel, Chief, Local Government Branch, GS(B)-01210; Memorandum for the Record, 'Conference Re National Government Aid to Local Governments', 11 October 1949, Osborne Hauge, Chief, Public Affairs Division, GS(B)-01210.
　この２つの資料によると、民間情報教育局の出席者は、当初はサムズとともに個別補助金の存続を主張していたが、途中から民政局の主張を受け入れ、教育関係の補助金の一般財源化に理解を示している。

第 3 章　占領改革期：旧体制の終焉と機能的集権体制の成立

　結局、総司令部経済科学局と大蔵省は、公衆衛生福祉局や天然資源局の要求を聞き入れ、当初廃止を予定していた補助金のうち一部のものの存続を認めることにした[93]。こうして、義務教育費国庫負担金をはじめ、定時制高校教員費補助、公立学校共済組合費補助、民生委員事務所職員費負担金、児童福祉関連の保護費負担金などが整理され、地方財政平衡交付金に吸収された。他方で、生活保護費負担金、国民健康保険組合補助金、保健所事務および施設費負担金、伝染病予防費負担金、性病予防費負担金などの衛生・福祉関係の補助金や、農業改良普及事業補助、農業調整費交付金、農業共済保険事務費負担金、一般職業補導所補助、失業対策事業補助などの農業関係、労働関係の補助金が存続されることになった。当初廃止の予定されていた172種の補助金のうち約30種の補助金が存置されたため、1950年度の地方財政平衡交付金総額は、結局、勧告で示された1,200億円よりも少ない1,050億円にとどまった[94]。こうした後退があったものの、シャウプ税財政改革における個別補助金の整理は、前述の出先機関の整理統合や後述の事務再配分の場合と違い、まがりなりにもそのかなりの部分が実現されたものであった。

　もっとも、シャウプの補助金改革の成果は長くは続かなかった。シャウプ勧告が排除した「二重責任説」の考え方は、後の地方財政法の再改正（1952年）によって形を変えて復活している。また、義務教育費国庫負担金や児童福祉関連の補助金など、シャウプ改革で廃止され一般財源化した主要な補助金も、占領後に復活している。

　次に神戸勧告に移ることにしよう。

　シャウプ勧告は、地方自治の強化と納税者に対する政府の責任の明確化を図るため、事務再配分の必要性を唱えていた。納税者が、自ら納める税の使途を容易に理解し判断できるようにすべきとの観点から、国、都道府県、市町村の3段階の政府に複雑に入り組んだ事務を再配分し、それぞれの事務に対する責任主体を明確にすることを求めたのである。こうした観点から、事務配分を詳細に研究することを目的とし、国会に対する勧告権をもつ委員会の設置を勧告

---

[93]　大蔵省財政史室編前掲『昭和財政史――終戦から講和まで』404頁。
[94]　藤田前掲『現代日本地方財政史（上巻）』368頁、自治大学校編『戦後自治史ⅩⅣ（地方税財政制度の改革（下巻の二）』（自治大学校、1978年）12頁。

するとともに、この委員会が依拠すべき一般的原則として、「行政責任明確化の原則」「能率の原則」「地方公共団体優先及び市町村優先の原則」のいわゆるシャウプ3原則を掲げた。[95]

こうして、地方行政調査委員会議（議長であった神戸正雄京都大学名誉教授の名をとって神戸委員会と通称される）がシャウプ勧告に基づいて設置された。神戸委員会は、アメリカへの視察旅行などを含むおよそ1年間にわたる調査活動を経て、1950年12月22日に「行政事務再配分に関する勧告」を行った。[96]

「勧告」は、シャウプ3原則を再確認するとともに、この原則に基づいて、国の事務を「外交に関する事務」をはじめとする29項目に限定し[97]、それ以外のすべての事務を自治体の事務として、都道府県と市町村に再配分することを主張した。そして、自治体の事務とされたものに対する国の「権力的な監督は、原則として、これを廃止すべき」[98]とし、国の関与を技術的な助言や勧告に限定すべしとしている。機関委任事務については、「極力避けるべきである」[99]とし、例外として、国会議員の選挙、国の行う指定統計調査、食糧管理、失業保険の給付、農地及び牧野の買収及び売渡に関する事務、漁業権制度の改革に関する事務などを認めているにすぎない。[100]

こうした原則的な分権論を掲げたため、神戸勧告に対しては、勧告が発表される前から、総司令部のいくつかの部局から反対の意向が表明された。最も鮮明に反対したのは、今回もまた公衆衛生福祉局であった。公衆衛生福祉局は勧告の発表に先立つ9月28日に「行政事務再配分の基本原則」という文書を発し、

---

95) Shoup Mission, *Report*, vol.Ⅲ, pp.A 5-6.
96) 神戸委員会は、このほかにも1950年10月14日に「国庫補助金制度等の改正に関する勧告」、1951年9月22日に「行政事務再配分に関する第二次勧告」をしており、都合3度の勧告をしているが、ここで神戸勧告という場合には主として50（昭和25）年12月22日の勧告を指すものとする。
97) 地方行政調査委員会議編『地方行政調査委員会議資料』（1952年）5-6頁。
98) 同8頁。
99) 同9頁。
100) なお、神戸委員会は、財政については、翌51年の第2次勧告において、補助金の可及的縮減とその一般財源への振り替え、および地方債発行の原則的自由化を勧告している。同38-40頁。
101) 前掲「行政事務配分の基本原則」社会保障研究所編前掲書13-15頁。

衛生・福祉行政の権限移譲に反対している[101]。

こうした反対を目の当たりにして、民政局の担当官は、日本の中央各省と総司令部の諸セクションの圧力によって勧告が骨抜きにされることを危惧していた[102]。そして、彼の予想どおり、神戸勧告の事務再配分の提案は、中央各省、およびそれを支援する総司令部の諸部局によって、棚上げにされたのであった。

3　小　　括

ここで、本章を簡単にまとめておこう。

第1節で見たように、総司令部の中で分権化を主導した民政局は、内務省が地方自治体に対する統制手段を維持することについてはことごとく反対したが、反面、他省がその所掌事務に関して地方団体を統制することについては容認した。また、民政局地方政府課は、地方自治法制定後に、内務省と公選知事の働きかけを受けて出先機関の廃止と抑制に乗り出したが、他セクションばかりでなく局内からも批判を受け、その結果、実際に整理された出先機関は経済統制関係を中心とする若干のものにとどまった。

他方で、民政局以外の部局は、対応関係にある日本の中央各省が所管の行政の実施について集権的な統制手段を握ることを支援した。民政局のプログラムが主として機構改革にかかわるものであったのに対して、他部局のプログラムは、政策が実施に移されることによって初めて意味をもつものが少なくなかったからである。そのため、シャウプ勧告と神戸勧告によって集権的統制手段の整理が課題になると、彼らは、日本の各省とともにこれに反対したのである。

占領期の分権化と総司令部とのかかわりに関するこれまでの通説は、「地方分権化と地方行政の徹底的民主化は、アメリカを中心とする連合国の、そしてまたGHQ側の強烈な主張であり、それはむしろ絶対的要求であったことは、まぎれもない事実である」(赤木須留喜)[103]というものであった。しかし、これま

---

102)　Memorandum for the Chief, Government Section, 'Report of Local Government Administration Investigation Commission', Osborne Hauge, Chief, Public Affairs Division, 10 October 1950, GS(B)-01202.
103)　赤木前掲書48頁。

での叙述が明らかにしてきたように、この理解は正しくない。

　第1に、分権化と民主化は必ずしもイコールではない。警察と教育の場合のように分権化がなされた領域と、労働・衛生・福祉などのように集権化が進展した領域とのあいだに著しい対照が見られたが、前2者が分権化されたのは、ひとつには集権的な体制が狂信的な国家主義と軍国主義を招いたことが明らかだったからであり、もうひとつは、アメリカという国がこれらの行政分野に関して分権的な体制をとっているからであった。しかし、その他の場合には、概ね彼らにとって最も効率的な体制が選択された。「上からの」改革を限られた期間内で成功させるためには、集権的な実施体制の方が分権的な体制よりも都合がよかった。また、これらの分野については、大恐慌後の当時のアメリカにおいても集権化が進んでいた。結局、占領改革における分権化政策は、民主化のための手段であってそれ以上のものではなかった。分権化と民主化を同一視する赤木の理解は、この意味で必ずしも正しいものではない。

　第2に、分権化は「GHQ側の強烈な主張であり、それはむしろ絶対的要求であった」というが、本章の諸事例が示してきたように、総司令部は必ずしも一枚岩ではなかった。総司令部は、民政局、経済科学局、天然資源局、民間情報教育局、参謀第2部などの多くの部局によって構成されていた組織であり、「分権化」というテーマに関して常に一致した見解がとられていたわけではなかった。

　以上の結果、戦前の集権体制は大きく変容し、機能的集権体制というまったく新しい体制へと置き換わったのである。

　最後に、占領期に進展した集権化をいかなる集権化としてとらえるべきかについて、簡単な見解を述べ、本章を終えることにしたい。

　この点について、筆者は、先に言及した公衆衛生福祉局と神戸委員会とのやりとりの中にヒントを見出すことができるのではないかと考えている。機関委任事務の原則的廃止を打ち出した神戸委員会の方針に対して、公衆衛生福祉局は、前述の「行政事務再配分の基本原則」という文書を発し、衛生・福祉行政の事務再配分に反対したのであるが、そのおよその内容は次のようなものであった。

　大恐慌後のアメリカは、かつて試みられた衛生と福祉における「完全な地方

委譲の失敗」の克服過程にある。「経済大恐慌はその結果として、市町村のレベルに於て行われていた福祉の分野の各問題取扱いについての今迄の慈善という基礎」を破壊し、「政府の公的扶助組織設置が必要となった」。日本の「現存機構こそ合衆国（中略）の衛生福祉の形式が到達せんとして苦闘しつつあるその目標なのである。その意味において、全体として見れば、日本は合衆国よりも先んじているのである」。「従って公衆衛生福祉局は同委員会議提案の"行政事務再配分"案の報告に対しては、もしそれが採用される場合にはそれが日本国民の衛生福祉に対して好ましからざるものであると思われるが故に、これに同意しないものである」[104]。

　ここから読み取れることは、第1に、総司令部の官僚が、当時の日本とアメリカが同時代的状況にあり同じ課題を抱えているという認識をもっていたことであり、第2に、合衆国において古典的な分権体制はもはや機能しなくなっており、その意味で、彼らが厚生省と協力して作り上げてきた日本の集権的実施体制の方が優れているという認識を示していることである。

　神戸勧告はこれまで、明治以来の旧い集権体制の克服という課題を担っていたと理解されてきた。そして、神戸勧告が棚上げされたことによって、旧い集権体制の存続を許したのだと理解されてきた。しかし、上述の事例からも明らかなとおり、神戸勧告が「対決」したのは、明治以来の旧い集権体制ではなく、戦後の新しい集権体制であった。実際、神戸勧告は、福祉国家における中央－地方関係という課題をかなり強く意識している。この点は、従来の研究のなかでほとんど指摘されてこなかったところである。神戸勧告の「総論」の中に次のような一節があることに注目したい。

　　今日の国家においては、一方において、国家的影響がますます大となり国民的関心がますます強まると同時に、他方、ますます国民の身近かにおいて、国民が容易に監視し又は理解することが可能な方法において、国民の意思のもとに周密に行われなければならない種類の行政が増大している。ここに事務再配分の複雑さと困難さとがある[105]。

104）　前掲「行政事務配分の基本原則」社会保障研究所編前掲書所収。
105）　地方行政調査委員会議編『地方行政調査委員会議資料』1952年、6頁。

「福祉国家」という表現こそ使っていないものの、ここに示されている基本認識は、要するに、「現代国家においてはナショナルな関心の強い事務が増える一方で、そうした事務の実施単位がローカルに分散し、しかもローカルに統制される必要が増大する」というものであり、福祉国家における中央－地方関係の基本認識にほかならない。神戸勧告の「各論」を読めば、この勧告が、〈個別行政〉の分野で、国の自治体に対する技術的助言や勧告の必要性に関して実に細かい配慮を示していることがうかがえる。それは、勧告が、現代国家における新しい中央集権化への対処という課題を、正しく見据えていたからにほかならない。

現代の政府間関係論の課題が、福祉国家において集権化し、複雑化した中央－地方関係を、いかに合理的に編成し直すかという点にあるとするならば、神戸勧告こそが、日本における初の本格的な政府間関係論であったといってよいだろう。現代国家における「事務再配分の複雑さと困難さ」を十分に認識したうえで、現代国家にふさわしい中央－地方関係の提示を試みているからである。

占領改革における機能的集権化は、社会保障分野のみならず他の多くの分野でも生じており、そのすべてを福祉国家に帰することはできない。しかし、この時期に社会保障費（社会事業費）の著しい増加が起こり、衛生費とあわせて財政の主要項目のひとつに浮上したこと（1章図表1－4参照）、地方財政法の制定によってナショナル・ミニマムの確保にとって適合的な定率の国庫負担金制度が確立したこと、戦時期に導入された地方財政調整制度が維持され、さらにシャウプ勧告によって制度的に発展していること、先の神戸委員会と公衆衛生福祉局のやりとりにも見られるように、地方分権を進めるうえでも、すでに福祉国家型中央－地方関係の存在を意識せざるをえなくなっていたこと、などからして、この時期に形成された機能的集権体制をもって、現代福祉国家型の中央－地方関係の確立ととらえてよいだろう。そして、ここで成立した中央－地方関係を基盤として、以後の福祉国家が展開していくことになるのである。

---

106) 福祉国家における中央－地方関係については、西尾前掲「集権と分権」429頁以下を参照。

第4章　機能的集権体制の中の総務省:「連動システム」の形成とその管理

　これまで本書は、「内務省－府県体制の終焉と機能的集権化の進展」というシェーマで昭和前半期における日本の集権体制の変容を描いてきた。本書の主旨に同意されるかどうかは読者の判断を仰ぐよりほかないが、読者には、仮にこのシェーマを受け入れるにしても、おそらく次のような疑問点が残ることだろう。なるほどこの時期に日本の集権体制が変容したことはわかった。しかし、内務省－府県体制の終焉を強調し、知事に対する内務大臣の人事統制を中核とするかつての集権体制が機能的集権体制へ変容したというのであれば、内務省地方局の後継官庁である総務省が機能的集権体制の中で現在いかなる役割を果たしているかについて論ずる必要があるのではないかと。

　そこで、本章では、内務省地方局の後継官庁である総務省が、現在の中央－地方関係の中でいかなる機能を果たしているか、また総務省はそうした機能をいかに獲得してきたかについて論じることにしたい。なお、総務省は、2001年1月6日に旧総務庁、旧自治省、旧郵政省などを統合して発足したが、本章で総務省というとき、もっぱら旧自治省系の総務省自治財政局、自治行政局、自治税務局の3局を指すものとする。また、総務省誕生前の自治省、自治庁、地方自治庁、地方財政委員会などの機能や権限に話題が及ぶ場合でも、煩雑を避けるため、便宜上、一括して「総務省」として論じることがあることを、あらかじめ断っておく。旧内務省地方局の後継官庁の変遷については、**図表4－1**に示したので、適宜ご参照いただきたい。

　いうまでもなく、総務省は、地方自治の〈一般的事項〉を所管する官庁である。しかし、いうまでもなく、地方自治にかかわる官庁は総務省だけではない。自治体は、〈個別行政〉に関して、例えば、文教行政であれば文部科学省、衛生・福祉行政であれば厚生労働省、道路・河川行政であれば国土交通省、農政であ

図表 4 − 1　旧内務省地方局の後継官庁（2001年の省庁改革前まで）

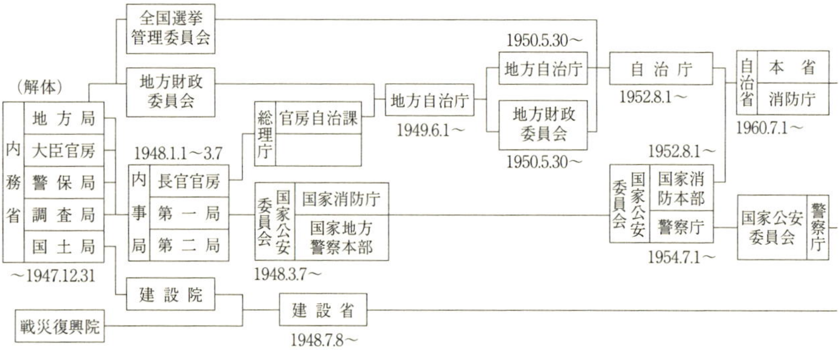

出典：片山虎之介「新内政省試論（1）」（『自治研究』第41巻第2号、1965年）57頁より作成。

れば農水省というように、それぞれの行政分野に応じて、さまざまな局面で個別の省庁と関係をもっている。本書では戦時期から占領期にかけて機能的集権化が進展したことを強調してきたが、もし機能的集権化が完全に貫徹されることになれば、自治体と中央政府との関係は個別の行政機能ごとのタテワリの関係のみということになり、地方自治の〈一般的事項〉を所管する官庁はその存在意義を失い、総務省はまったく無力な官庁になっていたはずである。かつて内務省地方局は知事の人事を通じて地方を統制していた。しかし、現在の総務省はこの権限を持ち合わせていない。そこで、ここでの問題は、補助金などによる各省の個別的な実施統制手段が整備され、機能的集権体制が形成されてゆくなかで、地方自治の〈一般的事項〉を所管する旧内務省地方局の後継官庁は、自らの役割をいかに形成してきたかということになる。[1]

　総務省は、①自治体の効率的行財政運営の指導、②地方財政の財源確保の2点において、機能的集権体制のなかで重要な役割を果たしている。そして、後

1）　なお、挫折した企てではあるが、戦後の旧内務省地方局の後継官庁は、一時期、戦前型の包括的集権体制を、府県ではなく道州を単位として実現しようと試みたことがあった。1957（昭和32）年の第4次地方制度調査会の「地方」制の答申に至る動きがそれである。これについては、市川前掲「昭和前期の府県行政と府県制度（4）」、および市川喜崇「道州制・都道府県論の系譜」日本地方自治学会編『道州制と地方自治』（敬文堂、2005年）参照。

第4章　機能的集権体制の中の総務省：「連動システム」の形成とその管理

に述べるように、この両者の機能は、実は密接な関連をもっている。

このうち、①にとって重要なことは、1952（昭和27）年の地方自治法改正によって、自治体に、組織・運営の合理化に関する努力義務が課されたこと、および、自治体の組織・運営の合理化に関する内閣総理大臣（自治省設置後は自治大臣、現行規定では総務大臣）または知事の助言・勧告権が規定されたことである。この規定をひとつの拠り所として、総務省は、定員管理や給与水準、広域行政などについて、これまで自治体を繰り返し指導してきた。また、同様の観点から、いわゆる「昭和の大合併」と「平成の大合併」と呼ばれる2度の大規模な市町村合併促進政策を遂行してきた。

しかし、総務省にとってより重要なのは、②の機能である。総務省は、この機能を果たし、また発展させることによって、機能的集権体制のなかに自らを適応させていった。この点で重要なことは、1940（昭和15）年に誕生した地方財政調整制度のその後の展開である。地方財政調整制度の管理・運営は、地方自治の〈一般的事項〉の所管官庁である総務省にとって、最重要の機能のひとつである。

総務省は、1940年に形成された地方税財政制度を精緻化していくことで、機能的集権体制における自らの役割を確立していった。本書第2章3節（4）でふれたように、戦時期に、それまでの原則が転換し、国政事務を地方の負担において実施させる方式（自己調達主義）から、国が財源を与えて地方に事務を実施させる方式（財源保障主義）へとかわっていった。戦時行政にしても、また戦後の福祉国家的な行政にしても、その性質上、全国的に遺漏なく行われなければならないものであった。そのためには、自治体に財政力を付与しなければならず、積極的な財源保障が求められることになった。〈個別行政〉において機能的集権化が進展し、各省による個別機能別の実施統制手段がいくら整備されたところで、十分な財源がなければ、自治体は事務を実施に移すことができないからである。ここに、地方自治の〈一般的事項〉の所管官庁が機能的集権体制のなかに自らの役割を見出すひとつの根拠があったのである。総務省は、戦時期に導入された地方財政調整制度を精緻化し、財源保障機能を強化するこ

2）　総務省による自治体の給与水準の指導については、稲継前掲書第Ⅱ部、および西村美香『日本の公務員給与政策』（東京大学出版会、1999年）参照。

とによって、機能的集権体制に対応していった。

この文脈で最重要な出来事は、1950（昭和25）年度のいわゆるシャウプ改革によって、新たな地方財政調整制度である地方財政平衡交付金が創設され、従来にはない新規の財政調整方式が採用されたことである。

かつての地方分与税制度における財政調整方式はきわめて単純なものであり、地方団体の課税力と割増人口に応じて配分がなされていた（第2章3節（4）参照）。これに対して、よく知られているように、地方財政平衡交付金（および現行の地方交付税）では、個々の自治体の財政需要の把握にあたって、小学校費、生活保護費、道路費などをはじめとする個別の行政項目ごとに、〈測定単位×単位費用×補正係数〉を算出したものを合計し、自治体ごとの基準財政需要額を算定する方式がとられている（個別算定積み上げ方式）。シャウプ勧告の提起したこの方式は、従来の方式と比べて格段に精度の高い財源保障と財政調整を可能にした。[3]

個別算定積み上げ方式は、現代の複雑膨大化し、機能分化した地方行政を精密に捕捉するうえできわめて好都合な制度である。いうまでもなく、これは実額を算定するものではなく「標準」を算定するものであるが、その「標準」の算定にあたって、国庫負担金のウラ負担が、単位費用の積算基礎のひとつに加えられている。[4]各行政項目の「合理的かつ妥当な水準」（地方交付税法2条）が、各省の所管する国庫負担金によって規定され、地方財政調整制度が国庫負担金制度と完全にリンクするようになった。このことに象徴的に示されているように、個別算定積み上げ方式は、各省の推し進める機能的集権化を前提とし、そ

3） 地方財政平衡交付金は、創設4年後の1954（昭和29）年に、現行の地方交付税へ変更された。これまで、平衡交付金から地方交付税への制度変更によって財源保障機能が低下したという見解が長く研究者のあいだの通説であった。しかし、その後の研究によると、必ずしもそうとはいえず、むしろ現行の交付税制度の方が結果的に地方財政に有利な制度であったといえるようである。かつての通説を代表するものとしては、藤田武夫『現代日本地方財政史（中巻）』（日本評論社、1978年）83-97頁、また、その後の研究を代表するものとしては、田辺国昭「1950年代における地方財政調整制度の構造と変容」日本政治学会編『戦後国家の形成と経済発展』（岩波書店、1992年）、今井勝人『現代日本の政府間財政関係』（東京大学出版会、1993年）67頁、持田前掲書259-266、294-298頁などがある。

第 4 章　機能的集権体制の中の総務省:「連動システム」の形成とその管理

こで必要とされる「標準」を算定根拠としているのである。もちろん、基準財政需要額には、補助事業だけでなく単独事業も、委任事務だけでなく固有事務も、義務的経費だけでなく随意的経費も積算されている。その意味で、各省による機能的集権化のみに奉仕する制度ではないが、機能的集権化を「前提」とした制度であることは間違いない。

　個別算定積み上げ方式が採用されたことは、地方自治の〈一般的事項〉の所管官庁である総務省が、〈個別行政〉を財政的に捕捉する手段を得たという意

　　　地方財政平衡交付金の場合、シャウプ勧告の示した方式は、自治体ごとに算定した財源不足額の総和を国が平衡交付金として交付するという、いわゆる「下からの積み上げ方式」であった。これに対して、現行の地方交付税制度では、地方交付税の原資は主要国税の一定割合とあらかじめ定められているため、景気変動による税収の増減の影響を被りやすく、必要額が確保されない可能性があるというのが、地方交付税制度の財源保障機能を低く見る説の論拠であった。しかし、その後の交付税制度の実際を見るかぎり、この批判は妥当しなかったといってよい。第 1 に、平衡交付金の場合、そもそもその制定当初から、技術的な困難性によりシャウプの求めた「下からの積み上げ方式」はとられず、実際には地方財政計画によるマクロな総額算定方式がとられていたのであり（石原信雄『新地方財政調整制度論』（ぎょうせい、2000年）216頁）、その意味で、現行の財源確保の方式と同様の方式がとられていたこと、第 2 に、平衡交付金は、地方財政の必要額の総額確保という高邁な理念にもかかわらず、実態は、地方財政委員会の算定した交付金総額が要求どおり認められた年度はなく、常に大蔵省によって減額査定されていたこと（柴田護『自治の流れの中で　戦後地方税財政外史』（ぎょうせい、1975年）、田辺前掲論文）、第 3 に、地方交付税が所得税と法人税という弾力性の高い租税と結びついたことにより経済成長の果実を最大限に享受することができたこと（今井前掲書67-68頁）、第 4 に、現実には国税 3 税（消費税導入後は国税 5 税）の一定割合がそのまま交付税の総額になっているわけではなく、一般会計と交付税特別会計とのあいだの貸し借りなどの措置がとられてきたことなどによる事実上の年度間調整がなされており（持田前掲書259-266、294-298頁、今井前掲書115-128頁）、景気変動の影響を吸収していることなどがいえるからである。
　　　もっとも、こうした議論が成り立つのも基本的に前世紀までのことであり、今世紀になってからは、低成長の長期化による交付税原資である国税 5 税の税収不振、高齢化の進展による社会保障需要の増加による地方財政需要の増大、平成不況対策や財源不足の肩代わりとして発行された地方債償還費の圧迫による政策的経費の浸食、そうした中にあって後述の場当たり的・一時的手法がとられ続け抜本的解決策がとられないことなどによって、地方交付税の財源保障機能が低下していることは否めない。
　 4 ）　これは、1952（昭和27）年 5 月の地方財政法の改正で第11条の 2 の規定が新設されたことによる。藤田前掲『現代日本地方財政史（中巻）』46-47頁。

味でも、重要である。このことは、総務省が各省の〈個別行政〉に介入しているという意味ではない。個別算定積み上げ方式が採用されたことは、それが、後述の地方債の起債許可権（2006年度以降は起債の協議）と連動して運用されることによって、総務省に、自治体の投資的経費に対するきわめて大きな誘導手段を与えることになったのである。これについては、後に改めてふれることにする。

さて、地方財政計画も、個別算定積み上げ方式とならんで、機能的集権体制の維持にとって重要な役割を果たしている。地方財政計画は、地方財政平衡交付金法（現地方交付税法）制定によって法的根拠を与えられた制度である。政府は、毎年度、地方財政計画を策定し、国会に提出することが義務づけられている。

地方財政計画の最大の目的は、地方財政のマクロな収支見通しを立てることである。計画の策定過程で、収支に不足が見込まれる場合は、その確保が図られることになる。元自治官僚の解説書によると、国会提出が財源確保のある種の担保になっているという。不足額がありながら国会に提出することは、実際上不可能だからである。[5] 地方財政平衡交付金法によって地方財政計画の策定が義務づけられたことによって、地方財政のマクロな総額確保[6]を図ることが、総務省の新たな制度的使命として確立されることになった。

地方財政計画は、実は、地方財政平衡交付金が創設される2年前の1948（昭和23）年の段階で、法的根拠はなかったものの、すでに最初のものが策定されている。[7] 1948年の時点でこの制度が事実上始まったのは、占領改革による新規

---

5) 石原前掲書217頁。
6) 「総額確保」といっても、いわゆる「下からの積み上げ方式」が額面どおりの意味で実現しているわけではない。現実には、技術的な理由から、ミクロの積算よりもマクロの見積りが前置し、またマクロの総額確保は後述の「地方財政折衝」に依存するからである。これについて、詳しくは小西砂千夫『政権交代と地方財政——改革のあり方と制度理解の視座』（ミネルヴァ書房、2012年）を参照。

しかし、他方で、交付税が「積み上げ方式」を算定の基礎としていることは、その根幹的な制度理念であり、この点は十分に強調されなければならない。交付税が財政調整機能のみでなく財源保障機能をも果たしうる最大の制度的根拠となっているからである。

の事務の急増と当時の不安定な経済状況を背景として、マクロな財源確保を図り自治体の施策の円滑な実施を促進するという意図によるものであったといぅ。その意味で、この制度も、やはり、当時著しく進行した機能的集権化を前提とし、まさに形成されつつあった機能的集権体制のマクロ・レベルの財源保障を目的としたものであったといってよいだろう。

　総務省が地方財政計画の策定過程において、マクロな財源確保を図るうえで重要となるのが、財務省との関係である。

　総務省による収支見通しは、概略次のように行われる。歳入については、地方税収入の増減、地方譲与税・地方交付税の増減、使用料・手数料・雑収入の増減、各省の国庫支出金の増減などを予測するとともに、財務省と協議のうえ地方債計画を策定し、地方債の総額決定を行う。これらを足しあわせて歳入総額を算定する。歳出については、各省の政策動向なども睨みながら一般行政経費と投資的経費の増減を予測し、さらに給与費、公債費、維持補修費、公営企業繰出金などの増減を見積もり、総額を算定する。そして、このマクロ的に算出した歳入と歳出の合計額が一致するように財源対策（いわゆる「地方財政対策」）を講ずるのである。財源不足対策としてこれまでとられてきた措置は、交付税率の引き上げ、交付税特別会計の一般会計からの借入れおよび臨時の加算や特例交付金などによる交付税額の増額、地方税率の引き上げ、地方債の増発など

7）　石原前掲書によれば、地方財政計画が初めて策定されたのは1948年のことである。1950年の地方財政平衡交付金法7条によって法的根拠をもつようになり、現在の地方交付税法に受け継がれている。同書215-217頁。なお、青木ほかによれば、地方財政全体の収支状況についての粗い試算は、すでに1946年頃から行われていたという。青木信之＝飯泉嘉門＝平井伸治『地方財政制度〈地方自治総合講座7〉』（ぎょうせい、2000年）107頁。なお、この点については、奥野誠亮「〈インタヴュー〉戦後の地方税財政制度の構築期を振り返って（前編）」聞き手：井手英策＝平嶋彰英『地方財政』50巻4号（2011年）19-22頁も参照。

8）　石原前掲書。

9）　北村亘『地方財政の行政学的分析』（有斐閣、2009年）は、総務省と財務省とのあいだで毎年度行われるいわゆる地方財政折衝の政治過程を通時的に分析した優れた研究である。

10）　地方債計画については、志村哲也『地方債 現代地方自治全集⑬』（ぎょうせい、1979年）149-177頁、平嶋彰英＝植田浩『地方債〈地方自治総合講座9〉』（ぎょうせい、2001年）83-86頁参照。

第Ⅱ部：歴史篇　集権体制の変容

であった[11]。これらのメニューは時代によって変遷しており、例えば、かつて多用されていた交付税特別会計の一般会計からの借入れは現在では行われておらず、代わって、特例加算と臨時財政対策債によるいわゆる「折半ルール」が採用されている[12]。

これらの多くが国庫からの財政移転をともなうため、財務省と総務省とのあいだで激しいやりとりが交わされる。とりわけ、国家財政も地方財政もともに窮状にあった昭和30（1955）年前後と昭和50年代、および平成期がそうであり、自治・大蔵間の認識の共有が未成熟であった昭和30年前後は地方歳出の総額算定の妥当性などをめぐって、低成長経済の持続が必然となった昭和50年代は、交付税率の引き上げを求める自治省と、財源措置の恒久化を嫌い地方債の増発などで間に合わせようとする大蔵省とのあいだで、また、平成期には、基準財政需要額の「過大算定」を指摘する財務省とそれに反論する総務省とのあいだで厳しいやりとりが交わされてきた[13]。このように、現行システムの下では、地方財政のマクロな財源確保が、地方自治の〈一般的事項〉の所管官庁と国家財政当局である大蔵省（財務省）との交渉（いわゆる「地方財政折衝」）に委ねられるため、自治体側は、いきおい前者の官庁の強力化を求めることになる。旧内務省地方局の後継官庁は、地方自治庁と地方財政委員会と全国選挙管理委員会に三分されていたものが1952（昭和27）年に自治庁に統一され、また、1960（昭和35）年には自治省へと昇格したが、これを後押ししたのは地方六団体であった。

このように、総務省は、自治体の支持と要求を背景に財務省と交渉する。そのかぎりでは、総務省は自治体の利益代弁者であるが、総務省には、実はもうひとつの側面がある。総務省は、地方財政の財源確保を国庫に依存している関係上、交渉相手を納得させ、要求を勝ち取る見返りとして、自治体の財政状況をチェックし、放漫財政批判を受けることのないように厳しく監視している[14]。

---

11)　財源対策メニューの詳しい内容について、昭和50年代初頭までに関しては、柿本善也『地方財政制度 現代地方自治全集⑪』（ぎょうせい、1977年）383-396頁参照。また、最近のものについては、出井信夫ほか編『図説 地方財政データブック（平成20年度版）』（学陽書房、2008年）182-187頁なども参照。

12)　折半ルールについては、小西前掲書118頁などを参照。

13)　昭和30年前後の交渉と地方財政対策については柴田前掲書、昭和50年代およびそれ以後については、石原前掲書144-211頁、今井前掲書115-128頁参照。

第4章　機能的集権体制の中の総務省：「連動システム」の形成とその管理

図表 4 − 2　自治庁の組織環境

　　　　　　　交　渉　　　　　　　　統　制
　大蔵省 ◀─────▶ 自治庁 ─────────▶ 地方自治体
　　　　　　　　　　　　　　要求と支持

出典：本章註 3 の田辺論文118頁。

　例えば、総務省は、自治体の定員管理や給与水準の「適正化」などをきわめて熱心に指導している。先に、総務省には①自治体の効率的行政運営の指導と②地方財政の財源確保の 2 つの主要な機能があり、両者は密接に関連していると述べたが、それは、こうした意味合いにおいてである。

　図表 4 − 2 は、田辺国昭が以上の連関を図式化したものである。このモデルは、1950年代の地方財政調整制度をめぐる当時の自治庁と大蔵省の関係を示したものであるが、この関係は、通時的に成り立つと考えてよいだろう[15]。

　さて、地方財政計画の目的のひとつは、地方財政の大局的な収支見通しを立て財源不足が予測される場合にその対策を講じることであるが、もうひとつは、政府の予算編成や財政運営の方針を地方財政に反映させることである。

　地方財政計画は、個々の政策における国と地方の整合性の確保というレベルにとどまらず、広く国の経済政策や財政方針を地方財政に浸透させるという、マクロ経済政策的な機能も果たしている。そもそも、財務省との交渉などを通じて確定する地方財政の総額規模が、それ自体としてマクロ経済政策的な意味

---

14)　田辺前掲論文。図表 4 − 2 も同論文による。この論文は、自治庁（総務省）という組織の置かれている二面的な決定環境を指摘している。

15)　このモデルの示唆するところは、財政状況が厳しいほど、総務省の自治体に対する統制は厳しくならざるをえないということである。一般に地方財政が厳しいときは国の財政も厳しい。財務省は、地方交付税の抑制を図ることで国家財政の確保を図ろうとし、総務省に対する交渉態度は厳しいものとなる。こうしたなかで、総務省は、従来以上に自治体に効率性と財政規律の維持に努めさせ、またそのことを対外的に示していかなければならなくなる。とりわけ、政権自身も交付税総額の抑制に強い関心を示すようになると、総務省は、財務省のみならず、政権に対しても自らの努力を積極的にアピールしていかなければならなくなる。
　　筆者には、平成の大合併をめぐる総務省の態度は、基本的にこの図式で説明できるように思われる。これについては、市川喜崇「市町村総合行政主体論と『平成の大合併』──市町村自己完結主義の批判と『総合性』の擁護」寄本勝美＝小原隆治編『新しい公共と自治の現場』（コモンズ、2011年）参照。

をもっている。なお記憶に新しいように、新自由主義的な小泉政権のもとで、地方財政計画の総額は、5年間で6兆円以上減少した。逆に、それに先立つ10年ほどのあいだは、地方財政は平成不況対策のために積極的に動員された[16]。これらの規範的な評価――きわめて重要な問題であるが――は措くとして、いずれにしても、地方財政計画の策定を通じて、地方財政が全体として国の政策に同調する機能が果たされており、また、それを可能にするためのさまざまな制度的な仕組みが、地方財政の随所に埋め込まれているのである。

　自治官僚出身の地方財政学者であった丸山高満は、「わが国における中央政府と地方団体との財政関係の最大の特質は、そのシステム化にある。国家財政や地方財政、さらには、個別団体も完全といってもいいほどの1つの体系的な連動システムに組み込まれて」いると評している[17]。ここでは、丸山の議論に依拠しつつも、これを筆者なりに敷衍して、「連動システム」を論じることにしたい。

　丸山によれば、連動システムを制度面で支えているのは、次の3つであるという。ひとつは、地方税法のコントロールを通じて国税と地方税の税収と税負担の調整がなされていることである。第2に、各大臣は、自治体の負担をともなう法令の閣議請議前に総務大臣の意見を求めなければならないとされており（地方財政法21条）、また、自治体の負担をともなう事務経費の予算要求見積書を財務大臣に提出する際、総務大臣の意見を求めなければならないとされていることである（同22条）。これらの手続きによって、各省の政策が自治体に課される際の財政負担の保障が図られるという[18]。

　そして、丸山は、システム化の第3の、そして最大の保障として、「毎年度の地方財政計画の策定を通じて行われる地方財政対策」[19]を挙げている。丸山のいうように、地方財政計画は、連動システムをマクロ・レベルで支える最も重

---

16) 地方財政が景気対策の手段として使われていることに関しては、林健久の以下の論稿を参照。林健久「地方財政と景気政策」『地方財政』37巻5号（1998年）。
17) 丸山高満「日本における政府間財政関係」大島＝宮本＝林編『政府間財政関係論』（有斐閣、1989年）7-10頁。
18) もっとも、元自治官僚の著作中のさまざまな「苦労話」は、この機能が必ずしも常に首尾よく果たされてきたわけでないことを示唆している。柴田前掲書。

第 4 章　機能的集権体制の中の総務省：「連動システム」の形成とその管理

要なものであるといえるだろう。地方財政計画により、国の政策と地方財政との整合性が図られ、必要な財源が確保されているからである。丸山によれば、この過程で、上記地方財政法21・22条の規定による各省と総務省との協議が重要な役割を果たしており、各種施策で自治体負担をともなうものは、地方財政計画に盛り込まれ、地方交付税の算定を通じて、自治体が実施する担保となっているという。また、地方債の起債統制についても、この文脈で理解することができるという。そこで、次に、起債統制による地方財政の誘導をみることにしたい[20]。

総務大臣による地方債の起債許可権（2006年度以降は起債の協議[21]）は、連動システムを支える要素のひとつとして、きわめて重要な機能を果たしている。財政学者の佐藤進によると、戦時期以前の段階でも政府による起債許可制度はあったが、起債は、支払能力を基準として大まかに認められていたという[22]。ところが、戦時期になり、資金を計画的に配分しなければならなくなったことにともない、1940（昭和15）年、政府の起債計画に基づく許可方式が導入され、これが戦後の起債統制へと引き継がれていくことになった[23]。

総務省による起債統制は、大きく 3 つの局面で活用されている。

第 1 は、自治体の財政規律の維持である。総務省は、実質公債費比率などの数値を設定し、これらと起債許可権などをあわせて運用することで、自治体の財政規律の維持や財政健全化などを図っている。

第 2 は、地方財政の誘導である。総務省は、毎年度、「地方債計画」を策定し、地方債の事業別計画額をマクロ・レベルで定めるとともに、資金手当の内訳を決める。起債許可（2006年度以降は起債の協議）は、現在では、かつての「一件

---

19)　丸山前掲論文 8 頁。
20)　地方債については、平嶋＝植田前掲書、飛田博史「地方債」和田＝星野＝青木編『現代の地方財政（第 3 版）』（有斐閣、2004年）などを参照。
21)　地方債協議制度については、その一部が見直しとなり、2012年度から、実質公債費比率などに関する一定の要件を満たす自治体の民間資金債について、協議が不要となり、原則として、事前届出制が適用されることになった。赤岩弘智「地方債協議制度の見直し——民間資金債に係る事前届出制の導入」『地方財務』693号（2012年）参照。
22)　佐藤進『地方財政総論（改訂版）』（税務経理協会、1993年）14頁。
23)　神野前掲論文238頁。

審査方式」に代わって、基本的に「枠配分方式」がとられている。自治体からするとよりソフトな統制手法であるが、地方債計画の事業別計画額に基づいて枠配分が行われているため、全体として地方財政をマクロに誘導する機能を果たしている。

　この点に関して、誘導機能の効果を高めてきたのが、起債統制と地方交付税の連動的運用である。基準財政需要額の投資的経費の算定は、当初はいわゆる減価償却費方式がとられていた。自治体がすでに一定の標準的な公共施設や社会基盤を保有しているものと仮定し、その更新費を年度割で算定する方式であった。しかし、この方式では、未整備状況にある施設やインフラ等の積極的な整備に対応できないことから、高度成長期以降、事業費補正方式がとられ、事業負担額の一部を直接算定するようになった。自治体が起債をする際の最大の躊躇要因は、後年度負担となる元利償還費の重圧である。事業費補正方式は、元利償還費の一部を直接算入することによって、この躊躇要因を大きく取り除くものである。これによって、自治体は従来と比べて起債事業に踏み出しやすくなったが、そのことは、同時に、起債許可制度のもつ誘導効果を大きく高めるものでもあった。この方式は、自治体にとって、特定の事業（起債事業）をすれば（後年度の）交付税支給額が増えるという制度であり、地方財政調整制度としての地方交付税が本来有するべき客観性・中立性を大きく損なうものではないかという批判が、当初からつきまとっていた。事業費補正方式は、当初は補助事業や過疎対策等に限定されて用いられており、その役割も、未整備状態にあったインフラ等の積極的な整備という目的に概ね限定されていたが、1980年代の後半頃から、いわゆる単独事業にも広く活用されるようになり、この制度の当初の導入意図を踏み外すような使われ方がされていった。

　さて、話を元に戻すと、総務省の起債統制による地方財政の誘導は、大きく次の3つの目的で行われてきた。（1）一般的な政策誘導である。学校、病院、福祉施設、道路、港湾、ダム等の整備を図るものであり、個別の政策の推進とその優先順位づけである。（2）国の景気対策への地方財政の動員である。これが大規模に行われたのは、既述のように、平成不況対策のときである。総務省は、自治体の単独事業を奨励し、起債を積極的に許可し、その後年度負担を先の事業費補正方式で基準財政需要額に算入することによって、自治体を国の景

気対策へと誘導していった。(3)総務省自身の推進する政策への誘導である。一例を挙げると、なお記憶に新しいように、総務省は、平成の大合併を推進するため、合併市町村に対して、合併関連事業の「合併特例債」の起債を認め、やはり事業費補正方式でその後年度負担を交付税措置することによって、多くの市町村を合併へと誘導していった。なお、事業費補正方式は、強い批判を受けたため、近年、その適用範囲の縮小と、標準事業費方式への転換が図られることとなった。[24]

　総務省による起債統制の活用の第3の局面は、地方債を、地方財政調整制度（地方交付税）の一時的な代替財源として利用していることである。

　地方交付税は、制度上は、必ずしも年度間調整を予定しているものではないが、実際には、原資と必要額の乖離が生じた場合、年度間調整が行われている[25]。地方債の代替財源としての利用は、その有力な方法のひとつである。具体的な手法としては、財源対策債[26]や、2001（平成13）年度から導入されている臨時財政対策債（いわゆる赤字地方債）などである。いずれも、基本的な考え方としては、本来は交付税として交付すべきものを、交付税原資等が不足するため、代わりに地方債の起債を認め、その元利償還費を後年度の交付税の基準財政需要額に算定することで代替させようというものである。この手法も、やはり、起債統制と地方交付税を連動して運用することによって可能になっているもののひとつである。地方債の代替財源としての利用は、いわば、ツケ送りによる

---

24)　坂越健一「事業費補正の見直しについて」『地方財政』49巻5号（2010年）。
25)　地方交付税は、国税5税（消費税導入前は国税3税）の一定割合を原資とし、これを自治体に交付するものである。税収（の一定割合）であるから、当然のことながら、景気変動の影響を受け、一般に景気悪化とともに減少する。他方で、交付税の実際の必要額（交付すべき額）は、景気悪化とともに増大する。景気悪化は、同じ論理で、自治体の税収を減少させ、自治体の財源不足額を増加させるからである。交付税は、原資が逼迫しているときに交付すべき額が増え、逆に、原資が潤沢なときに交付すべき額が減るのである。原資と必要額の乖離が構造化している制度であり、ここに年度間調整の必要性が生じる。
　　昭和50年代における年度間調整の実態については、今井前掲書115-128頁参照。
26)　建設事業の起債充当率の引き上げや起債対象事業の範囲の拡大等によって、必要額を地方債に「追い出す」手法であり、1975年度に最初に導入され、以後、1982、85、86、1989〜1993年度を除き、今日まで継続している。坂越前掲論文172頁。

後年度の交付税の先食いであり、あまり好ましい方式とは言えないだろう。

　もっとも、この手法も、循環型不況を原因とする原資不足への一時的な対応策としてであれば、それなりに合理性のある方式である[27]。かつてこの方式でやりくりできた時代もあった。しかし、近年のように、原資と必要額の乖離の原因が、経済不振の長期化による税収の低迷と、高齢化の進展による恒常的な財政需要の拡大という構造的要因に起因する場合、この方式の安易な採用は、地方債残高の雪だるま式拡大や、「先食い」による将来の交付税の実質的な目減りなどを招くことになる。近年の地方交付税の「危機」は、原資と必要額の構造的な乖離を、増税や交付税率の引き上げ等による恒常的な措置によらずに、一時的・場当たり的な手法でしのごうとしてきたことによるものであるといえる。

　以上、本章では、地方財政の財源確保と「連動システム」を中心に、総務省が機能的集権体制のなかで果たしている諸機能を確認してきた。

　これまで確認してきたことは、総務省は実に多彩な地方財政の誘導手段をもっているということである。このことは、日本の中央・地方政府歳出に占める地方政府歳出が、全体の約6割という大きな割合を占めていることとあわせて、総務省の役割をきわめて大きなものにしている。

　しかし、このことは決して、総務省をオールマイティにしているわけではない。総務省は、実に多くの制約要因、あるいは考慮要因のなかで誘導機能を果たしている。一方で各省の個別の政策の円滑な遂行を確保し、他方で財務省を相手に毎年度「地方財政折衝」をして「地方財政対策」を講じつつ、自治体に対し、必要財源の確保を図らなければならない。必要財源の「総額確保」は、総務省にとってのレーゾン・デートルである[28]。他方で、この機能を果たしているある種の見返りとして、自治体に対しては、効率的な行財政運営に努めさせ、財政規律を守らせている。さらに、政府のマクロ経済政策が大きく舵を切ると、多彩な誘導手段を駆使しつつ、地方財政をそれに同調させてきた。いずれも、

---

27) 註25参照。
28) 市川前掲「市町村総合行政主体論と『平成の大合併』」。

連動システムの管理者としての総務省の「立ち位置」が果たさせる機能である。

　総務省は、1940（昭和15）年以来、財源保障機能の徹底を図ることによって、地方財政と国政との連結、および地方税負担の平準化を推し進め、丸山高満のいう「1つの体系的な連動システム」を作り上げてきた。地方財政が各省の政策に振り回されることがないように配慮する一方で、各省の政策動向などを考慮しながら標準的な行政水準を設定し、その水準の確保に必要な財源の調達を図るべく、財務省と交渉し、それを自治体に配分するという機能を担っている。財源の配分基準の設定にあたっては、各省の政策動向や社会情勢の変化に対応しつつも、一定の自律性をもっている。

　総務省は、この精緻で複雑なシステムの結節点に位置し、その管理者としての役割を果たしている。総務省は、国政と地方財政の「連動システム」の管理者として自らを位置づけることによって、機能的集権体制のなかに役割を見出してきたのである。

第Ⅲ部　福祉国家と分権改革

第5章　中央−地方関係史の包括的再解釈

　本書はこれまで、戦時期から占領期にかけて筆者のいう機能的集権化が進展したこと、占領期における内務省−府県体制の終焉とあいまって、この時期に集権体制の「変容」が起こり、機能的集権体制が成立したこと、ここで成立した体制は福祉国家に適合的な中央−地方関係であったこと、占領改革で知事に対する人事権を喪失した旧内務省地方局の後継官庁（現総務省）は、財源保障機能の徹底を図り、国政と地方財政の精緻な連動システムを形成し、その管理者としての役割を見出すことによって、機能的集権体制へ適応していったことを確認してきた。

　この章では、第1に、以上のような歴史認識をとる場合、本書でこれまで詳しく扱うことができなかったその後の中央−地方関係論の展開や諸現象、諸改革論議などが、どのように再解釈されるべきかを論ずることにする。これらの諸現象や諸改革論議は、これまでは、従来の通説であった温存説に沿うかたちで理解されてきた。この章の目的のひとつは、変容説に基づいて、これらを整合的に解釈し直すことである。

　第2の目的は、最近の地方分権改革に関する考察である。温存説を棄却し、変容説をとる場合、最近実現した2000年分権改革と三位一体改革はどのようなものとして理解されるべきか、やはり整合的解釈を試みるものである。

　第3に、本章は、中央−地方関係史における日本的特殊性の問題に焦点を当てる。

　直後に詳しくふれることになるが、従来の戦後の中央−地方関係史理解は、機関委任事務制度の残存、および高度成長期の地域開発型の新中央集権という、2つの「日本的」現象ばかりに注目し、その結果、日本にも、諸外国と類似の、福祉国家型新中央集権化現象があったことを大きく見逃してきた。本書の執筆

第Ⅲ部　福祉国家と分権改革

動機のひとつも、こうした偏った認識を改めることであった。
　しかし、日本の中央－地方関係史には、上記２つの特殊要因が存在していたこともまた事実である。そこで、この章では、この２つの日本的特殊性を織り込んだうえで、全体として、日本の中央－地方関係史がどのように理解されるべきかを論ずることにしたい。
　第４に、この章では、福祉国家と中央集権の関係について再論する。第１章で、福祉国家は必然的に集権化をもたらすことを確認した。しかし、もし仮にそうであるとすると、福祉国家にコミットするかぎり、現在の集権体制を維持しなければならないのであろうか。福祉国家の進展にともなう新中央集権化は、同時に、中央－地方の共管領域の拡大として理解することが可能である。そこで、共管領域の拡大という視点を導入して、福祉国家における集権と分権の問題について考察することにしたい。

1　歴史篇のまとめ——集権体制の変容——

　はじめに、本書歴史篇の要点を簡単にまとめておきたい。
　戦前の集権体制は「温存」されたのではない。明治以来の旧い集権体制は、占領期に大きく「変容」し、機能的集権体制という、従来とはまったく異なる新しい集権体制が誕生した。変容は、（Ⅰ）占領期における旧体制（内務省－府県体制）の終焉と（Ⅱ）戦時期から占領期にかけての機能的集権化の進展という、相互に独立した２つの過程が組み合わされて起こることによって実現した。その結果、旧い「明治の集権」は、それとは異質な「昭和の集権」へと変容した。
　このうち、第１の過程は、内務省による統制が総司令部の民政局によってことごとく否認されることによって実現した。民政局は、内相による知事の人事権を否定し、地方団体の一般的監督権を否認し、最終的には内務省を解体させた。この過程で官僚の抵抗は見られたが、まったく成功しなかった。その結果、自治体の〈一般的事項〉の側面において、分権化が進んだ。
　これに対して、主として〈個別行政〉の分野で起きた第２の過程は、やや複雑であるが、次の８点にまとめられる。

① 日本における機能的集権化は、戦時期から占領期にかけて大きく進展している。それは、この時期に生じた政府機能の拡大と機能分化を背景とし、それらの機能分化した個別の行政を、専門的に、標準的に地方に実施させる要請から生じたものである。これまで、日本における現代的集権化の始まりは、高度成長期のいわゆる地域開発型の新中央集権であると一部で認識されてきた。しかし、新中央集権化の特色とされている出先機関の新設・拡充、機関委任事務の増大、補助金行政の拡大などは、いずれも戦時期から占領期にかけて顕著に出現している。
② 戦時期の機能的集権化は、戦時民生行政の展開と深く結びついている。軍事と民生の区分のあいまいな総力戦の時代を反映して、この時期に民生行政が増大しているが、それは中央集権的に実施された。
③ 自治体間の財政力格差の深刻化と戦時行政による国政事務の増大を背景として、1940（昭和15）年に国庫負担金制度の萌芽的な整備と日本初の本格的な地方財政調整制度の導入がなされた。戦時期に整備されたこの２つの制度は、戦後も存続し、精緻化された。この２つの制度は、ナショナル・ミニマムの維持を責務とする戦後の福祉国家にとってきわめて適合的であった。
④ 占領期の機能的集権化は、総司令部の諸セクションと日本の中央各省の合作であった。総司令部は、自治体の〈一般的事項〉については分権化を主導したが、〈個別行政〉において、諸セクションは、カウンターパートにあたる日本の中央各省と連携して機能的集権化を推進した。具体的には、補助金や必置規制を整備し、機関委任事務制度を多用して新たな政策を実施していった。また、出先機関の新設・拡充を積極的に後押しした。自治体の〈一般的事項〉における分権化と〈個別行政〉における集権化が同時併行的に起こったことに、占領期の特色を見出すことができる。
⑤ そのため、占領末期にシャウプ勧告と神戸勧告が補助金と機関委任事務の整理を課題にすると、総司令部の諸セクションは、自分たちの改革の「成果」を守るため、日本の中央各省とともに反対の側に回った。要するに、これら２つの勧告を推進したのも総司令部であるが（前者は経済科学局、

後者は民政局)、反対したもの総司令部であった（公衆衛生福祉局など)。総司令部も、日本の中央省庁に負けず劣らずセクショナリズムであった。
⑥ その意味で、シャウプ勧告と神戸勧告が改革の対象としたのは、一般に信じられているところとは異なり、決して「明治以来の集権体制」ではなく、形成されたばかりの新しい「昭和の機能的集権体制」であった。
⑦ 占領期に総司令部と厚生省の主導で社会保障行政が拡充されたこと、しかもそれが補助金と必置規制などの集権的な実施統制手段によっていたこと、加えて、③で述べたように、この時期に国庫負担金制度が整備され、また、精度の高い地方財政調整制度が導入されたことなどを考慮すると、占領期に福祉国家型集権体制が形成されたととらえることが妥当である。
⑧ 占領改革で知事に対する人事権と地方団体に対する一般的監督権を失った旧内務省地方局の後継官庁（現総務省）は、財源保障機能の徹底を図り、国政と地方財政の連動システムを形成し、その管理者としての役割を果たすことによって、機能的集権体制へ自らを適応させていった。地方財政計画とその策定過程で行われるいわゆる地方財政対策、〈個別行政〉を細部にわたって捕捉できる精緻な地方財政調整制度（地方交付税）の存在、およびそれによって可能となる地方債と地方交付税の一体的運用などが、総務省に多彩な地方財政誘導手段を与え、連動システムを精緻なものにするとともに、その管理者としての総務省にきわめて大きな役割を与えることになった。

　以上の結果、「明治以来の集権体制」は、それとはまったく別の「昭和の機能的集権体制」へと「変容」した。かつて蠟山政道は、1937（昭和12）年の著作の中で、「国家的監督又は統制の組織を……人事的結合に求めて、技術的方法に拠る監督又は統制を発達せしめなかったことは、我が統治組織の一大欠陥」[1]であると述べ、戦前の集権体制の特色を技術的統制手段の未発達に見出していた。「明治の集権」は人事統制と事後的矯正権が中心であり、現代の複雑膨大化した行政を自治体に遺漏なく実施させるには不向きな体制であった。こ

---

1) 蠟山前掲『地方行政論』102頁（再出)。

のように、戦前の集権体制は、自治体の〈一般的事項〉における集権と〈個別行政〉における技術的統制手段の未発達によって特色づけられるが、「昭和の集権」は、それとは反対に、自治体の〈一般的事項〉における分権と〈個別行政〉における技術的統制手段の著しい発達によって特色づけられるのである[2]。

2　中央－地方関係史の日本的特殊性

以上が、日本における集権体制の変容と、福祉国家型中央－地方関係の形成についての筆者の理解である。しかし、これだけではまだすべてを解明したことにはならない。日本の中央－地方関係の展開は、諸外国と比較して、2つの大きな特色をもっているからである。

（1）機関委任事務制度の残存

第1に、日本における現代国家型の新中央集権化（本書のいう機能的集権化）は、「明治以来」の機関委任事務制度を利用して推進された点である。機関委任事務制度は、占領改革を経て生き残ったほぼ唯一の明治型集権体制の「残滓」であるが、これが、補助金や必置規制などとともに、「昭和の集権」の重要な構成要素となっていった[3]。

これまで、機関委任事務制度が戦後も残存したことを主要な理由として、集権体制が「温存」されたという理解がなされてきた[4]。たしかに、規範的にみれ

---

[2]　さて、このように述べると、おそらく次のような反論が返ってこよう。現在でも、中央官僚の自治体への「出向」というかたちで、事実上の人事統制が続いているではないかと。「出向」を規範的にどうとらえるかは重要な論点であるが、少なくとも事実把握の次元に限定して述べれば、実態として、これを中央省庁による「押し付け」とのみとらえることには無理がある。いわゆる「押し付け」仮説では、都道府県間の出向官僚数の著しい違いを説明できないからである。この点については、稲継前掲書はしがき、第Ⅰ部はじめに、および第3章、とりわけ、82頁掲載の表3－3参照。稲継が述べるように、基本的には、受け入れ側（自治体側）の戦略的判断によって規定されていると理解すべきであろう。

[3]　機関委任事務制度が福祉国家型の中央集権化を支えるものとして機能したという視点は、久米郁男「機関委任事務制度はいかなる政策効果をもっていたのか」『季刊 行政管理研究』94号（2001年）の中でも提示されている。

ば、住民の公選で選出された自治体の長を国の下部機関と擬制するこの制度は、仮に国による一定の集権的な統制の必要性を認めるにしても、好ましい手法でなかったことは言うまでもない。その意味で、筆者も、2000年分権改革において、この制度が廃止されたことを高く評価するものである。

　しかし、規範的な評価と歴史把握は別である。歴史把握にとって重要なことは、機関委任事務という制度が存続したことが、この時期に起きた他の大きな制度変容全体のなかで、実質的にどのような意味をもったのかを正しく理解することである。

　占領期は、〈一般的事項〉における分権化と〈個別行政〉における集権化が同時に起きた。その結果、知事と府県庁高等官に対する内相の人事統制を中核とする戦前の集権体制は、各省の個別機能別の実施統制手段が発達した戦後の集権体制へ変容した。機関委任事務制度は、補助金や必置規制などとともに、昭和の新しい機能的集権体制を支えるひとつの構成要素となっていった。

　温存説は、機関委任事務制度の残存をもって旧い集権体制の存続ととらえ、また、この制度の存在が日本の地方自治にとってのきわめて大きな桎梏であると理解してきた。もしこの認識が正しければ、2000年分権改革でこの制度が廃止されたことによって、日本の地方自治の実態に大きな地殻変動的な変化が起きているはずである。分権改革後すでに10年余りが経過している。しかし、これまでのところ、そうした変化は観察されていない。仮にあったとしても、限定的なレベルにとどまっている。

　なぜそうしたことになったのか。それは、温存説が占領期における「変容」をとらえ損なったからである。機関委任事務制度の残存によって旧い集権体制が維持されたのではなく、この時期に他の要因によって成立した新しい機能的集権体制を担うひとつの要素として、機関委任事務制度は定着したのである。したがって、後に詳しく再論するように、機関委任事務制度を廃止した2000年分権改革は、明治以来の旧い集権体制を終焉させたのではなく、昭和の機能的集権体制を前提としつつ、それを編成替えしたものとして理解されるべきである。

　なお、機関委任事務が都道府県事務の約8割を占めていたという、いわゆる

　4）　本書第1章5節（1）②の赤木須留喜の項を参照。

機関委任事務8割説がかつて存在していたが、根拠が薄弱である。複数の調査は、これよりもはるかに少ない割合を報告している[5]。かつては広く信じられていた説であるが、現在では、少なくとも筆者の知るかぎり、明確にこの説をとる者は少なくなっている。

(2)「土建国家」と地域開発型新中央集権

　第2に、日本の場合、福祉国家とならんで、いわゆる「土建国家」も機能的集権化を推し進めた主要な要因であったことである。

　本書はこれまで、日本にも諸外国と類似の、福祉国家型の集権化現象が認められることを指摘してきた。しかし、他方で、これまで広く観察され、また指摘されてきたように、高度成長期に地域開発型の新中央集権化現象が起きていることもまた事実である。同じ現代国家型の新中央集権化ではあるが、こちらは、「土建国家」型、あるいは「公共事業大国」型の新中央集権化現象であるといえる。問題は、これを日本の中央－地方関係史のなかにどう位置づけるかである。

　いわゆる「土建国家」論は、これまで、主として次の3つの側面において注目され、理解されてきた。

　ひとつは、文字どおり、日本における公共事業支出の際立った多さである。

---

5) これまで、機関委任事務は都道府県の事務の約7～8割、市町村の事務の約3～4割を占めるという理解が学界でも一般にも広く流布してきた。政府の地方分権推進委員会も、「1次勧告」の中でこの説を採用した（「1次勧告」1章Ⅱ(1)）。

　しかし、鳥飼顯によると、この数値は、久世公堯「府県における地方自治の実態(1)」『自治研究』33巻2号（1957年）の記述が誤読された——具体的には国政事務（機関委任事務＋団体委任事務）を機関委任事務として読んでしまった——ことによるものである。鳥飼は、「誤読」の例として、辻清明『日本の地方自治』（岩波新書、1976年）194頁などを挙げている。

　鳥飼の試算によると、機関委任事務が千葉県の事務に占める割合は2割以下であったという。鳥飼顯「機関委任事務に関するいくつかの『通念』への疑問」『都市問題』88巻7号（1997年）。また、神奈川県がかつて実施した調査によると、機関委任事務の割合は約36％であった。神奈川県自治総合研究センター・研究チーム『指定都市と県』（神奈川県、1990年）。礒崎初仁「分権改革の焦点は都道府県にあり」西尾勝編『都道府県を変える！』（ぎょうせい、2000年）にも神奈川県調査のデータが引用されている。機関委任事務8割説が根拠に乏しいことは間違いなさそうである。

第Ⅲ部　福祉国家と分権改革

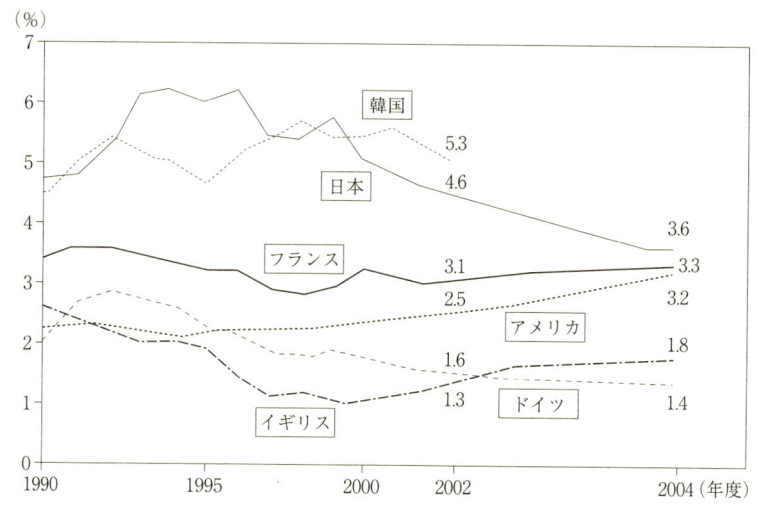

図表 5 − 1　一般政府総固定資本形成の対GDP比の国際比較

(%)
韓国 5.3
日本 4.6 → 3.6
フランス 3.1 → 3.3
2.5 → 3.2 アメリカ
1.6 → 1.8
イギリス 1.3 → 1.4 ドイツ

1990　1995　2000　2002　2004（年度）

出典：加茂利男「『利益誘導政治』は変わったか」『都市問題』97巻10号（2006年）。

　図表 5 − 1 は、先進諸国の一般政府総固定資本形成費の国際比較の経年変化を示したものである。ここからうかがえるように、小泉政権前の日本の公共事業支出は、韓国とともに、欧米諸国と比べて顕著に大きい。そして、この図表には出ていないが、日本の一般政府総固定資本形成費の大半は地方政府による支出であり、地方自治体が日本の土建国家を支えていたことがわかる。[6]
　第 2 に、土建国家は、自民党による利益誘導政治の文脈で理解されてきた。「土建国家」の名づけ親であるG. カーティスと石川真澄は、自民党国会議員が政権与党であることを利用して地元選挙区に公共事業の利益誘導を行い、そのことによって選挙基盤を強化し、それがまた自民党一党優位体制を磐石にしてい

6）　1997年度における公的資本形成費の対GDP比の国際比較データによると、日本6.6％（中央1.0％、地方5.6％）、アメリカ1.9％（連邦0.1％、州と地方1.8％）、カナダ2.2％（連邦0.3％、州と地方1.9％）、ドイツ1.9％（連邦0.2％、州と地方1.7％）、フランス2.5％（中央0.5％、地方2.0％）である。日本の公共事業支出は突出しており、なおかつ、その大半が地方政府による支出である。第27次地方制度調査会第32回専門小委員会配布資料 1 − 3〈地方財政の現状〉5 頁「地方財政のウェートの国際比較」より。

第5章　中央−地方関係史の包括的再解釈

くという循環を指摘している[7]。「与党が与党であることによって与党であり続けるシステム[8]」である。土建国家は、自民党長期政権の「秘密」として理解されてきた[9]。

　第3は、政治経済学的理解であり、福祉国家の機能的同等物（functional equivalent）として日本の公共事業支出の多さを理解しようとするものである。公共事業による後進地域への利益散布が、日本が、社会保障支出の少なさにもかかわらず、ある時期まで平等な社会を維持してきた「秘密」であるととらえられている。別形態の再分配国家として土建国家を位置づけようとするものであり[10]、最近の「資本主義の多様性[11]」の議論に連なる認識である。

　こうした議論について、本書は異を唱えるつもりはない。小泉政権前の日本が土建国家であったこと、それは政治経済学的にみて福祉国家の機能的同等物であったこと、公共事業をめぐって利益と票の交換が行われ、それが自民党の長期政権を支えてきたことは、いずれもそのとおりであろう。それらは、日本

---

7)　G. カーティス＝石川真澄『土建国家ニッポン』（光文社、1983年）。
8)　同5頁。
9)　この系譜に属する最近の研究として、斉藤淳『自民党長期政権の政治経済学——利益誘導政治の自己矛盾』（勁草書房、2010年）がある。ただし、斉藤の場合、高速道路や新幹線のような完成後に便益が一般化してしまう「公共財」と、除雪作業の請負のように選択的な便益の供与やその打ち切りが可能な「私的財」を分け、後者のタイプの利益誘導が、地域共同体による「監視機能」と結びつくことで、自民党の長期政権を可能にした要因であると論じている。
10)　北山俊哉「土建国家日本と資本主義の諸類型」『レヴァイアサン』32号（2003年）ほか。
　　なお、エステベス−アベの以下の著作は、本文で述べた第2と第3の見解をともに含みつつ、両者の連関を解明した業績である。Margarita Estévez-Abe, *Welfare and Capitalism in Postwar Japan* (New York: Cambridge University Press, 2008). 彼女は、日本において社会保障支出よりも公共事業支出などの機能的同等物による再分配が好まれてきた理由を、日本に特有な単記非移譲式複数議席選挙区制（中選挙区制）の存在と、その下での政治家の合理的選択に求めている。彼女のモデルは、他の先進諸国をも射程に収めており、安易な「経路依存」論的な説明に陥りがちな比較福祉国家論に、新機軸を打ち出すことに成功している。ただし、ここでは、公共事業は、機能的同等物の、重要ではあるがあくまでもひとつの要素として扱われており、いわゆる「土建国家」論に収まるものではない。
11)　Peter A. Hall & David Soskice, *Varieties of Capitalism: The Institutional Foundations of Comparative Advantage* (Oxford: Oxford University Press, 2001).

政治の国際比較的に見たユニークさへの注目でもあった。地味で目立たぬ日本の福祉国家よりも、華々しい（おぞましい？）政治現象をともなっていた土建国家に耳目が集まるのはある意味で当然であった。福祉国家型の新中央集権化がこれまでほとんど注目されず、高度成長期の地域開発型の新中央集権化現象ばかりに研究者の関心が集中したのも、おそらく同じ理由によるものであろう。

しかし、土建国家の存在は、決して、福祉国家の存在を否定するものではない。日本は、土建国家であると同時に、福祉国家でもあった。であるならば、土建国家型の中央－地方関係が、これまで日本の中央－地方関係史の中に明確にその位置を与えられてきたように、福祉国家型の中央－地方関係も、日本の中央－地方関係史の中に、明確にその位置を与えられなければならない。

さて、以上の議論を受けて、本書は、次のような立場をとるものである。福祉国家も土建国家もともに、日本における現代国家型の新中央集権化（本書のいう機能的集権化）を促す要因であった。福祉国家型の機能的集権化も土建国家型の機能的集権化も、ともに、1930年代以降に現れている。片方が色濃く現れている時期もあれば、両者がともに現れている時期もある。

日本における機能的集権化は、大まかに分類すると、次のように時期区分される[12]。

　日本における機能的集権化の展開
① 昭和恐慌対策の時局匡救事業＝土建国家化[13]
② 戦時民生行政＝（戦時）福祉国家化
③ 占領改革＝福祉国家化
④ 高度成長期以降＝土建国家化と福祉国家化

---

12) 福祉国家と土建国家と機能的集権化（新中央集権化）の関連について、より詳しくは、市川喜崇「中央－地方関係史のなかの分権改革――福祉国家における集権と分権」『季刊 行政管理研究』112号（2005年）9頁参照。ただし、ここでは、土建国家の代わりに「地域開発国家」という名称を用いている。

13) 本書2章2節（1）参照。もっとも、ここでただちに日本型「土建国家」が成立したというわけではない。多くの財政学者が指摘しているように、公共事業に偏した財政構造は、戦後になって形づくられたものだからである。金澤史男編著『現代の公共事業』（日本経済評論社、2002年）27-29頁。

図表 5－2　地方向け国庫補助負担金等（一般会計＋特別会計）

【平成10年度】　19.2 兆円（一般会計 16.1 兆円＋特別会計 3.1 兆円）

| 社会保障関係 8.6 | 文教・科学振興 3.4 | 公共事業関係 5.9 | その他 1.3 |

【平成15年度】　20.4 兆円（一般会計 17.5 兆円＋特別会計 2.9 兆円）

| 社会保障関係　11.1 | | | | | 文教・科学振興 3.2 義務教育費負担金 2.8 | 公共事業関係 5.1 | その他 1.0 |
| 老人医療 3.4 | 市町村国保 2.3 | 生活保護 1.5 | 介護保険 1.5 | 児童保護 0.8 | | | |

【平成20年度】　19.1 兆円（一般会計 16.7 兆円＋特別会計 2.4 兆円）

| 社会保障関係　12.4 | | | | | 文教・科振 2.0 義務教育費負担金 1.7 | 公共事業関係 3.9 | その他 0.7 |
| 老人医療 4.0 | 市町村国保 2.2 | 生活保護 2.0 | 介護保険 1.9 | 児童保護 0.4 | | | |

註：財務省資料より作成。
引用者註：農業関係補助金は、「公共事業関係」として分類されている。義務教育費負担金、児童保護などの金額の減少は、いわゆる三位一体改革による補助金削減と一般財源化の影響である。
出典：出井信夫ほか編『図説 地方財政データブック（昭和20年度版）』（学陽書房、2008年）より一部を抜粋。

　これまで、この中の④のみ、とりわけ土建国家化にともなう現象が日本における現代国家型の新中央集権化（本書のいう機能的集権化）であると理解されてきた。しかし、新中央集権化、すなわち、中央政府の主導による積極行政の全国化と〈個別行政〉の標準化という現象が起きたのは、本書の歴史叙述が明らかにしてきたように、決して高度成長期だけではない。日本における新中央集権化現象は、それよりもはるか以前から生じているのである。本書第1章の図表1－5からも、昭和20年代における機能的集権化が「福祉国家型」であり、高度成長期のものが「土建国家型」であることをうかがい知ることができるだろう。

　ちなみに、ここで国庫補助負担金等を手がかりに、現在の中央－地方財政関係における福祉国家と土建国家の状況を確認しておくと、図表5－2の示すように、1990年代末期の段階（平成10年度＝1998年度）で、すでに土建国家よりも福祉国家が優位であることがわかる。その後、介護保険の導入（2000年度）、高齢化の進展、生活保護受給者の増加、小泉政権下での公共事業費の削減などによって、土建国家に対する福祉国家の優位はさらに強まっている。

　以上をまとめると、日本においても、諸外国と同様に、福祉国家の進展にと

もなう現代国家型の新中央集権化が存在していた。しかし、これまでは、（1）機関委任事務制度の存在と（2）高度成長期の地域開発型の新中央集権化という2つの特殊日本的要因にのみ焦点が当てられ、極端にバランスの悪い歴史理解がなされてきた。日本にも他の先進諸国と同様の普遍的な歴史過程があったことが等閑視され、中央－地方関係史の中から不当に排除されてきたのである。

3　福祉国家と中央－地方の共管領域

　本書はこれまで、福祉国家の進展が中央集権化の推進を促すという諸外国で広く観察された現象が、日本において、いつ頃、どのような要因で起きたのかを探ってきた。そして、占領期に従来の集権体制が終焉し、新しい機能的集権体制が成立したこと、またそれが、福祉国家型集権体制の成立として理解できることを論じてきた。
　さて、仮にこのような認識をとる場合、以下のような疑問が起こってくる。集権体制が福祉国家と不可分の関係にあるとすると、現代において地方分権を企てることは反福祉国家的な動きなのだろうか。また、福祉国家にコミットするかぎり、地方分権化の動きに反対すべきなのだろうか。本節では、この問題を考察することにしたい[15]。
　福祉国家の進展にともない、中央政府は、さまざまな分野の行政サービスごとにナショナル・ミニマムを設定し、また、それを自治体に守らせるために各種の統制手段を整備してきた。しかし、それが行き過ぎると、自治体の自律性は大きく損なわれることになってしまう。そこで、福祉国家を維持しつつも、

---

14) 国庫補助負担金というのは、国庫補助金および国庫負担金の意である。国が自治体に支給する補助金（広義の補助金）の地方財政法上の名称は「国の支出金」（国庫支出金）である。国庫支出金は、さらに、国庫負担金（地方財政法10条、10条の2、10条の3）、国庫補助金（狭義の補助金；同16条）、国庫委託金（同10条の4）に3分類される。このうち、国庫委託金は、国政選挙、国勢調査等、もっぱら国の利害にかかわる事務の実施に要する経費をまかなうための財政移転である。

15) 本節では、福祉国家にとって一定の含意をもつ地方分権改革のみを扱っているが、実際の分権改革の類型はこれに尽きるものではない。分権改革の諸類型については、市川前掲「中央－地方関係と分権化」48-49頁参照。

そのもとで、中央政府による統制のあり方を見直し、地方政府の自律性を増大させていくことが現代国家の重要な課題となってくる。

　この課題は、決してたやすいものではない。中央政府による統制と自治体の自律性は、基本的にトレード・オフの関係にあるからである。したがって、結局のところ、問題となるのは両者の「兼ね合い」をどうするかである。焦点は、第1に、ナショナル・ミニマムの適用範囲をどこまで認めるかであり、第2に、その範囲内で、どのような関与の手段や手法を認めるかである。具体的には、個別の行政分野ごとに、中央政府による関与と自治体の自律性の必要性が比較衡量され、個々の統制手段の緩和や廃止が模索されることになる。

　しかし、「兼ね合い」とは、言い換えれば、原理的な解決方法がないということでもある。結局のところ、個々の行政分野ごとに、先の「比較衡量」がなされ、分権後の行政運営の実態を「予測」し、その予測結果がナショナル・ミニマムなどの観点からして受容可能なものであるかどうかが判断基準となる。より具体的にいえば、当該の行政分野を分権化し、自治体の自律性を増した場合、事務の実施が確保できるかどうか、またサービス水準等が確保されるかどうかなどが焦点となり、そうならない可能性、またそうならない場合にそれが許容されるべきものかどうか、あるいはどの程度ならば許容されるべきものかなどが争点となる。それは、個々の事務の性質ごとに判断せざるをえない問題である。いわゆる古典的地方自治の立場を原理的に信奉するのであればともかくとして、現代の福祉国家における地方分権改革の実現は、結局のところ、こうした膨大な各論をひとつずつ丁寧に検討していくという作業をとらざるをえない。ナショナル・ミニマムと自治体の自律性の調整が、ここでの課題である。

　もっとも、歴史篇で詳しく見てきたように、機能的集権化をもたらした要因のすべてが福祉国家に関連していたわけではない。機能的集権化をもたらしたのは、基本的には、戦時期以来の行政の膨張とそれにともなう専門分化であった。そのなかには、ナショナル・ミニマムという観点よりも、新規で不慣れな政策を自治体に実施させるための技術的な支援という性質のものも多数含まれていた。国主導で始まった政策の多くも、実質的に自治体の政策に同化し、実施を通じて自治体が習熟しているものも少なくない。そうした点を丁寧に考慮していくことも、また必要である。

これに加えて、近年においては、福祉国家が成熟段階を迎えていることにともない、貨幣給付による所得再分配政策から、介護や保育を中心とした現物サービス給付へと、社会保障政策の重心が移行しつつある。また、高齢化の進展にともなう後期高齢者の増加は、保健・医療・福祉の連携の必要性を増大させている。これらのことは、サービス給付の現場に近い基礎的自治体に、より多くの自律性を付与することを要求している。福祉国家の立ち上げ期に比べ、成熟期においては、サービス供給に関して、より分権的なアプローチが求められている。とはいえ、こうした変化はあくまでも相対的なものであり、機能的集権体制からの完全な離脱を要請する性質のものではない。国による一定の関与を認め、また、後に述べる国と自治体の共管領域を維持しつつ、その範囲内で、自治体の自律性の相対的な増加を要求するという性質のものである。

　さて、先の問題に戻ることにしたい。現代福祉国家における地方分権の企ては、反福祉国家的な動きとしてとらえられるべきなのかどうかである。

　原理的には、そうなる可能性は排除できないし、また、実際に、反福祉国家を意図した分権改革の企ても存在する。中央政府、あるいは連邦政府が、福祉国家に関連の深い行政分野について、地方政府や州政府に権限と責任を分権化し、同時にそれに関する財政責任を放棄すれば、また、全体として財政状況が逼迫しており、地方政府や州政府が転嫁された財政負担を肩代わりする余裕がなければ、それは、結果として、反福祉国家的な改革となるだろう。新自由主義的な分権改革である。アメリカ連邦制の分権化を目指したレーガン大統領による改革の試みは、結局は中途半端な結果に終わったものの、こうした方向性を目指したものとして理解することができる。

　これに対して、分権改革の当事者たちが、福祉国家維持という合意を共有し、先のような丁寧な検討作業をすれば、反福祉国家的な改革となる可能性は低いであろう。後に詳しく述べるように、2000年分権改革は、こうした改革の成功例として位置づけることができる。

---

16) 神野直彦＝金子勝編著『地方に税源を』(東洋経済新報社、1998年) ⅲ頁。
17) 秋月謙吾『行政・地方自治』(東京大学出版会、2001年) 166-173頁参照。また、これに関連して、片桐正俊『アメリカ財政の構造転換』(東洋経済新報社、2005年) は、最近の州と連邦政府間の「コスト・シフティング・ゲーム」を描き出した労作である。

諸外国の例としては、1980〜90年代に北欧諸国で行われ、日本でも広く紹介されたいわゆるフリー・コミューン実験が、この種の改革の試みであった。ハラール・ボルデシュハイムによると、北欧諸国がフリー・コミューン実験を取り入れたのは、福祉国家の進展によって集権化が行き過ぎてしまい、自治体の自律性が大きく損なわれてきた状況に風穴をあけることを意図したからである[18]。この改革では、一部の自治体について試験的に国の統制を緩和し、その結果を見たうえで全国的な分権化を行うかどうかを判断するという手法がとられた。これは、先に述べた「予測」を行うためのひとつの手法であった。

1950〜60年代に英国で実現した特定補助金の一般補助金化も、やはり、福祉国家におけるナショナル・ミニマムと地方政府の自律性の調整を意図した改革であった[19]。この改革は、当時の英国の補助金のほとんどを一般補助金化するという大胆で抜本的なものであった。トラバーズによれば、改革前は、この改革が福祉国家に逆行的な帰結をもたらすのではないかという懸念が表明されたという。実際には、大きな混乱や問題を引き起こすことなく改革は実現した。これだけ大掛かりな改革が円滑に実現したのは、おそらく、当時のイギリス行政の特色であった中央−地方間の専門家コミュニティが分野ごとに存在し、それらが規範と規準を共有していたからであろうと思われる[20]。直後に述べるように、本書は、中央−地方の共管領域が適切に成立し、それが維持されていることが、福祉国家のひとつの指標であると考えるものである。

さて、これまで、福祉国家における中央−地方関係について、主として統制の側面から論じてきた。ナショナル・ミニマム維持の観点から、中央政府は、

---

18) ハラール・ボルデシュハイムほか編『北欧の地方分権改革』（日本評論社、1995年）序章。

19) 高橋誠『現代イギリス地方行財政論』（有斐閣、1978年）196-206頁、Tony Travers, *The Politics of Local Government Finance*（London: Allen & Unwin, 1986）pp. 8-13.

20) イギリス行政の特徴として、これまで、中央政府と地方政府を貫く専門家コミュニティが分野ごとに発達し、それらが地方政府によるサービスの実施や水準の決定に強い影響力をもっていたことが指摘されてきた。もっとも、現在では、サッチャー政権におけるマネジャリアリズムの導入とブレア政権下でのその定着によって、専門家集団は大きく力を失ったというのが、イギリスの行政学者の一般的な認識である。これについては、例えば、Martin Laffin, 'Central-Local Relations in an Era of Governance: Towards a New Research Agenda', *Local Government Studies*, 35(1), 2009 参照。

個別行政分野ごとに技術的統制手段を発達させてきた。それは、自治体にとっては、自律性の低下を意味していた。しかし、ここに「関心」や「責任」という視点を加えると、別の像が立ち現れてくる。福祉国家における中央－地方関係は、国と自治体が関心と責任を共有する共管領域の拡大としてとらえることができるからである。[21] 中央政府は、ナショナル・ミニマム確保の観点から、自治体の実施する事務に強い関心をもつが、自治体の側も、当然のことながら、地域住民の福祉の向上に強い関心を有するからである。

　問題は、こうした状況を、実態的に、また規範的にどうとらえるかである。実態的には、これまでも、こうした現象は広く一般に認知されてきた。例えば、日本でもよく紹介されてきたように、アメリカでは、連邦－州－地方政府の政府間関係の変容を指摘する比喩として、しばしば、レイヤー・ケーキ型からマーブル・ケーキ型へという表現が用いられてきた。つまり、かつては、3者の政府の機能と責任が分離し、それぞれの政府が、相対的に相互に独立に事務を実施し、また財源を調達してきたが、これが、3者の政府の責任と機能が複雑に入り組んだ状態へと大きく変化したという認識である。そして、このような、責任の共有、あるいは共管領域の拡大という現象は、アメリカに限らず、福祉国家の進展とともに多くの国で観察された現象である。

　次に、こうした実態を規範的にどう評価するかである。もちろん、機能と責任が必要以上に錯綜するのは好ましいことではない。おそらく、この点については多くが同意するであろう。問題は、「共有」を原理的に排除するかどうかである。つまり、福祉国家において中央政府と地方政府のあいだで機能と責任の一定の共有が起きることを不可避な現象ととらえたうえで、それを前提としつつも、過度の錯綜や過度の統制を排除するというアプローチをとるのか、それとも、そもそも「共有」を認めず、責任の徹底的な分離を求めるのかが、ここでの問題である。筆者は、後者の態度を原理的にとることは、福祉国家にとって逆行的な帰結をもたらすものと考えている。

　福祉国家を前提として中央－地方関係の改革を試みるということは、国と地方の共管領域の存在を前提として、これを合理的に組み直すことである。一定

21）村松前掲書5章、西尾前掲「集権と分権」4節などを参照。

の「共有」を不可避のものとして受け入れながらも、過度の統制や過度の錯綜を排除していくというアプローチがとられることになる。もし「共有」を原理的に排除し、過去の単純な「分離」の世界への回帰を求めようとすれば、それは、先のレーガン改革の企てが示すように、新自由主義的な帰結をもたらすことになるだろう。

4　戦後の地方分権改革の諸構想と近年の分権改革の再解釈

　さて、以上のような認識を前提とすると、戦後の分権改革の諸構想と近年の分権改革はどのように再解釈されるだろうか。

　これまで、2つのことを確認してきた。ひとつは、日本における集権体制の変容である。占領期に旧体制が終焉し、それとは別の機能的集権体制が成立したこと、またそれは、福祉国家型の中央－地方関係の形成としてとらえられることである。もうひとつは、福祉国家においては、国と自治体の双方が関心と責任を共有する共管領域が拡大すること、したがって、福祉国家を前提とした分権改革は、この広範な共管領域の存在を前提としつつ、それを合理的に組替えるというアプローチをとらざるをえないことである。

　このような理解に立つとき、シャウプ勧告以降の戦後の地方分権改革の諸構想は、果たしてどのように再解釈されるべきだろうか。

（1）シャウプ勧告

　占領末期のシャウプ勧告（1949年）と神戸勧告（1950年）[22]は、これまで、知事公選制などを実現した占領初期の地方制度改革と一続きのものであると理解されてきた。それらは、「明治以来の集権国家」の解体を目指した一連の改革過程の最終局面にあたるという理解である。そして、シャウプ改革が不十分に終わったり、実現された改革についても数年後に揺り戻しに遭ったことや、神戸勧告による改革が挫折したことが、占領初期に機関委任事務制度が残存したこととあわせて、「明治以来の集権体制」の存続を許してしまったという理解がなされてきた。要するに、シャウプ勧告と神戸勧告は、温存説に沿うように理解されてきたのである。

しかし、シャウプ勧告が打破しようとしたのは、「明治以来の集権」ではなく、福祉国家型の「昭和の集権」であった。義務教育費国庫負担金、生活保護費負担金、児童保護費負担金などをはじめとして、勧告の整理しようとした補助金のほとんどは、占領下で作られたものであるか、遡れるにしてもせいぜいのところ戦時期までのものである（本書第3章2節（4）項参照）。これらの多くは、福祉国家におけるナショナル・ミニマムの確保を図ることを目的とした補助金であった。勧告は、現代の新しい行政とその実施体制にメスを入れようとしたのである。シャウプ勧告にとっての最大の困難は、一般に信じられてきたところとは異なり、勧告が相手にしたのが明治以来の「旧い集権」ではなく、当時形成されたばかりの昭和の「新しい集権」であったことである。シャウプ勧告の唱える補助金改革に最も強硬に反対したのが、総司令部の公衆衛生福祉局長として日本における衛生・福祉行政の確立に取り組んだクロフォード・F.サムズであったことは、この意味できわめて象徴的である。

これまで、シャウプ勧告と神戸勧告は一続きのものとして理解されてきた。それは、神戸勧告が、シャウプ勧告に基づいて設置された審議会による勧告であり、また、この審議会の検討指針としてシャウプ勧告が提示したいわゆるシャウプ3原則を受け継いでいるからである。しかし、今村都南雄が指摘しているように、両者のスタンスは、実は異なっていた。[23] 今村の指摘を筆者なりに敷衍すると、両者の違いは、神戸勧告が福祉国家の中央 - 地方関係を視野に収めているのに対して（本書第3章3節参照）、シャウプ勧告は福祉国家の中央 - 地方関係を視野に収めていないことである。

シャウプ勧告の最大の特徴は、福祉国家に特有な広範な共管領域の存在を認めていないことである。というよりも、シャウプ勧告の中には、そもそも福祉

---

22) シャウプ勧告と神戸勧告については、本書3章2節（4）でも扱っているので適宜参照されたい。そこでは、両勧告の概要、シャウプ勧告と地方財政法の「二重責任説」との関係、および総司令部が両勧告に対していかなる態度を示したかなどを中心に論じている。これに対して、本章では、福祉国家とりわけ共管領域との関連で両勧告を考察する。また、神戸勧告と福祉国家という論点は、占領改革の「小括」をしている3章3節でもとりあげているので、そちらもあわせて参照されたい。

23) 今村前掲『行政学の基礎理論』16章。

第5章　中央－地方関係史の包括的再解釈

国家という発想そのものが見られない。シャウプ勧告が福祉政策の重要性を理解していなかったわけではない。勧告はむしろ、福祉政策の推進にきわめて好意的な態度を示している[24]。しかし、筆者が別稿で明らかにしたとおり、行政責任明確化の原則を掲げ、国と自治体の責任領域が明確に分離された状態を理想とするシャウプ勧告には、社会保障を中央政府の責務とする視点は存在せず、したがって、ナショナル・ミニマムや共管領域といった発想はまったく見られない[25]。むしろ、福祉政策の実施は自治体の責務であるにもかかわらず、一部の貧困地域はそれを行う十分な財源がないから、一般財源としての地方財政平衡交付金が必要であるというのが、シャウプ勧告の論法であった。

シャウプ勧告は、現代の積極行政に対してきわめて肯定的な態度をとっていたにもかかわらず、福祉国家およびその下における共管領域という認識をまったくもっていなかった。それは、当時のアメリカがニュー・ディール改革後の

---

24)　例えば、勧告には次のような記述がある。
　「地方団体の事務は特に国民と密接なものがある。これらの行政事務のうちには、教育、病院、疾病の予防、衛生施設、救済、母子厚生、警察、消防、街路、リクリエイション、住宅および障害者のケアといったような重大な行政および施設が含まれている。それらは特に各個人のための機会とよりよき生活条件、より大なる保障および不幸の防止を与えようとするものである。日本またはいかなる国でもその将来における進歩と福祉とは、他の如何なる要素にも劣らず、地方団体の有効な行政の量と質とにかかっているのである」。Shoup Mission, *Report on Japanese Taxation* (Tokyo: General Headquarters, Supreme Commander for the Allied Powers, 1949) vol.III, pp. A 1-2.
25)　市川前掲「シャウプ勧告の今日的意義」。
　ところで、筆者の現在の見解は、2004年のこの論文で示したものと異なっているので、ここで簡単に断っておきたい。一言でいえば、拙稿で示したシャウプ勧告の性格規定については、現在でもまったく同じ見解を維持している。しかし、その規範的評価については考えを改めている。筆者は、現在では、共管領域の存在を認めないシャウプ勧告は、基本的に、福祉国家の理念と相容れないものと考えている。この点については、1章註33も参照。
　拙稿に対して山本公徳の批判があるが、以上の点をまず断っておく。次いで、山本は、「行政事務の共管化が否定されたにもかかわらず、シャウプ勧告が全体として新中央集権を退けていたわけではない」（142頁）と述べている。仮に山本のいう「行政事務の共管化」が本書のいう「共管領域」を指すのであれば、本書は、山本と、別の見解をとるものである。本書は、共管領域の存在は福祉国家（新中央集権）に不可欠の要素と考えているからである。山本公徳「シャウプ勧告における地方制度改革構想と現代地方自治」日本行政学会編『政権交代と官僚制』（ぎょうせい、2012年）。

まもない時期であり、この経験が理論的に十分に消化されていなかったためであろうと思われる。おそらく、勧告が念頭に置いていたのは、ニュー・ディール期に先立つ都市積極行政の時代であろう。行政史的に見ると、産業革命にともなう都市化と工業化の進展は、ただちに福祉国家を招来しなかった。19世紀後半の英米の大都市などを中心に、まず都市積極行政の時代が現れる[26]。当時の都市自治体は、産業革命後の急激な都市化と産業化への対応に迫られ、各種の都市基盤の整備を図るとともに、衛生・救貧政策を実施していく。他方で、この段階ではまだ、中央政府による生存権の保障という観念は希薄であった。その後、2度の世界大戦と大恐慌を契機として、福祉国家が成立する。福祉国家は、それまで一部の主要都市でのみ行われていた積極行政が、中央政府の手によって全国化する過程であるととらえることができる[27]。この過程で、中央政府の個別機能別の統制が自治体に及ぶようになり、また、それまで分離的であった中央政府と地方政府の責任と権限は、共有型ないしは混合型へと大きく変容することになる。俗にいうレイヤー・ケーキ型からマーブル・ケーキ型への変容である。

　シャウプ勧告の特異性は、分離型であった時代の都市積極行政を、福祉国家やナショナル・ミニマムという概念や手法を用いずに、地方財政平衡交付金という手段によって全国化しようと試みた点である。そして、3章2節で見たように、その試みは、形成まもない当時の日本の福祉国家と対立し、挫折したのである。

　しかし、シャウプ改革は、別のかたちで生かされることになる。シャウプ勧告の提起した地方財政平衡交付金（現地方交付税）は、勧告の意図に反して、分離型の中央－地方関係のもとでの自治体による積極行政を支えるものとしてではなく、4章で詳述したように、機能的集権体制を前提とし、それに木目細かく財源供給するための制度として、「連動システム」の中核を担うことになっ

---

26) 日本の場合、大正期から昭和初期にかけての東京市や大阪市などが、都市積極行政の時代を代表しているといってよいだろう。

27) 加茂利男によると、アメリカの歴史家たちは、ニュー・ディール体制（＝アメリカ型の福祉国家）は、都市改革で実践された政策が全国化したものであるととらえているという。加茂利男『都市の政治学』（自治体研究社、1988年）65頁。

ていくのである。より端的に表現すれば、シャウプ勧告は、国庫負担金制度の排除を求め、それに代わる制度としての地方財政平衡交付金を構想していたが、現実には、国庫負担金制度を前提とし、それと共存する制度として、戦後の地方財政調整制度は発達していくことになるのである。

(2) 神戸勧告（事務二分論）

　シャウプ勧告と異なり、神戸勧告は、福祉国家の中央－地方関係を視野に収めている。これまで、この２つの勧告は一体のものであると理解されてきたが、すでに指摘したように、シャウプ勧告と神戸勧告のあいだには大きな断絶がある。３章２節（４）および３章３節で論じたように、神戸勧告は、現代国家において中央－地方間の共管領域が広範に存在することを前提として、その合理的な組み直しを模索しているのである。福祉国家という言葉こそ使っていないものの、神戸勧告は、「総論」において、国家的関心の強い事務の多くが地方において実施され、かつ地方政府もそれに強い関心をもたざるをえないという、福祉国家の中央－地方関係に関する基本的な認識を示している。そのうえで、「各論」で、中央省庁による統制（関与）の削減を目指しているが、助言・勧告・報告徴収などの非権力的関与の必要性は広く認めており、また、法律による基準設定の必要性も広く認めていた。その意味で、神戸勧告は、現代的な新中央集権と地方自治体の自律性の調整という課題に取り組んだ最初の本格的な改革構想であった。日本における政府間関係論の端緒といってよい。

　さて、神戸勧告以後の改革構想は、中央－地方の広範な共管領域の存在を前提とし、その枠内で、国の関与をどのようなかたちで認めるべきかをめぐって展開されることになる。改革には２つのアプローチがあった。

　ひとつは、神戸勧告流の事務再配分論である。これは、「事務二分論」の発想に基づく構想であり、地方政府の実施している事務を国の事務と地方政府の事務に峻別できる、あるいは峻別すべきだという発想に基づいている。具体的には、現在地方政府が実施している事務のうち、国勢調査や国政選挙など明らかに国の事務とすべきものを除き、ほとんどの事務を地方政府の事務とする。したがって、国の事務（＝機関委任事務）は極小化されることになる。そのうえで、地方政府の事務とされたものについては、国による権力的関与を廃止し、

第Ⅲ部　福祉国家と分権改革

助言・勧告・報告徴収などの非権力的関与や法律による基準の設定に限定するというものである。

（3）機能分担論（事務融合論）

これに対して、もうひとつの改革構想は、「事務融合論」の立場をとる機能分担論である[28]。機能分担論は、現代国家においては中央政府と地方政府の共管領域に属する事務が必然的に増大し、両者は、計画・基準作成・実施などの諸機能を分担しつつ協力・共同してひとつの事務を行う関係にあるという基本認識に立っている[29]。そのうえで、現行の中央－地方関係の改革を図るには、事務をどれかひとつの政府レベルに割り当てることが可能であるとの前提に立つ事務再配分論の方式ではなく、現行の機能分担関係をより合理的な関係に組替えてゆく手法をとるべきだと主張する。要するに、機能分担論は、そもそも地方政府の実施している事務を国の事務と地方政府の事務に峻別することはできないとの立場をとっているのである。

したがって、改革手法としては、事務を2つに類型化するのではなく、個々

---

28) 機能分担論といっても一様ではない。ここで議論の対象とするのは、主として、1960年代に自治官僚が主張した機能分担論である。宮沢弘「機能の地域的分担」田中二郎編『広域行政論』（有斐閣、1963年）、丸山高満「事務再配分についての一考察（1）（2）」『自治研究』39巻8・9号（1963年）、久世公堯「行政事務再配分に関する諸問題」和田英夫編『現代地方自治論』（評論社、1965年）。このほか、行政法学者の成田頼明も機能分担論を主張していたが、成田の機能分担論は、これに加えて、自治体の国政参加を重視する視点を有していた。成田頼明「行政における機能分担（上）」『自治研究』51巻9号（1975年）、成田頼明「国と地方の機能分担——国の立法活動及び計画への地方の参与・参加を中心として」自治省編『地方自治30年記念 自治論文集』（ぎょうせい、1977年）、成田頼明「地方公共団体の国政参加——その理論的根拠と範囲・方法（上）」『自治研究』55巻9号（1979年）。

　なお、第9次と第17次の地方制度調査会答申は機能分担論の立場に立つものと理解されることが多いが、大杉覚が指摘するように、これらは、現実には神戸勧告流の事務配分論の影響も強く受けており、必ずしも機能分担論であるとは言い切れない。大杉覚『戦後地方制度改革の〈不決定〉形成』東京大学都市行政研究会研究叢書4（1991年）。

29) 機能分担論の詳しい解説は、晴山一穂「行政事務再配分論の沿革と背景」室井力編『行政事務再配分論の理論と現状』（勁草書房、1980年）参照。

の事務の性質に応じて、それにふさわしい国の関与を定めていくことになる。この点について、当時の自治官僚であり機能分担論者の1人であった宮沢弘は次のように述べていた。「要は、地方公共団体の段階で仕事の実質が処理されるに当って、国がどの程度までコントロールすべきかということを、個々の事務の特性とその処理の必要性に応じてきめてゆけばよいだけであって、その限りにおいては、いわゆる自治事務も機関委任事務も異るところがない筈である」[30]。

しかし、このようなアプローチをとると、結果として現状追認的になってしまい、現在の関与がそのまま残ってしまう可能性も否定できない。地方分権論者のあいだで機能分担論の人気が低かったひとつの理由は、おそらくこの点にあったものと思われる[31]。

事務再配分論にしても機能分担論にしても、神戸勧告以降の分権構想は、ほとんど実現されることなく棚上げにされてきた。2000年分権改革は、こうした「棚上げの歴史」に終止符を打つものであった。

(4) 2000年分権改革[32]

2000年分権改革は、1995（平成7）年に設置された地方分権推進委員会（諸井虔委員長；1995年7月～2001年7月；以下「分権委」と略称）の勧告をもとに実現したものである。機関委任事務制度の廃止が、その最大の成果であった。

世界的に見れば、新自由主義改革の時代であり、この改革についてもそのようなものになる可能性がありえたが、後の三位一体改革の場合と異なり、2000年分権改革のなかに新自由主義的要素はほとんど見出すことができない[33]。アメリカのレーガン大統領による連邦制改革の試みや（前節参照）、英国のサッチャー首相による中央－地方関係の改革との大きな相違である。

2000年分権改革においては、国と自治体による共管領域は基本的に維持され、そのもとで、国による統制と自治体の自律性の「兼ね合い」が、個々の行政分

---

30) 宮沢前掲論文45-46頁。
31) 機能分担論の人気が低かったことのもうひとつの理由としては、この議論が、国＝企画立案、自治体＝実施という固定的な役割分担を連想させるものであったことも挙げられよう。

第Ⅲ部　福祉国家と分権改革

野ごとに検討された。「兼ね合い」を実際にとりもったのは、行政学や行政法

32) 2000年分権改革は、「第1次分権改革」と呼ばれることもある。この「第1次分権改革」という名称は、改革の当事者である分権委の関係者が、ある時期から意識して使い始めたものである。分権委の「最終報告」(2001年6月)に盛り込まれてから、一般に使用されるようになっていった。自らの改革を「第1次」と名づけることによって、分権改革をここで終わりにすることなく、その第2幕・第3幕の到来を期待した表現であった。審議会の報告書というある種の政治性を帯びた文書が、このような意図からこの名称を使うのは構わない。筆者自身も、かつて何度かこの表現を用いたことがある。しかし、改革が実現してすでに10年以上が経過した現在、研究者がこの名称を無批判的に使い続けることは慎むべきだろう。果たして、この名称は、「歴史」に耐えられるだけの客観性をもっているのだろうか。

そもそも地方自治制度史の分野で、「第1次」といえば、通常は、本書でも使用しているように、戦後第1次地方制度改革＝占領初期の第90帝国議会による制度改正を指すというのが、定着した用語法である。また、この分野では、「昭和4年の改正」とか「1956年の地方自治法改正」というように、法改正や施行の年度をもって名称とするのが一般的である。なぜ、2000年という年になって、俄かに「第1次」が始まるのだろうか。

2000年分権改革は、巨視的に見れば、同時期に進行した他の多くの改革の中に位置づけられるべきものである。例えば、1990年代を通じて、保健・福祉事務の市町村への権限移譲が進行したし、また、1994年の地方自治法改正では中核市制度が導入された。都市計画分野でも、2000年分権改革の前後に一定の分権化が進行している。2000年分権改革も、そうした改革潮流の中に位置づけられるものである。市川前掲「中央－地方関係史のなかの分権改革」4頁。第1次分権改革というミスリーディングな名称は、このような理解を困難にしてしまうという意味でも、大いに問題である。

33) もっとも、平成の大合併 (1999年7月～2010年3月) が2000年分権改革の一部であるととらえると、この認識は成り立たなくなる (こうした見方がありうることについては、2003年度日本政治学会の分科会で討論者の大森彌東京大学名誉教授よりご教示いただいた)。

分権委の2次勧告 (1997年7月) に、当時の自民党行革族などの要望により、当初の方針にはなかった自主的合併の積極的な推進が盛り込まれた。しかし、これが平成の大合併のひとつの契機になったことは事実であるとしても、この時点ではまだ、地方自治関係者のなかで本格的な市町村合併の到来を予想する者はほとんどいなかった。筆者の認識では、平成の大合併が「政権」の方針となるのは2000年7月における森首相の異例の「督励」以後のことであり、これが平成の大合併を本格化させる重要な契機となった。また、個々の市町村についてみれば、合併を受け入れた直接的契機の最大のものは、2000年代になってからの地方財政状況の悪化である。以上より、筆者は、平成の大合併は2000年分権改革とは別の過程であったと理解している。なお、森首相の「督励」については、高島茂樹『市町村合併のそこが知りたかった』(ぎょうせい、2002年) 52頁参照。

学を専攻し、役所言葉のわかる研究者集団であった。彼らが、分権委の委員、専門委員、参与などとして、中央省庁とのおびただしい数に上るグループ・ヒアリングを行い、改革案を作成していった。分権委の作業時間の大半は、この膨大な各論の処理に費やされた。

2000年分権改革は、明治以来の機関委任事務制度を廃止させた。その意味で、「明治21年体制を終わらせる」改革であったという理解も成り立つ[34]。温存説に立つ理解であるといえよう。

問題は、機関委任事務制度をどうとらえるかである。これについては本章2節ですでに論じたところであるが、筆者は、この制度は、補助金や必置規制などとともに、昭和の機能的集権体制を支えるひとつの要素として機能してきたと考えている。つまり、機関委任事務制度が残存したことをもって戦前の集権体制が温存されたととらえることはできないとの立場である。もし温存説が指摘するように、機関委任事務制度が戦後の地方自治にとっての著しい制約要因であったとするならば、この制度の廃止によって地殻変動的な大きな変化が起きていなければならないはずである。しかし、2000年分権改革が実現し、すでに10年以上が経過しているが、これまでのところ、そうした変化は観察されていない[35]。

2000年分権改革は、明治以来の旧い集権体制を終焉させたのではなく、昭和の機能的集権体制を前提としつつ、それを編成替えしたものとして理解されるべきである。この改革は、機関委任事務制度をともなう機能的集権体制を、機関委任事務制度をともなわない機能的集権体制に組替えた。機関委任事務制度という戦後日本の機能的集権体制のひとつの支柱を引き抜いて、それに代わる別の支柱を差し込み、広範な共管領域という構造物自体は、基本的に維持した。その過程で、不合理な、また不必要な統制の排除が図られたのである。それは、分権委が、本格的な検討作業の開始に先立って発表した「中間報告」の中で正確に自己予言していたように、「相互に複雑に絡まり合っている諸制度の縫い目を一つ一つ慎重に解きほぐし、システムの変革に伴いがちな摩擦と苦痛の発

---

34) 大森彌ほか『地方分権改革』(法律文化社、2000年) 13-14頁。
35) 大森彌「第一次分権改革の効果」『レヴァイアサン』33号 (2003年) は、2000年分権改革の効果を検証している。

生を最小限度に抑えながら、諸制度を新たなデザインに基づいて順序よく縫い直して、その装いを新たにしていくべき事業」(「中間報告」1章はじめに）であった。そして、分権委の作業時間の大半は、共管領域の「縫い直し」の作業に充てられた。分権改革のための検討作業の大半が、膨大な各論の処理に充てられざるをえないところに、現代の機能的集権体制の特徴を見出すことができるのである。そして、この作業を疎かにする改革は、決して好ましい結果をもたらさないであろう。

　ところで、やや技術的な論点となるが、2000年分権改革は、分権委の当初の意図に反して、結果的に、機能分担論の流れを汲む改革となった。既述のとおり、戦後の分権構想は、神戸勧告流の事務再配分論（事務二分論）と機能分担論（事務融合論）に大別される。2000年分権改革は、当初は、神戸勧告流の事務二分論を構想していたが、結果的に、事実上、機能分担論流の事務融合論に落ち着いた。それは以下のような意味においてである。

　2000年分権改革の結果、かつての事務区分のあり方は改められ、新たに法定受託事務と自治事務に分類され直すことになった。分権委が作業を開始した当初は、法定受託事務は、戸籍事務、旅券の発給、国勢調査、国政選挙など明らかに国の利害にかかわるものに限定されることが想定されていた[36]。また、法定受託事務と自治事務は画然と区別されるものとして構想されていた。法定受託事務は、「地方公共団体が担うという意味において……『地方公共団体の事務』」（「中間報告」1章Ⅲ2(1)）とされていたとはいえ、その条例制定権は、法律で特別の授権がある場合を除いて原則として認めないとされていた（「1次勧告」1章Ⅲ3(1)）。この段階では、基本的に「国の事務」と観念されていたと言ってよいだろう。事務二分論の立場をとり、そのうえで「国の事務」(＝法定受託事務)の極小化を図るというアプローチがとられていたわけであり、明らかに神戸勧告流の事務再配分論の流れを汲む構想であった。

　ところが、その後の中央省庁とのグループ・ヒアリングを通じて、法定受託事務は当初の予想をはるかに超えて増大することになった。そして、その範囲

---

36) 成田頼明「改正地方自治法の争点をめぐって――批判にこたえる」同『分権改革の法システム』（第一法規、2001年）104頁。

は、「中間報告」による法定受託事務の当初の定義である、「専ら国の利害に関係のある事務であるが、国民の利便性又は事務処理の効率性の観点から法律の規定により地方公共団体が受託して行うこととされる事務」にとどまらなくなった。さらに、分権委は当初、自治事務については権力的関与を認めない方針であったが、中央省庁との折衝の結果、自治事務についても例外的に権力的関与が認められることとなった。また、限りなく権力的関与に近い「同意をともなう事前協議」が多用された。これらは、なるべく多くの事務を自治事務に振り分けるために分権委がとった「苦肉の妥協」によるものであったが、その結果、自治事務と法定受託事務の区分は、当初の想定のような画然としたものではなくなり、「相対的」なものとなった。

　分権委は、当初の方針とは異なり、結果的に、事実上、事務融合論の立場をとり、個々の事務の性質に応じて国の関与のあり方を決めていくという機能分担論的なアプローチを採用したと言ってよいだろう。

　ところで、法定受託事務は、既述のとおり、分権委の勧告の段階では原則として条例制定権の対象外とされていた。しかし、法案の起草段階で、条例制定権が認められることになった。分権推進派にとっては嬉しい誤算であったが、このこともまた、法定受託事務と自治事務の区分の「相対化」をもたらすことになった。内閣法制局は、自治体の条例制定権の対象から法定受託事務という類型をあらかじめ除外するという考え方は立法的にとることができず、条例制定権の限界は、個々の事務ごとに法令の解釈から導き出されるべきであるとの見解を示したからである。これを受けて、いわゆる本籍地主義に代わって現住所主義がとられ、自治体が現に実施しているすべての事務が条例制定権の対象となった。もっとも、法定受託事務が条例制定権の対象となったといっても、実際に自治体が条例制定権をどの程度行使できるかは、その事務に関する法令の規律密度に大きく規定される。その意味で、関与のあり方と同様に、条例制定権についても、法定受託事務と自治事務の画然とした区別はなくなり、両者の違いは「相対的」なものとなった。

---

37) 同109頁。
38) 自治官僚らによる座談会「地方分権一括法成立を振り返って」『地方自治』625号（1999年）27頁における松本英昭の発言。

分権委は、当初、「白地」と「黒地」が明確なコントラストを描く状態を想定し、そのうえで、可能なかぎり「白地」（自治事務）を増やすというアプローチをとっていた。しかし、実際に実現したものは、ライト・グレーとダーク・グレーの、境目のない緩やかなグラデーションの世界であった。

（5）三位一体改革

いわゆる三位一体の中央－地方税財政改革は、国から自治体への税源移譲、補助金の削減、地方交付税改革の3つを一体的に進めようとした改革であり、小泉政権の下で実現した。4兆7,000億円の補助金の改革[39]と引き換えに、3兆円の税源移譲が実現したが、同時に実質5兆1,000億円の地方交付税が削減され、地方財政規模は大きく削減されることになった。

この改革は、2つの異なる路線の合流によって実現した。ひとつは地方分権の流れであり、2000年分権改革において手付かずであった税財政の領域にも分権改革を及ぼそうとする路線である。もうひとつは財政再建の流れである。補助金と地方交付税による自治体への財政移転が国の歳出の少なからぬ部分を占めていることから、これを削減することで国の財政再建を図ろうとする路線である。このうち、後者については、小泉政権の5年間を通じて地方財政規模が総額で6兆円以上も削減されたことからして、その意図は十分に達成されたといえる。

前者について見ると、税源移譲については、地方分権の観点から見て一定の評価を下すことができるものの、補助金改革については、自治体の自律性の増大にほとんど寄与しなかった[40]。

最大の問題は、2000年分権改革の時と異なり、「各論」の処理に十分な時間を使い木目細かい検討作業をすることができなかったことである。

三位一体改革は、小泉首相のリーダーシップによって実現した。しかし、首相がリーダーシップを発揮したのは、3兆円の税源移譲と4兆円の補助金削減

---

39) 約4兆7,000億円の補助金改革には、いわゆる「交付金化」によるものが約8,000億円含まれているので、実際の削減額はこれを下回る。務台俊介「国庫補助負担金の改革」神野直彦編『三位一体改革と地方税財政』（学陽書房、2006年）51頁。

40) 市川喜崇「三位一体改革と族議員政治」『ガバナンス』45号（2005年）。

という総額の決定までであり、同じ構造改革にかかわる課題でも、郵政改革の場合のような細部への関心を示すことはなかった。三位一体改革は、数年度にわたって改革案がまとめられていったが、いずれの年度も、基本的に、次年度予算の編成を睨みながら、そのデッドラインに間に合わせるかたちで「決着」が図られた。2000年分権改革の時のように、審議会が作られることもなく、専門の研究者が中央統制と自治体の自律性の「兼ね合い」を取り持つということもなかった。

　最も象徴的な年は、各年度中で最大額の補助金削減が決着した2004年であった。この年の6月、小泉首相の指示に基づいて、補助金削減の具体案づくりが地方六団体に委ねられた。六団体は、全国知事会が中心となって具体案をまとめたが、この案は、中央省庁と族議員の猛反発に遭い、11月にまとめられた「政府・与党合意」は、六団体の案とは似ても似つかぬものになった。小泉首相は、自ら「裁定」を下すことなく、また報道などから得られる情報から判断するかぎり、何らかの方向づけをすることもなく、関係4閣僚と与党（自公）政調会長に調整を委ねた。彼らが、族議員らとの折衝を経てまとめたのが11月の「政府・与党合意」であった。族議員といってもひとつの族ではない。文教族、厚労族、農林族、建設族などをはじめ、補助金にかかわるすべての族が影響力を行使し合い、その均衡点で決着する、絵に描いたような多元主義的政治過程であった。[41]

　このように、三位一体改革においては、国と自治体の共管領域を組替える作業は、超開放型の、きわめて乱暴な政治過程によって行われた。2000年分権改革が、専門の研究者を仲立ちとする、地味で閉鎖的な政治過程であったことを思うと、著しく対照的であった。

---

41) 同論文。なお、この過程で、地方側の要望に基づいて国と地方の「協議の場」が設けられ、複数回にわたって協議がなされた。協議そのものは、地方側から見て大きな成果をあげることはなかったが、ある意味で、この試みが後述の「協議の場」の法制化につながったともいえる。

第Ⅲ部　福祉国家と分権改革

5　小　　括

　現代日本の集権体制は、明治期に由来する過去の遺物ではない。もし過去の遺物であれば話は簡単である。そのような時代遅れの国の統制は、ただちに除去してしまえばよい。しかし、それが現代の一定の必然性に基づいて生まれたものであるとすれば、単純に除去すれば足りるということにはならなくなる。現代の分権改革が一筋縄ではいかないのはこのためである。

　2000年分権改革の原案を作成した分権委は、機関委任事務制度の廃止そのものの審議よりも、廃止された個々の機関委任事務の「組替え」作業のために、多くの時間を費やした。このことについて、意外感を表明する向きもあったが、現代国家の中央－地方関係の特質を考えれば、当然のことである。現代における分権改革は、中央－地方間の膨大な共管領域を対象とし、個々の行政分野ごとに、中央政府による統制と地方政府の自律性の必要性を比較衡量しつつ、両者の「兼ね合い」を探るという作業とならざるをえないからである。

　このことは、もちろん、いま現に存在する中央政府の統制を是認するということではない。当初は必要であった統制が現在でも必要であるとは限らない。また、仮に何らかの統制や関与が必要であるとしても、より柔軟な手法に改められるべきものも少なくない。そうした丁寧な検討が必要であることは言うまでもない。

　いずれにしても、現代における分権改革が共管領域の編み直し作業である以上、ナショナル・ミニマムと地域の自己決定権という、本質的には相矛盾する２つの価値を、それぞれの行政分野に応じてどう折り合いをつけていくかという、慎重で丁寧な検討作業が求められる。2000年分権改革の際には、そうした丁寧な検討が行われた。分権委の研究者集団がこの作業を担当した。しかし、三位一体改革の補助金改革では、こうした検討は行われず、各年度の予算編成に間に合わせるかたちで、きわめて乱暴に「決着」が図られた。

　２つのことを確認する必要があるだろう。ひとつは、共管領域の組替え作業は、慎重に、また十分な時間をかけて行われるべきであり、短期的に「決着」がつけられるような課題ではないことである。もうひとつは、分権改革は、政

策の「中身」ではなく「仕組」の改革であり、また共管領域の基本的な維持を図りながらその組み直しを図るものであるため、目に見えた劇的な変化をもたらすようなものにはなりにくいことである。過剰な期待を抱いて臨むと、失望を招くことになる。基本的には、地味な改革とならざるをえないものである。

実は、このことが、分権改革の政治過程を困難なものにしている。改革の成果が地味であるにもかかわらず、また、先に述べた理由から、改革の「作業」も本来地味なものにならざるをえないにもかかわらず、次に述べる理由から、分権改革を実現に漕ぎ着けるためには、世論や政治の過剰なまでの動員が不可欠だからである。先に「困難」と述べたのは、このギャップが好ましくない結果を招きかねないことを指している。

かつての自民党政権時代、地方分権改革は、霞ヶ関の大半が反対し、族議員が猛反発する課題であった。そのため、通常の政治過程では改革を実現させることができず、世論を動員したり、また、首相の政治的リーダーシップを発動させて、通常とは別の舞台装置や政治過程を作り出し、改革を実現させようと試みた[42]。ここでいう通常の政治過程とは、地方制度調査会のことである。

やや政治過程論的な議論になるが、地方制度調査会は、地方自治政策コミュニティ（旧自治省、地方六団体など）の内部での合意調達を図るには都合のよい審議会である。しかし、補助金にしても機関委任事務にしても、地方分権改革の対象は、他の政策コミュニティに及ぶ。具体的には、〈個別行政〉にかかわる文教、厚生、公共事業などの政策コミュニティ（省庁、族議員、利益集団など）の利害と激しく対立する問題である。したがって、地方制度調査会においていくら合意が得られても、それだけでは改革は実現しない。2000年分権改革は、地方制度調査会とは異なる地方分権推進委員会という、首相直結の、一段階権威の高い審議会の設置に成功し、その審議会を機能させることによって、改革を実現させた[43]。

これに対して、三位一体改革の場合は、そうした審議会を作り出す代わりに、

---

42) 自民党政権下における分権改革の政治過程については、市川前掲「分権改革の政治過程」、および同「分権改革はなぜ実現したか」参照。
43) 詳細は、市川前掲「分権改革はなぜ実現したか」参照。

第Ⅲ部　福祉国家と分権改革

小泉首相の強いリーダーシップによって、改革を実現させようと試みた。しかし、前述のとおり、小泉首相は、改革の規模（3兆円の税源移譲と4兆円の補助金削減）にはこだわったものの、改革の中身にまで関心を示すことはなかった。この点で、同じ小泉構造改革に属するテーマでも、不良債権処理や郵政民営化の場合と大きく異なっていた。不良債権処理や郵政民営化の場合、首相自身が改革課題に精通しており、また、いずれの場合も、腹心の竹中平蔵を担当大臣に据えて改革案を作成させた[44]。しかし、三位一体改革の場合は、道路公団民営化の場合と同様に、小泉首相は、改革のかたちや規模にはこだわったものの、中身にまで関心を示すことはなかった。首相のリーダーシップによって一時的に改革のアジェンダが作り出されはしたが、審議会も作られず、また政策の細部にまで精通した腹心に改革案の作成を担当させることもなかった。前節で述べたように、関係4閣僚と自公政調会長に「調整」を委ね、その結果、多元的な族議員による力の均衡点で、改革案は「決着」したのである。

　これらの事例が示すことは、ひとつには、かつての自民党政権下では、分権改革を実現させるために、改革の前段階で、言い換えれば、改革のための特別な舞台装置を作り出すまでに、膨大なエネルギーを投入しなければならず、そのために、世論や政治の過剰なまでの動員が不可欠だったことである[45]。もうひとつは、そうやって作り出された非通常型の舞台装置による政治過程が、地方分権にとって必ずしも常によい結果をもたらすとは限らないことである。

　その意味で、筆者は、2011（平成23）年の制度改革で、国と地方の「協議の場」という常設の舞台ができたことを歓迎したい。これまでは、こうした場を作り出すために多大なエネルギーを投入しなければならなかったが、今後は、仮にこの新しい制度がうまく機能すれば、静かで落ち着いた環境において、分権改革を議論することが可能になる。筆者は、共管領域の組替えという基本的に地

---

44) 上川龍之進『小泉改革の政治学――小泉純一郎は本当に「強い首相」だったのか』（東洋経済新報社、2010年）。

45) このことを、政治学の古典的な概念を用いて述べれば、地方分権改革は、シャットシュナイダーのいうところのある種の「紛争の拡大」が必要な政治過程であったということである。E. E. シャットシュナイダー『半主権人民』内山秀夫訳（而立書房、1972年）参照。

味な作業にとっては、このような常設の場こそがふさわしいと考えている。もっとも、制定まもないこの制度が今後どのように機能するかは、本書執筆の段階（2011年10月）で、なお未知数であり、現時点での過剰な期待は禁物である。

　しかし、いずれにしても、中央－地方の広範な共管領域が存在し、国の政策の多くが自治体によって実施されている現状を考えた場合、自治体の側としては、実施を担う立場から、国の政策に対して一定の発言権が保障されるべきであろう。その意味からも、「協議の場」の果たすべき役割は大きいものと考える。今後の展開を注視したい。

おわりに

　明治中期にその骨格が形づくられた戦前の集権体制は、占領改革にもかかわらず「温存」されたのではなく、占領改革の結果「変容」を遂げ、新たな機能的集権体制が成立した。本書は、この現代型の集権化と集権体制の形成に焦点を当てて論じてきた。
　温存説は、日本の行政学界で長く通説の地位を占めてきた。しかし、1章3節で確認したように、温存説は、戦後の当初から通説であったわけではない。そこで、最後に、このことの意味を再論し、本書を終えることにしたい。
　いまだ創成期にあった昭和20年代前半の日本の行政学は、現代型中央集権化の問題に、実は十分な注意を払っていた。当時を代表する行政学者らは、欧米で進行しつつあった新中央集権化の現象を紹介し、当時の日本もこうした動きと無縁ではいられないと論じていた。彼らは、近代的分権と現代的集権という「二重の課題」をいかに調和させるかが、当時の日本の重要な問題であると認識していた。しかし、「逆コース」の進行を目の当たりにし、彼らは、近代的分権の死守に、その精力と関心を集中させるようになっていった。現代型中央集権については、それを論じることを意識的・戦略的に回避するようになり、いつしか、この課題の存在そのものが忘れられていった。その結果、日本の行政学は、中央－地方関係における「現代」を正しく位置づけることのできない学問になってしまった。
　政治学の他の諸分野と同様に、行政学も、「戦後啓蒙」の影響を色濃く受けてスタートした。与えられた民主主義を日本にいかに定着・発展させるかという戦後啓蒙のもつ実践的な課題にとって、何よりも重要なことは、戦前からの連続的な要因を析出し、それを徹底的に批判することであると信じられてきた。そうした中で、明治期に由来する機関委任事務制度に焦点が当てられたのは、いわば必然であったともいえる。この制度の残存が「温存」の証左であるとされ、戦後改革の意義よりもその限界が強調されてきた。

戦前の「意識」の残存をどう見るかという論点はあるものの、制度面についていえば、温存説は、機関委任事務制度の残存をほぼ唯一の根拠として、戦前の集権体制の存続を主張してきた。機関委任事務制度は、明治中期に形成された戦前の集権体制の構成要素のほぼ唯一の残滓であった。この制度が戦後の地方自治の理念に沿わないものであったこと、またこの制度が廃止されるべきものであったことはそのとおりであるとしても、この制度が、戦後の中央－地方関係のすべてを規定し尽くしてしまうほどの存在であったとは考えにくい。温存説は、自らの課題意識によって意図的に作り出した分析上の焦点が、あたかも日本の中央－地方関係の全体像であるかのように誤認し続けてきたのである。仮にその背後に真摯で鮮烈な規範意識があったにせよ、学術的な認識としては、著しく権衡を逸していたといわざるをえない。
　誤解のないように断っておくと、筆者は、「逆コース」を目の当たりにした当時の行政学者が、現代型中央集権化への関心を一時的に棚上げして「与えられた近代的分権」の死守に専念したこと、戦後啓蒙の問題意識に忠実であったこと、また、そうした問題意識に導かれて戦前からの連続的要因を分析のひとつの焦点としたことを、ここで問題視する意図はまったくない。筆者はむしろ、行政学という学問は、時代の課題に忠実であるべきだと考えており、微力ながら、筆者もこれまで、それを実践してきたつもりである。問題は、ある特定の時代状況の中でたまたま形成された問題意識や認識枠組みが、その後も長く規定力を保持し続けてきたことであろう。その結果、日本の中央－地方関係史について、これまで、極端にバランスの悪い歴史認識が維持され続けてきた。
　集権と分権は、きわめて論争的なテーマである。明確な評価基準に基づいて分析的に論じられることよりも、そうした基準を曖昧にしたまま現状批判や将来展望が語られることが圧倒的に多い分野である[1]。それぞれの時代に「時論」として語られたことが、その後の批判的検討を経ずに、そのまま堆積して通説を形成してしまうことの多い領域でもある。
　本書は、そのような「堆積」によって形成されてきた従来の歴史認識を批判し、新たな包括的歴史解釈を提示することを意図したものである。

1）　西尾前掲「集権と分権」406-407頁。

〔補論〕教育行政と機能的集権化

　本書は、筆者が大学院生時代から続けてきた日本の中央－地方関係史に関する研究をまとめたものである。博士論文が一応の原型となっているが、そのさらに原型となっているのは、院生時代に発表した次の論文である。

「昭和前期の府県行政と府県制度――内務省－府県体制の終焉と機能的集権化の進展（１）～（４）」『早稲田政治公法研究』37・39・40・41号、1991-93年

　博士論文と比べて全体に加筆箇所が多いなかで、本書への収録を見合わせたところもある。博士論文の４章「占領政策見直し期」（いわゆる「逆コース」期）がそれであり、刊行されたものとしては、上記拙稿の（４）にあたる部分である。
　収録を見合わせたのは、この箇所が、本書の枠組みからすると不必要な部分であり、収録することによって、かえって本書の意図が不明確になると考えたからである。繰り返し述べてきたように、戦時期から占領期にかけて進行した機能的集権化と、占領期における旧体制の終焉が足し合わさって、集権体制の「変容」が起きたというのが、本書の基本的な枠組みである。「占領政策見直し期」を盛り込むと、本書のメッセージをかえってわかりにくくしてしまうと考え、収録を見合わせることにした。いわゆる「逆コース」期の研究は、筆者の地方自治制度史研究の出発点でもあり、愛着もあったが、このような理由から割愛することにした。
　とはいえ、割愛したこの部分は、実をいうと、筆者の研究のなかで比較的よく引用されている箇所のひとつでもある。拙稿の（４）は、「地方」制（いわゆる道州制）の挫折、警察の再集権化、教育の再集権化の３つをとりあげている。

　1）　市川喜崇「第20回東京市政調査会藤田賞　受賞のことば」『都市問題』85巻7号（1994年）。

このなかで、教育の再集権化の部分は、幸いなことに、多くの優れた教育行政学者によって参照されることになった。そこで、この点についてここで簡単に言及しておきたい。

　2000年分権改革によって一定の変化があったものの、現在の地方教育行政体制は、1956（昭和31）年の「地方教育行政の組織及び運営に関する法律」（以下「地教行法」と略称）によって確立した。地教行法は、教育委員の公選制を廃止してこれを長の任命制に切り替えるとともに、教育長の任命承認制や文部大臣の措置要求権などの集権的な統制手段を新たに導入するものであった。同法の制定過程は、いわゆる「逆コース」期を代表する政治過程のひとつであり、同法がいわゆる強行採決によって成立したこともあって、従来、55年体制型の政治過程として理解されてきた。つまり、自民党と社会党の、文部省と日教組の対立としてとらえられ、それぞれにつき前者が後者を押し切った政治過程として認識されてきた。これに対して、拙稿は、地教行法の成立過程は、このような与野党対立型、イデオロギー対立型の要素のみでとらえることはできず、そこには、文部省と地方自治関係者（自治庁＋地方六団体）の交渉と妥協という要素も色濃く存在していたことを、おそらく最初に指摘したものである。こうした視点の目新しさのゆえであろう、拙稿は、専門を超えて、多くの読者を獲得することになった。筆者にとって望外の喜びである。

　上記のような事情で収録を見合わせることにしたものの、執筆からすでに20年以上が経っており、この問題についての筆者の考えも当時と微妙に変わっている。そこで、現在の認識をここに簡単に記しておきたい。

　第1に、成立過程についての大きな見取り図としては、筆者は、上記の認識

2）　小川正人「教育行政改革と地教行法改正」西尾勝＝小川正人編『分権改革と教育行政——教育委員会・学校・地域』（ぎょうせい、2000年）1章3節、本多正人「教育委員会の財政権限の変容」本多正人編『教育委員会再編の政治と行政』（多賀出版、2003年）、朴澤泰男「文部大臣の措置要求権の成立過程」本多編前掲書、藤田祐介「地教行法制定過程における地方六団体の動向とその論理——全国町村会を中心に」本多編前掲書、青木栄一『教育行政の政府間関係』（多賀出版、2004年）、村上祐介『教育行政の政治学——教育委員会制度の改革と実態に関する実証的研究』（木鐸社、2011年）など。

3）　地方教育行政体制における2000年分権改革とその後の変化については、村上前掲書91頁参照。

――文部省と地方自治関係者の交渉と妥協――を基本的に変更する必要はないと考えている[4]。

第2に、地教行法体制と教育委員会制度の関係をどうとらえるかである[5]。これについて、上記拙稿の見解は、村上著で批判を受けているので、ここで簡単に応えておきたい。村上の著作は、(a)地教行法の制定過程と(b)地教行法体制下における地方政府の政治過程をともに扱っている[6]。村上によれば、両者ともに、これまで、文部省の影響力と垂直的統制を強調する縦割り集権モデルが通説であったが、前者の(a)については総合行政モデル（下位政府交渉・妥協モデル）[7]が、後者の(b)についても、やはり総合行政モデル――首長が十分に影響力を行使できており必ずしも文部省の縦割りの統制が他の分野に比して強いとはいえないとする見方――が妥当するとして、縦割り集権モデルを排除している。これについて、筆者は、前者については同意するものの、後者についてはなお、議論の余地のある問題だと考えている。

前者については、拙稿で筆者は、下位政府という表現こそ用いていないものの、地教行法の政治過程を文部省と地方自治関係者との交渉と妥協としてとらえる視点を提示しており、その意味で、むしろ、本多編著や村上著で展開されている議論へのひとつの道筋をつけたものと自負している。問題は、もし地教行法が文部省と地方自治関係者の妥協のうえに、言い換えれば、当時の自治庁

4） 交渉と妥協の具体的なプロセスや、どちらの側がアジェンダ設定者であったか、などについては、前註の本多編著収録の諸論文の詳細な研究や村上著などによるその後の研究をご参照されたい。

5） 以下の部分は、2011年度日本公共政策学会（北海学園大学）の分科会における筆者の討論者としての発言がもとになっている。企画委員の砂原庸介、司会の北村亘、報告者の北山俊哉、村上祐介、松井望、およびもう一人の討論者であった阿部昌樹の各氏に深く謝意を表したい。

6） 村上祐介前掲書。

7） 「下位政府」（sub-government）は、日本語でも英語でも多様な意味で用いられうるが、ここでは、教育、医療、建設などの分野ごとに成立している、一定の自律的な政策決定をなしうる政府の事実上の下位単位のことであり、地方政府や州政府という意味ではない。例えば、医療下位政府であれば厚生省、日本医師会、社労族などによって構成・運営されている。

　ここで焦点となるのは、教育下位政府と地方自治下位政府であり、前者の場合は文部省、文教族などが、後者の場合は自治庁、地方六団体などが構成要素である。

や地方六団体も一定の納得ずくで成立したものであるとすれば、それは彼らにとっての「許容圏」に収まっていたはずであり、彼らにとって不本意な「縦割り集権」（文部省の強い垂直的統制）という結果を招来するとは考えにくいとする村上の指摘にどう応えるかであろう。つまり、村上は、(a)の政治過程と(b)の政治過程をリンクさせて理解している。

　筆者は、両者は必ずしもリンクするとは限らないと考えている。それは、村上が示唆する「意図せざる結果」によるのではなく、「経路依存」のためである。地教行法の制定をめぐり、文部省と地方自治関係者は白紙から交渉したのではない。当時すでに総司令部の「置き土産」である教育委員会制度が存在しており、文部省は、その存続に強い利益を見出していた。そうしたことを踏まえたうえでの交渉と妥協である。このような場合、通常、「現状」が「交渉上の原点」となるであろう。したがって、「許容圏」といっても、絶対的な意味でのそれでなく、あくまでも相対的な意味でのそれであった。言い換えれば、たしかに「妥協」は成立したが、それは、地方自治関係者にとって、現状から「一歩前進」になるという意味での妥協であり、端的にいえば、「悪さ」の程度の改善であったと理解すべきであろう。

　とはいえ、村上の批判は、それとして真摯に受け止めなければならないと考えている。拙稿は、地教行法体制下の教育行政が、占領下で導入された行政委員会制度と結合したことにより、他の行政分野に比して中央からの垂直的統制が格段に強い分野になったとの認識を示した。現在では、村上著で展開されている優れた実証分析を受けて、やや認識を改めている。教育委員会制度の存在をもって、教育行政を、他に比して「格段に」垂直的統制が強い分野であると即断したのは、たしかに安易な断定であった。村上著は、全体として、彼のいう総合行政モデルを説得的に展開している。

8） 村上前掲書92-93頁。
9） 同93頁。
10） 砂原庸介『地方政府の民主主義』（有斐閣、2011年）3章参照。
11） もっとも、地教行法成立の後に、地方自治関係者（特に首長）が、任命制教育委員会制度の実際の運用を通じて、この制度の効用に気づき始めたという可能性は十分に考えられる。

[補論] 教育行政と機能的集権化

 とはいえ、同著の示す実証データのなかには、一部ではあるが縦割り集権モデルと親和的なものも見られること、また、縦割り集権モデルは、地方政府における教育委員会（執行機関多元主義）という制度配置から導き出される比較的自然な演繹的予測であることなどを考えると、この点はなお議論の余地のある問題であり、今後の一層の実証研究による解明を必要としている課題であるように思われる[13]。

 この点については、すでに本書の主題から大きく外れていることもあり、これ以上は踏み込まないことにする。いずれにしても、教育委員会制度が戦後の地方政治と中央－地方関係に与えた影響については、村上の示唆するように、先入観を排して虚心に検討されるべき課題であることは間違いないところであろう。

 第3に、これが本書の主題と最も密接に関連する部分であるが、教育行政における機能的集権体制の成立時期と成立要因に関する問題である。上記拙稿(4)は、次のような見解を示している。

 占領改革で分権化された教育行政は、1956年の地教行法によって「再集権化」した。しかし、それは、単なる戦前の集権体制の復活を意味せず、戦前に比して文部省による個別的統制が貫徹しやすい制度になったという意味で「機能的集権化」といいうる。また、それを推し進めた要因は、(本書でとりあげたような)他の社会・経済行政分野の場合と異なり、保守政党の政治的思惑、および厳しい財政状況の改善などを目指す地方自治関係者の意向であった。

 要するに、教育行政における機能的集権体制は1956年の地教行法の制定をもって成立したとの認識を示したわけであるが、現在では、別の認識をとっている。拙稿では、占領下で実現した教育行政の分権的体制が、「逆コース」期

---

12) この点については、伊藤正次「〈書評〉村上祐介『教育行政の政治学——教育委員会制度の改革と実態に関する実証的研究』」日本行政学会編『政権交代と官僚制』（ぎょうせい、2012年）も参照。
13) 村上は、仮に「縦割り集権」の要素があったとしても、それは教育委員会制度に由来するのではなく、例えば地方教育行政に特有の専門家集団（教育職、教育行政職）の存在による可能性も考えられ、そうだとすると、例えば土木職などの存在する他分野との比較も必要となってくるとの見解を示している。

の地教行法による任命承認制と措置要求権の導入によって、俄かに集権化したとの認識が提示されている。しかし、このような理解は、本書の機能的集権化の立場からしても、維持することはできないだろう。

そもそも本書の立場は、機能的集権化は、可視性が強く華々しい議論をともなうような大きな制度変革によってではなく、地味で目立たぬ行財政上の変化の集積によって進行するというものである。一片の法改正でそれまでの分権体制が俄かに集権化したという認識、また、教育行政における機能的集権化を導いた要因が他の行政分野のそれと著しく異なっていたという認識は、本書の理論的な立場と明らかにそぐわないものである。拙稿の段階では、筆者はまだ「逆コース」史観に囚われすぎていたのかもしれない。教育行政における機能的集権体制も、やはり、他の多くの分野と同様に、昭和20年代の段階ですでに成立していたと考えるのが自然であろう[14]。

とはいえ、教育行政における中央−地方関係の考察は、一筋縄では行かないところがある。ナショナル・ミニマムの量的確保や中央政府による基準の設定という他の福祉国家的な政策領域と共通する課題や構造を見出せる一方で、教育内容をめぐる国家統制の是非という独自の論点も（少なくともかつては）色濃く存在していた。総司令部の民間情報教育局も、この点を重視して、文部省による集権的な統制手段の排除を推し進めた。こうした要素が複雑に絡み合っているため、他の行政分野との類推が単純に成り立たないこともまた事実であろう。

ここでは、とりあえず問題提起にとどめておきたい。

---

14) この点に関連して、例えば、荻原克男は、「指導」という半制度化された非権力的な機能——「通達」行政や「会議」「協議会」「研修」等——に注目して、戦後教育行政の集権構造の成立をとらえている。荻原克男『戦後日本の教育行政構造』（勁草書房、1996年）。

あとがき

　本書は、筆者のこれまでの日本の中央－地方関係史に関する研究をまとめたものである。博士論文が一応の原型となっているが、大幅に書き改め、ほとんど原形をとどめていない。何らかのかたちで本書に反映されているのは、以下の諸論文である。

① 「昭和前期の府県行政と府県制度――内務省－府県体制の終焉と機能的集権化の進展（１）～（４）」『早稲田政治公法研究』37・39・40・41号、1991-93年　　　　　　　　　　　　　（第20回東京市政調査会藤田賞受賞）
② 「占領改革における集権と分権」福島大学『行政社会論集』６巻３号、1994年
③ 「戦時・占領期における集権体制の変容」日本地方自治学会編『現代の分権化』敬文堂、1995年
④ 博士論文「日本における現代的集権体制の形成――内務省－府県体制の終焉と機能的集権化の進展」早稲田大学大学院政治学研究科、1997年
⑤ 「『新中央集権主義』の再検討」福島大学『行政社会論集』９巻３・４号、1997年
⑥ 「中央－地方関係と分権化」福田＝真渕＝縣編『行政の新展開』法律文化社、2002年
⑦ 「シャウプ勧告の今日的意義」『地方自治』675号、2004年
⑧ 「三位一体改革と族議員政治」『ガバナンス』45号、2005年
⑨ 「中央－地方関係史のなかの分権改革――福祉国家における集権と分権」『季刊 行政管理研究』112号、2005年
⑩ 「分権改革の政治過程――2000年分権改革と三位一体改革の検証」『地域政策』21号、2006年
⑪ 「分権改革はなぜ実現したか」日本政治学会編『政府間ガバナンスの変容』

木鐸社、2008年
⑫「ナショナル・ミニマムと地方分権──国と地方の責務はどうあるべきか」
　『月刊 自治研』608号、2010年

　経緯を簡単にふれると、①〜③の論文をもとに、それに加筆修正して④の博士論文を完成させた。⑤は、博士論文の加筆部分の一部を切り出して、単独の論文として発表したものである。⑥〜⑫は、いずれも博士論文完成後の業績である。このなかで、本書との関連がとりわけ大きいのは⑨である。
　全体に加筆箇所が多いなかで、収録を見合わせたところもある。博士論文の４章「占領政策見直し期」（いわゆる「逆コース」期）がそれであり、刊行されたものとしては、①の（４）にあたる。収録を見合わせた事情については、本書の「〔補論〕教育行政と機能的集権化」をご覧いただきたい。

　本書のもとになる最初の論文の発表から、刊行までに実に多くの年月を費やしてしまった。基本的には筆者自身の怠慢によるものだが、この主題特有の事情もある。
　それは、本書の批判する温存説が、単なる学説という範疇を超えて、一種のパラダイムであることを痛感したからである。本書は、通説批判の書ではあるが、個々の部分を見れば、多くの先行業績に依拠することによって成り立っている。そして、それらの先行業績や学説をつぶさに見れば、本論でも指摘したように、必ずしも温存説と折り合いのよくないものも多い。であるからこそ、本書が部分的にであれ依拠することができたのであるが、しかし、これらの先行業績のほとんどは、結局のところ、大きな認識枠組みのレベルで、既存の温存説に寄りかかっている。温存説と折り合い悪く共存していたり、あるいは、そうでない場合でも、自説を展開するにあたって、折り合いの悪い温存説をあえて不問に付したままにしている。温存説のパラダイムとしての規定力の強さを、深く認識させられる思いがした。実をいうと、筆者自身の初期の論文も、一部の読み手から、温存説の枠組みに沿って理解されたことがある。
　パラダイムとは、認識を深い部分で規定する、研究者間に共有された暗黙の前提のことである。温存説パラダイムが支配するかぎり、どんな学説も温存説

あとがき

に沿ったかたちで理解されてしまう。本書はそこで、次の2つのことを試みた。

　ひとつは、中央－地方関係史に関する諸学説、さまざまな制度改革をめぐる諸論議や諸改革構想、実際に実現した最近の制度改革などを、変容説にしたがって解釈し直すことである。本書は、戦時期と占領改革期に「変容」が起きたことを歴史叙述として論証するにとどまらず、シャウプ勧告、神戸(かんべ)勧告、機能分担論、高度成長期の「新中央集権化」現象、2000年分権改革、いわゆる三位一体改革などにも射程を広げ、これらを、変容説の立場から包括的に再解釈した。あるパラダイムを打破するためには、対抗する側が、それに代わる規定力の強さと、射程の広がりを示す必要があると考えたからである。

　もうひとつは、温存説を「相対化」することである。そのため、本書は、学説史の記述に一定の分量を割いた。温存説は、戦後の最初期には存在していなかった。当時は、いわゆる「二重の課題」説が主流であった。温存説は、その後になって、「逆コース」のもと、当時の反動的な試みに対抗するというきわめて実践的な使命を帯びて誕生した。そして、学説史的に言えば、温存説は、先行する「二重の課題」説を封印する機能を果たしてきた。本書の学説史的なメッセージは、戦後日本の中央－地方関係論の出発点を、「逆コース」期の温存説にではなく、敗戦直後の「二重の課題」説に見出そうとするものである。本書は、筆者のささやかな「戦後行政と行政学」の試みでもある[1]。

　本書が刊行までに多くの時間を費やしたのは、基本的には筆者自身の怠慢や能力不足によるものであるが、上記のような事情も作用している。本書は、明治以来の集権体制の「温存」という理解と、福祉国家型中央－地方関係の存在という認識が、未整理のまま併存してきた理論状況を、「集権体制変容説」に立って整理し、この新たな歴史理解に基づいて、現代日本の中央－地方関係を再解釈した。もとより、本書の試みが成功しているかどうかは、読者のご判断を仰ぐよりほかない。いずれにしても、いまは、重たすぎる宿題をようやく果たし終え、ほっとしているところである。

　ここに来るまで、実に多くの方にお世話になった。

---

1) 大嶽秀夫『戦後政治と政治学』（東京大学出版会、1994年）は、戦後政治学の形成と発展に関する批判的考察の書である。

筆者を地方自治という分野に導いてくださったのは、故寄本勝美先生である。寄本先生には、学部・大学院を通じて一貫してご指導いただいた。学部1・2年時はむしろ政治思想に興味があった筆者が、地方自治のゼミを選んだのは、3年進級時の春休みに、たまたま読んだキャロル・ペイトマン著『参加と民主主義理論』（寄本勝美訳）がきっかけである。これがなければ、筆者はまったく別の人生を歩むことになっていただろう。いまでも、研究室の書棚でこの本の背表紙を見ると、当時のことを懐かしく思い出すとともに、人生の偶然と巡り合わせの不思議を感ぜずにはいられない。先生は、長い闘病生活の末、早稲田大学をご退職になる直前の2011年3月末、ご逝去された。本書の完成を先生にご報告できないことが、何よりの心残りである。

　故高木鉦作先生も、筆者を導いてくださった恩人である。筆者の大学院在籍時は、國學院大學教授として、非常勤で、早稲田大学大学院政治学研究科の講義を継続的に担当されていた。授業は、地方制度史に関する諸文献を輪読するというもので、専門書や研究論文とともに、勧告や答申などもよく扱った。思えば、筆者が修士課程に入学した年の高木先生の授業で最初に報告を当てられた文献は、本書の叙述の中でも重要な位置を占めることになる「神戸勧告」であった。もちろん、このことがただちに本書の研究を構想するきっかけになったというわけではないが、今にして思えば、やはりどこかで導かれていたように感じるところもある。先入観に囚われずに、学者の理論や学説をいったん離れて、資料そのものを虚心に読むことの大切さを繰り返し強調されていたことが、今でも印象に残っている。

　同志社大学名誉教授の君村昌先生は、今も筆者の研究の良き導き手である。学内の定例の研究会（後述の第8研究会）などで、いつも貴重なご指摘とご助言をいただいている。ご退職後十余年を経てなお矍鑠とされ、現役として研究活動を続けているお姿を拝見しながら、生来の怠け癖が抜け切れない筆者は、研究者はこうあらねばならないと、常に自らを戒めている。今後も、先生のようにいつまでも旺盛な研究意欲を持ち続け、水準の高い業績を残していきたいと念じているところである。

　筆者が最初に奉職したのは、福島大学行政社会学部（現行政政策学類）である。家族主義的で濃密なコミュニティのような学部のなかで、当時30歳になったば

あとがき

かりの生意気盛りの筆者は、ずいぶんとご迷惑をかけたように思うが、みな温かく受け入れてくれた。

福島では、多くの自治体職員の皆さんにもお世話になった。とりわけ、ふくしま自治研修センターの職員、受講生の皆さん、福島県県庁構造改革室の皆さん、ふくしま自治体職員学習会（現ふくしま自治体政策研究会）の皆さんとは、単なる仕事上の付き合いを超えた、いわゆる友達づきあいをさせていただいた。

当時お世話になった方々の多くが、原発事故による理不尽で不条理な状況を強いられているのを見るのは、本当に辛く、また憤りを覚えるところである。

お世話になった研究者は数え切れない。一人ひとりお名前を挙げることができないのが残念である。関西行政学研究会は、筆者に常に新鮮な刺激を与え続けてくれる研究会である。同志社大学人文科学研究所第8研究会（代表：新川達郎教授）は、同志社の法学部・政策学部の行政学者らが参加しており、優れた研究者から多くの刺激を受けている。地方自治総合研究所では、所長の辻山幸宣先生をはじめ、現役の、また歴代の研究員の皆さんから、研究上の多くの刺激とご支援をいただいている。なかでも、地方財政論の飛田博史先生には、本書の草稿にお目通しいただき、貴重なご指摘をいただいた。このほか、これまでに参加した研究会として、自治総合センターの「21世紀地方自治制度研究会」を挙げておきたい。研究者と総務官僚の参加するこの研究会で、本書の内容の一部を報告し、貴重な助言をいただいた。

研究の進展にとって、偶然の邂逅の果たす役割は大きい。まるで時機を見計らったかのように訪れるタイミングのよい原稿や報告の依頼が、思わぬ「次の一歩」となることがある。その意味で貴重だったのは、法律文化社の教科書、福田耕治＝真渕勝＝縣公一郎編『行政の新展開』（2002年）第2章の執筆と、2003年度日本政治学会の分科会での報告である。これらによって、筆者は、それまでの自己の研究をより広い視野で捉え直すことが可能になった。前者の機会を与えていただいた縣公一郎先生、後者の機会を与えていただいた当時の企画委員の笠京子先生、および分科会の討論者・報告者として貴重なコメントや研究上の刺激をいただいた大森彌先生、北山俊哉先生、礒崎初仁先生に、深く謝意を表したい。

2007～08年度の約2年間、筆者は、同志社大学より在外研究の機会を与えら

れた。約1年半を英国バーミンガム大学地方政府研究所に、約4ヵ月を韓国釜山大学に客員研究員として滞在した。両大学では、多くの研究・事務スタッフの皆さんにお世話になった。バーミンガム大学では、マイク・スミス先生とフィリップ・ホワイトマン先生に受け入れ教員になっていただき、研究上の助言と支援をいただいた。

釜山大学では、姜再鎬先生に受け入れていただいた。お忙しいなか、ビザの手続きやアパート探しなども含めてご支援いただき、また、滞在中は家族ぐるみでお付き合いいただいた。突然の訪問で研究室のない筆者のために、全学教授会長として別に部屋をもっておられた鄭龍河教授の研究室を使えるようにご手配いただいた。姜先生と鄭先生に、この場を借りて厚くお礼を申し述べたい。また、滞在中は、釜山にご自宅をもつ嶺南大学の姜光洙先生にも、やはり家族ぐるみでお世話になった。お二人の姜先生と筆者との3家族で、それぞれの自宅で交互にホームパーティを開いたことは、短い釜山滞在の懐かしい思い出である。

若い頃はとりわけ、拙稿の抜刷りを多くの先生方にご送付させていただいた。「下手な鉄砲も……」の類いであるが、それでも、何度かお返事をいただき、貴重な助言や激励をいただいた。その中でも特に忘れられないものがある。私信なのでお名前は伏せるが、筆者の最初期の論文に対して、ある先生から、当時すでに公職でお忙しい身でありながら、便箋5枚にわたる長文の感想と助言をいただいた。当時の筆者には、高名な先生から感想をいただくだけでも感極まることであったが、助言は実に的確であった。それは、敗戦直後の新中央集権論に注目するようにとのアドバイスであった。このご助言がなければ、筆者の研究は、制度史と行政史の範疇にとどまり、学説史的な考察へ進むことはなかったであろう。おそらく、本書で展開している学問上の立場は、先生のお立場とは異なるものになっている。そうした違いを超えて、しかし、学界の一員として、個人的なつながりが特段あるわけでもなかった若い研究者に対して、お時間と労力を費やしていただいたことに、この場を借りて、深く感謝申し上げたい。

本書刊行の直接のきっかけは、法律文化社の若き編集者・上田哲平氏のすすめである。上記のような事情で刊行が遅れていたが、やはりそろそろ出版しな

あとがき

ければならないと考えていた折に、タイミングよくお話をいただいた。これも「邂逅」のひとつと思い、出版を決意した。2011年の夏休みは、他の予定を一切入れず、研究室でほぼ缶詰め状態になりながら、本書の執筆に費やした。

「価格に跳ね返るので、あとがきは短めに」という上田さんのご助言に、すでにすっかり背いてしまっている。考えても見れば、7頁にも及ぶ「あとがき」など、執筆者本人以外はおそらく誰も読まない自己満足の世界であろう。これも、刊行までの長すぎた年月の為せる業だと、ご勘弁いただきたい。

在籍する同志社大学法学部では、快適な研究環境に恵まれている。他分野の優秀な同僚から受ける刺激が、日々の研究の貴重な糧となっている。この場を借りて、同僚諸氏の日頃のご厚情に、謝意を申し述べたい。とりわけ、日本政治史の森靖夫先生には、本書の草稿にお目通しいただき、貴重なご指摘をいただいた。

最後に、妻の禮と娘の恵理に「ありがとう」を言いたい。結婚して8年が経ち、いまでは、家族とともに過ごす穏やかな時間が、他の何ものにも代えがたいものとなっている。彼女たちの笑顔が、かけがえのない安らぎであり、また活力でもある。

本書の刊行にあたって、日本学術振興会平成24年度科学研究費補助金（研究成果公開促進費）学術図書の交付、および、2012年度同志社大学研究成果刊行助成の補助を受けた。

 2012年6月

市　川　喜　崇

参 考 文 献

Benson, George C. S., *The New Centralization* (New York: Rineheart & Co., 1944).
Estévez-Abe, Margarita, *Welfare and Capitalism in Postwar Japan* (New York: Cambridge University Press, 2008).
Government Section, Supreme Commander for the Allied Powers, *Political Reorientation of Japan* (Washington: U.S.Government Printing Office, 1949).
Hall, Peter A. & David Soskice (eds.), *Varieties of Capitalism: The Institutional Foundations of Comparative Advantage* (Oxford: Oxford University Press, 2001).
（抄訳：ピーター・A. ホール＝デヴィッド・ソスキス編（遠山弘徳ほか訳）『資本主義の多様性——比較優位の制度的基礎』ナカニシヤ出版、2007年）
Laffin, Martin, 'Central-Local Relations in an Era of Governance: Towards a New Research Agenda', *Local Government Studies*, 35(1), 2009.
Loughlin, Martin, et al. (eds.), *Half a Century of Municipal Decline, 1935-1985* (London: Allen & Unwin, 1985).
Reed, Steven R., 'Is Japanese Government Really Centralized?', *The Journal of Japanese Studies*, 8(1), 1982.
Reed, Steven R., *Japanese Prefectures and Policymaking* (Pittsburgh: University of Pittsburgh Press, 1986).
（翻訳：スティーブン・R. リード（森田朗ほか訳）『日本の政府間関係』木鐸社、1990年）
Rhodes, R. A. W., *The National World of Local Government* (London: Allen & Unwin, 1986).
Rhodes, R. A. W., *Control and Power in Central-Local Government Relations, 2nd ed.* (Aldershot: Ashgate, 1999).
Robson, William A., *Local Government in Crisis* (London: Allen & Unwin, 1966).
（翻訳：ウィリアム・A. ロブソン（東京市政調査会研究部訳）『危機に立つ地方自治』勁草書房、1967年）
Sellers, Jefferey M. & Anders Lindström, 'Decentralization, Local Government, and the Welfare State', *Governance*, 20(4), 2007.
Shoup Mission, *Report on Japanese Taxation* (Tokyo: General Headquarters, Supreme Commander for the Allied Powers, 1949).
Steiner, Kurt, *Local Government in Japan* (Stanford: Stanford University Press, 1965).

Travers, Tony, *The Politics of Local Government Finance*（London: Allen & Unwin, 1986）.
Wright, Deil S., *Understanding Intergovernmental Relations, 3rd ed.*（Belmont: Brooks/Cole Publishing Company, 1988）.

青木栄一『教育行政の政府間関係』多賀書房、2004年
青木信之＝飯泉嘉門＝平井伸治『地方財政制度〈地方自治総合講座7〉』ぎょうせい、2000年
赤岩弘智「地方債協議制度の見直し――民間資金債に係る事前届出制の導入」『地方財務』693号、2012年
赤木須留喜『行政責任の研究』岩波書店、1978年
秋月謙吾『行政・地方自治』東京大学出版会、2001年
浅井良夫『戦後改革と民主主義――経済復興から高度成長へ』吉川弘文館、2001年
安達勇「府県の出先機関」日本行政学会編『出先機関の実態と課題』ぎょうせい、1982年
天川晃「地方自治制度の改革」東京大学社会科学研究所編『戦後改革 3 政治過程』東京大学出版会、1974年
天川晃「地方自治法の構造」中村隆英編『占領期日本の経済と政治』東京大学出版会、1979年
天川晃「地方自治制度の再編成――戦時から戦後へ」日本政治学会編『近代日本政治における中央と地方』岩波書店、1985年
天川晃「変革の構想――道州制論の文脈」大森彌＝佐藤誠三郎編『日本の地方政府』東京大学出版会、1985年
天川晃「占領と地方制度の改革」坂本義和＝R. E. ウォード編『日本占領の研究』東京大学出版会、1987年
天川晃「昭和期における府県制度改革」日本地方自治学会編『日本地方自治の回顧と展望』敬文堂、1989年
天川晃「戦後地方制度改革における民政局と内務省の態度」『季刊 行政管理研究』56号、1991年
天川晃「『地方分権』の時代――戦後の制度改革の残したもの」中村＝天川＝尹＝五十嵐編『戦後日本 占領と戦後改革 第4巻 戦後民主主義』岩波書店、1995年
雨宮昭一『戦時戦後体制論』岩波書店、1997年
雨宮昭一『総力戦体制と地域自治』青木書店、1999年
雨宮昭一『占領と改革』岩波書店、2008年
阿利莫二「出先機関の理論と行政課題」日本行政学会編『出先機関の実態と課題』ぎょうせい、1982年
安藤明「イギリスの地方自治の特徴と近年の2つの大改革の潮流（上）」『地方自治』

658号、2002年
五百旗頭真「占領改革の三類型」『レヴァイアサン』6号、1990年
石川一三夫『近代日本の名望家と自治』木鐸社、1987年
石原＝矢野＝辻『地方財政制度〈新地方自治講座 第8巻〉』第一法規、1973年
石原信雄『新地方財政調整制度論』ぎょうせい、2000年
石原信雄＝二橋正弘『新版 地方財政法逐条解説』ぎょうせい、2000年
礒崎初仁「分権改革の焦点は都道府県にあり」西尾勝編『都道府県を変える！』ぎょうせい、2000年
市川昭午＝林健久『教育財政《戦後日本の教育改革 第4巻》』東京大学出版会、1972年
市川喜崇「地方自治法改正の系譜」『月刊 自治研』385号、1991年
市川喜崇「昭和前期の府県行政と府県制度——内務省－府県体制の終焉と機能的集権化の進展（1）～（4）」『早稲田政治公法研究』37・39・40・41号、1991-93年
市川喜崇「占領改革における集権と分権」福島大学『行政社会論集』6巻3号、1994年
市川喜崇「戦時・占領期における集権体制の変容」日本地方自治学会編『現代の分権化』敬文堂、1995年
市川喜崇「『新中央集権主義』の再検討」福島大学『行政社会論集』9巻3・4号、1997年
市川喜崇「中央－地方関係と分権化」福田＝真渕＝縣編『行政の新展開』法律文化社、2002年
市川喜崇「シャウプ勧告の今日的意義」『地方自治』675号、2004年
市川喜崇「都道府県と道州制——都道府県の諸機能と規模」『月刊 自治研』537号、2004年
市川喜崇「三位一体改革と族議員政治」『ガバナンス』45号、2005年
市川喜崇「中央－地方関係史のなかの分権改革——福祉国家における集権と分権」『季刊 行政管理研究』112号、2005年
市川喜崇「道州制・都道府県論の系譜」日本地方自治学会編『道州制と地方自治〈地方自治叢書18〉』敬文堂、2005年
市川喜崇「分権改革の政治過程——2000年分権改革と三位一体改革の検証」『地域政策』21号、2006年
市川喜崇「分権改革はなぜ実現したか」日本政治学会編『政府間ガバナンスの変容』木鐸社、2008年
市川喜崇「ナショナル・ミニマムと地方分権——国と地方の責務はどうあるべきか」『月刊 自治研』608号、2010年
市川喜崇「市町村総合行政主体論と『平成の大合併』——市町村自己完結主義の批判と『総合性』の擁護」寄本勝美＝小原隆治編『新しい公共と自治の現場』コモンズ、2011年
市川喜崇「都道府県の性格と機能」新川達郎編『公的ガバナンスの動態研究』ミネルヴァ

書房、2011年
市川喜崇「『昭和の大合併』と『平成の大合併』」『同志社法学』347号、2011年
市來鐵郎「地方行政における綜合化の動向」『自治研究』13巻1号、1937年
井手英策『高橋財政の研究』有斐閣、2006年
井出成三「特別地方行政官庁の拡充傾向に就て（1）（2）」『自治研究』18巻2・3号、1942年
井出嘉憲『日本官僚制と行政文化』東京大学出版会、1982年
出井信夫ほか編『図説 地方財政データブック（平成20年度版）』学陽書房、2008年
伊藤正次「〈書評〉村上祐介『教育行政の政治学――教育委員会制度の改革と実態に関する実証的研究』」日本行政学会編『政権交代と官僚制』ぎょうせい、2012年
稲継裕昭『人事・給与と地方自治』東洋経済新報社、2000年
伊部英男＝大森彌編『明日の福祉⑤ 福祉における国と地方』中央法規出版、1988年
今井勝人『現代日本の政府間財政関係』東京大学出版会、1993年
今村都南雄『行政の理法』三嶺書房、1988年
今村都南雄『行政学の基礎理論』三嶺書房、1997年
今村都南雄『ガバナンスの探求 蠟山政道を読む』勁草書房、2009年
入江俊郎「明日の地方自治」『都市問題』22巻5号、1936年
入江俊郎＝古井喜実『逐條 市制町村制提義』良書普及会、1937年
入江俊郎「府県論」東京市政調査会編『自治制発布五十周年記念論文集』東京市政調査会、1938年
入江俊郎「感想と希望とを述べる」『都市問題』30巻1号、1940年
石見豊『戦後日本の地方分権――その論議を中心に』北樹出版、2004年
宇賀田順三「新たなる自治構成としての責任主義の確立」『都市問題』36巻4号、1943年
江見康一＝塩野谷祐一『財政支出（長期経済統計7）』東洋経済新報社、1966年
遠藤湘吉「政府間の財政調整――地方財政調整制度の変遷」東京大学社会科学研究所編『戦後改革 7 経済改革』東京大学出版会、1973年
大石嘉一郎『近代日本の地方自治』東京大学出版会、1990年
大蔵省財政史室編（林健久執筆）『昭和財政史――終戦から講和まで 第16巻』東洋経済新報社、1978年
大蔵省昭和財政史編集室（藤田武夫執筆）『昭和財政史 第14巻 地方財政』東洋経済新報社、1954年
大蔵省大臣官房地方課編『大蔵省財務局30年史』大蔵省大臣官房地方課、1980年
大嶽秀夫『戦後政治と政治学』東京大学出版会、1994年
大島美津子『明治国家と地域社会』岩波書店、1994年
大杉覚『戦後地方制度改革の〈不決定〉形成』東京大学都市行政研究会研究叢書4、1991年

大森彌ほか『地方分権改革』法律文化社、2000年
大森彌「第一次分権改革の効果」『レヴァイアサン』33号、2003年
大和田啓氣『秘史 日本の農地改革』日本経済新聞社、1981年
岡崎哲二＝奥野正寛編『現代日本経済システムの源流』日本経済新聞社、1993年
岡義武編『現代日本の政治過程』岩波書店、1958年
岡田知弘『日本資本主義と農村開発』法律文化社、1989年
岡本英男「日本における福祉国家の成立とその展開」金成垣編『現代の比較福祉国家論
　　──東アジア発の新しい理論構築に向けて』ミネルヴァ書房、2010年
小川正人「教育行政改革と地教行法改正」西尾勝＝小川正人編『分権改革と教育行政
　　──教育委員会・学校・地域』ぎょうせい、2000年
荻田保「改正地方税制解説（7）（8）」『自治研究』16巻10・11号、1940年
荻原克男『戦後日本の教育行政構造』勁草書房、1996年
奥野誠亮「昭和20年度地方予算の編成方針」『斯民』39編巻8号、1944年
奥野誠亮「市町村財政の実態と国費地方費負担区分（1）（2）」『自治研究』20巻9・10号、
　　1944年
奥野誠亮「〈インタヴュー〉戦後の地方税財政制度の構築期を振り返って（前編）」聞き手：
　　井手英策＝平嶋彰英『地方財政』50巻4号、2011年
小野顕編『占領期における社会福祉資料に関する研究報告書』財団法人社会福祉研究会、
　　1978年
垣見隆禎「地方分権改革の検証──国地方係争処理制度は機能するか」日本地方自治学
　　会編『自治体二層制と地方自治』敬文堂、2006年
垣見隆禎「戦前日本における市町村に対する監督処分と取消訴訟」福島大学『行政社会
　　論集』2011年
柿本善也『地方財政制度 現代地方自治全集⑪』ぎょうせい、1977年
片桐正俊『アメリカ財政の構造転換』東洋経済新報社、2005年
片山虎之介「新内務省試論（1）」『自治研究』41巻2号、1965年
カーティス、G.＝石川真澄『土建国家ニッポン』光文社、1983年
金井利之『自治制度』東京大学出版会、2007年
神奈川県自治総合研究センター・研究チーム『指定都市と県』神奈川県、1990年
金澤史男編著『現代の公共事業』日本経済評論社、2002年
金澤史男『福祉国家と政府間関係』日本経済評論社、2010年
金澤史男『自治と分権の歴史的文脈 シリーズ日本近代からの問い⑤』青木書店、2010年
上川龍之進『小泉改革の政治学──小泉純一郎は本当に「強い首相」だったのか』東洋
　　経済新報社、2010年
加茂利男『都市の政治学』自治体研究社、1988年
加茂利男「『利益誘導政治』は変わったか」『都市問題』97巻10号、2006年

姜光洙「日本の政府間関係論と区域問題」『自治研究』81巻10号、2005年
姜再鎬「明治前期の末端地方行政区画の虚実」『国家学会雑誌』105巻11・12号、1992年
姜再鎬「地方制度」森田朗編『行政学の基礎』岩波書店、1998年
亀卦川浩『自治50年史 制度篇』東京市政調査会、1940年
亀卦川浩『地方制度小史』勁草書房、1962年
岸昌「府県の性格及び機能」『自治研究』27巻10・12号、1951年
北村亘『地方財政の行政学的分析』有斐閣、2009年
北山俊哉「土建国家日本と資本主義の諸類型」『レヴァイアサン』32号、2003年
北山俊哉『福祉国家の制度発展と地方政府』有斐閣、2011年
君村昌「公的ガバナンスと現代国家の変容」新川達郎編『公的ガバナンスの動態研究』ミネルヴァ書房、2011年
行政管理庁管理部編『行政機構年報 第1巻』行政管理庁管理部、1950年
木戸喜佐登「綜合指導に関する二三の論議」『自治研究』13巻4号、1937年
金成垣編著『現代の比較福祉国家論——東アジア発の新しい理論構築に向けて』ミネルヴァ書房、2010年
楠本雅弘「解説 農山漁村経済更生運動について」楠本雅弘編『農山漁村経済更生運動と小平権一』不二出版、1983年
久世公堯「府県における地方自治の実態(1)」『自治研究』33巻2号、1957年
久世公堯「国の地方出先機関と地方自治(1)〜(3)」『法律時報』35巻8・9・10号、1963年
久世公堯「行政事務再配分に関する諸問題」和田英夫編『現代地方自治論』評論社、1965年
久世公堯「新中央集権主義と地方自治の調和」『自治研究』42巻1・2号、1966年
久米郁男「機関委任事務制度はいかなる政策効果をもっていたのか」『季刊 行政管理研究』94号、2001年
警察庁OBらによる座談会「現行警察法制定20年の回顧と展望」『警察研究』45巻7号、1974年
憲法調査会『憲法調査会報告書』憲法調査会、1964年
憲法調査会第三部会『国会・内閣・財政・地方自治に関する報告書』憲法調査会報告書付属文書第9号、1964年
厚生省50年史編集委員会編『厚生省50年史(記述篇)』財団法人厚生問題研究会、1988年
小坂=米山=杉原「昭和50年度地方税制改正の概要」『自治研究』51巻6号、1975年
小西砂千夫『政権交代と地方財政——改革のあり方と制度理解の視座』ミネルヴァ書房、2012年
小早川光郎ほか編『史料 日本の地方自治 第1巻——近代地方自治制度の形成』学陽書房、1999年

小林與三次「市区町村常会、部落会町内会等整備の状況」『斯民』36編巻5号、1941年
小林與三次「最近に於ける部落会町内会等数調」『斯民』37編巻9号、1942年
小林與三次「地方制度の改正に関する件 依命通牒」『斯民』38編巻6号、1943年
小林與三次「市制町村制改正案の要旨」『自治研究』19巻2号、1943年
小林與三次「改正市町村制(4)(6)」『斯民』38編巻6、8号、1943年
小原隆治「戦前日本の地方自治制度の変遷」西尾勝編『自治の原点と制度』ぎょうせい、1993年
小原隆治「分権改革と大都市」東京市政調査会編『大都市のあゆみ』東京市政調査会、2006年
小山路男編『戦後医療保障の証言』総合労働研究所、1985年
斉藤淳『自民党長期政権の政治経済学——利益誘導政治の自己矛盾』勁草書房、2010年
斎藤誠「地方自治基礎概念の考証——総合性と全権限性」『自治研究』81巻1号、2005年
斎藤誠「戦前期府県の性格に関するノート——昭和初年の地方分権構想と府県制改正に定位して」『地方自治』724号、2008年
坂千秋「農村自治制度改正案の骨子」『斯民』33編巻7号、1938年
坂越健一「事業費補正の見直しについて」『地方財政』49巻5号、2010年
佐久間彊「地方出先機関の問題」『自治研究』27巻4号、1951年
佐藤俊一『戦後期の地方自治』緑風出版、1985年
佐藤俊一『日本広域行政の研究——理論・歴史・実態』成文堂、2006年
佐藤進(1)「労働行政」日本労働法学会編『労働法の基礎理論 現代労働法講座第1巻』総合労働研究所、1981年
佐藤進(1)「日本における社会福祉の展開」仲村優一=小山路男編『明日の福祉① 戦後福祉の到達点』中央法規出版、1988年
佐藤進(2)『地方財政総論[改訂版]』税務経理協会、1993年
自治官僚らによる座談会「地方分権一括法成立を振り返って」『地方自治』625号、1999年
自治省財政局編『地方財政制度資料 第2巻』自治省財政局、1965年
自治大学校編『戦後自治史Ⅰ(隣組及町内会・部落会等の廃止)』自治大学校、1960年
自治大学校編『戦後自治史Ⅱ(昭和21年の地方制度改革)』自治大学校、1961年
自治大学校編『戦後自治史Ⅴ(地方自治法の制定)』自治大学校、1963年
自治大学校編『戦後自治史Ⅶ(昭和22・23年の地方自治法改正)』自治大学校、1965年
自治大学校編『戦後自治史Ⅷ(内務省の解体)』自治大学校、1966年
自治大学校編『戦後自治史ⅩⅣ(地方税財政制度の改革(下巻の二))』自治大学校、1978年
自治庁財政局編『地方財政のしくみとその運営の実態』地方財務協会、1959年
柴田護『自治の流れの中で 戦後地方税財政外史』ぎょうせい、1975年
志村哲也『地方債 現代地方自治全集⑬』ぎょうせい、1979年
社会保障研究所編『戦後の社会保障 資料』至誠堂、1968年

シャットシュナイダー、E. E.『半主権人民』(内山秀夫訳) 而立書房、1972年
(原著：Schattshneider, E. E., *The Semisovereign People: A Realist's View of Democracy in America* (New York: Holt, Rinehart and Winston, 1960))
重要産業協議会『官界新体制の諸問題』新経済社、1942年
鍾家新『日本型福祉国家の形成と「十五年戦争」』ミネルヴァ書房、1998年
新藤宗幸『行政改革と現代政治』岩波書店、1986年
新藤宗幸『福祉行政と官僚制』岩波書店、1996年
新藤宗幸『地方分権 (第2版)』岩波書店、2002年
神野直彦「『日本型』税・財政システム」岡崎哲二＝奥野正寛編『現代日本経済システムの源流』日本経済新聞社、1993年
神野直彦＝金子勝編著『地方に税源を』東洋経済新報社、1998年
杉村章三郎「農村自治制度改正案について」『斯民』33編巻9号、1938年
鈴木俊一「州道制案の動向」『自治研究』18巻1号、1942年
砂原庸介『地方政府の民主主義』有斐閣、2011年
全国知事会編『全国知事会10年史』全国知事会、1957年
全国知事会編『全国知事会10年史 資料篇』全国知事会、1957年
曽我謙悟「地方政府の政治学・行政学(3)」『自治研究』74巻8号、1998年
副田義也「戦後日本における生活保護制度の形成」東京大学社会科学研究所編『日本の社会と福祉〔福祉国家第6巻〕』東京大学出版会、1985年
大霞会編『内務省史 第1巻』地方財務協会、1971年
大霞会編『内務省史 第2巻』地方財務協会、1970年
大霞会編『内務省史 第4巻』地方財務協会、1971年
大霞会編『内務省外史』地方財務協会、1977年
高岡裕之『総力戦体制と「福祉国家」』岩波書店、2011年
高島茂樹『市町村合併のそこが知りたかった』ぎょうせい、2002年
高木鉦作「広域行政論の再検討——昭和10年代の道州制問題を中心に」辻清明編『現代行政の理論と現実』勁草書房、1965年
高木鉦作「知事公選制と中央統制」溪内＝阿利＝井出＝西尾編『現代行政と官僚制 下』東京大学出版会、1973年
高木鉦作「日本の地方自治」辻清明編『行政学講座第2巻 行政の歴史』東京大学出版会、1976年
高木鉦作「都道府県の事務」全国知事会編『変動期における都道府県政』全国知事会、1979年
高木鉦作「戦後体制の形成——中央政府と地方政府」大森彌＝佐藤誠三郎編『日本の地方政府』東京大学出版会、1986年
高木文雄『農業と財政』財務出版、1956年

高橋誠『現代イギリス地方行財政論』有斐閣、1978年
高寄昇三『現代地方債論』勁草書房、1988年
竹前栄治『戦後労働改革』東京大学出版会、1982年
竹前栄治『GHQ』岩波書店、1983年
田辺国昭「1950年代における地方財政調整制度の構造と変容」日本政治学会編『戦後国家の形成と経済発展』岩波書店、1992年
谷口壽太郎「地方財源の拡充強化に就て」『地方行政』51巻12号、1944年
地方行政調査委員会議編『地方行政調査委員会議資料』1952年
通商産業省40年史編纂部編『通商産業省40年史』通産資料調査会、1965年
辻清明「岐路に立つ地方自治法——中央集権と地方分権に関する一考察」『法律時報』19巻7号、1947年
辻清明「公務員制の意義と限界」『国家学会雑誌』63巻4号、1949年
辻清明『新版 日本官僚制の研究』東京大学出版会、1969年
辻清明『日本の地方自治』岩波書店、1976年
辻清明『公務員制の研究』東京大学出版会、1991年
辻山幸宣「『機関委任事務』概念の再検討」『ジュリスト増刊29号　総合特集 行政の転換期』1983年
辻山幸宣『地方分権と自治体連合』敬文堂、1994年
寺崎昌男＝平原春好「文部省の再編」海後宗臣編『教育改革〈戦後日本の教育改革 第1巻〉』東京大学出版会、1975年
飛田博史「地方債」和田＝星野＝青木編『現代の地方財政（第3版）』有斐閣、2004年
都丸泰助『地方自治制度史論』新日本出版社、1982年
豊永郁子「現憲法下におけるアメリカ型地方自治の可能性」『地方自治』692号、2005年
鳥飼顯「機関委任事務に関するいくつかの『通念』への疑問」『都市問題』88巻7号、1997年
内事局編『改正地方制度資料 第3部』内事局、1948年
内政史研究会『古井喜実氏談話速記録（内政史研究資料第37-39集）』1966年
内政史研究会『鈴木俊一氏談話速記録（内政史研究資料第209-212集）』1977年
内政史研究会『鈴木俊一氏談話速記録（内政史研究資料第213-216集）』1977年
内務官僚らによる座談会「『時局と地方行政』を語る」『地方行政』50巻11号、1942年
内務省編『改正地方制度資料 第1部』内務省、1947年
内務省編『改正地方制度資料 第2部』内務省、1947年
中村隆英「『高橋財政』と公共投資政策」中村隆英編『戦間期の日本経済分析』山川出版社、1981年
中村隆英「概説 1937-54年」中村隆英編『『計画化』と『民主化』』岩波書店、1989年
長野県編『長野県政史 第2巻』長野県、1972年

長濱政壽「行政学の現実的基礎（1）（2）」『法学論叢』45巻5・6号、1941年
長濱政壽『知事公選の諸問題』有斐閣、1946年
長濱政壽『地方自治』岩波書店、1952年
長濱政壽『行政学序説』有斐閣、1959年
成田頼明「行政における機能分担（上）」『自治研究』51巻9号、1975年
成田頼明「国と地方の機能分担──国の立法活動及び計画への地方の参与・参加を中心として」自治省編『地方自治30年記念 自治論文集』ぎょうせい、1977年
成田頼明「地方公共団体の国政参加──その理論的根拠と範囲・方法（上）（中）1・2」『自治研究』55巻9・11号、56巻4号、1979-80年
成田頼明「改正地方自治法の争点をめぐって──批判にこたえる」『分権改革の法システム』第一法規、2001年
鳴海正泰『戦後自治体改革史』日本評論社、1982年
西尾隆「辻清明『日本官僚制の研究』」佐々木毅編『現代政治学の名著』中央公論社、1989年
西尾勝「憲法と地方自治〈現代地方自治講座〉講演記録」北海道地方自治研究所、1977年
西尾勝「過疎と過密の政治行政」日本政治学会編『55年体制の形成と崩壊』岩波書店、1979年
西尾勝ほか「新々中央集権と自治体の選択」『世界』451号、1983年
西尾勝『行政学』放送大学教育振興会、1988年
西尾勝「自治」同『行政学の基礎概念』東京大学出版会、1990年
西尾勝「集権と分権」同『行政学の基礎概念』東京大学出版会、1990年
西尾勝『行政学』有斐閣、1993年
西尾勝『未完の分権改革』岩波書店、1999年
西尾勝『行政学（新版)』有斐閣、2001年
西村美香『日本の公務員給与政策』東京大学出版会、1999年
日本政治学会編『戦後日本の政治過程』岩波書店、1953年
農村更生協会『異色農林官僚石黒武重氏に聞く（農山漁村経済更生運動正史資料第3号)』農村更生協会、1976年
農林水産省百年史編纂委員会編『農林水産省百年史 下巻 昭和戦後編』農林水産省百年史刊行会、1981年
農林水産省百年史編纂委員会編『農林水産省百年史 別巻 資料編』農林水産省百年史刊行会、1981年
野口悠紀雄『1940年体制』東洋経済新報社、1995年
狭間茂「市制及府県制改正要綱大意」『都市問題』30巻1号、1940年
橋本信之「権限の分権と現象の分権──その測定について」同『サイモン理論と日本の行政──行政組織と意思決定』関西学院大学出版会、2005年

林健久『福祉国家の財政学』有斐閣、1992年
林健久「地方財政と景気政策」『地方財政』37巻5号、1998年
原朗「戦時統制」中村隆英編『「計画化」と「民主化」』岩波書店、1989年
晴山一穂「行政事務再配分論の沿革と背景」室井力編『行政事務再配分論の理論と現状』勁草書房、1980年
平嶋彰英＝植田浩『地方債〈地方自治総合講座9〉』ぎょうせい、2001年
平野孝『内務省解体史論』法律文化社、1990年
藤田省三『第2版 天皇制国家の支配原理』未來社、1982年
藤田進一郎「市政改正要綱を評す」『都市問題』30巻1号、1940年
藤田武夫「地方制度の画期的展開（1）――町村制改正問題の進展」『都市問題』38巻5号、1944年
藤田武夫「地方制度の画期的展開（2）――市制及び府県制改正問題の発展」『都市問題』38巻6号、1944年
藤田武夫「地方制度の画期的展開（3）（4）（5）――地方制度の画期的改革の実現（1）（2）（3）」『都市問題』39巻1・2・3号、1944年
藤田武夫『日本地方財政発展史』河出書房、1949年
藤田武夫『現代日本地方財政史（上巻）』日本評論社、1976年
藤田武夫「地方交付税の再検討と改革案（1）――低成長下の地方交付税のあり方」『都市問題』68巻2号、1977年
藤田武夫『現代日本地方財政史（中巻）』日本評論社、1978年
藤田祐介「地教行法制定過程における地方六団体の動向とその論理――全国町村会を中心に」本多正人編『教育委員会再編の政治と行政』多賀出版、2003年
古井喜実「行政機構改革の一問題としての内務省の将来」『自治研究』14巻5号、1938年
古井喜実「農村自治制の改革と今後の農村政策」『斯民』33編巻9号、1938年
古川隆久『昭和戦中期の総合国策機関』吉川弘文館、1992年
古川隆久『昭和戦中期の議会と行政』吉川弘文館、2005年
ペンペル、T. J.「占領下における官僚制の改革――ミイラとりのミイラ」（畠山弘文訳）坂本義和＝R. E. ウォード編『日本占領の研究』東京大学出版会、1987年（原著：Pempel, T. J., 'The Tar Baby Target: "Reform" of the Japanese Bureaucracy', Robert E. Ward & Sakamoto Yoshikazu (eds.), *Democratizing Japan: The Allied Occupation* (Honolulu: University of Hawaii Press, 1987))
朴澤泰男「文部大臣の措置要求権の成立過程」本多正人編『教育委員会再編の政治と行政』多賀出版、2003年
ボルデシュハイム、ハラール、ほか編『北欧の地方分権改革』（大和田建太郎ほか訳）日本評論社、1995年
本多正人「教育委員会の財政権限の変容」本多正人編『教育委員会再編の政治と行政』

多賀出版、2003年
前田多聞「地方制度改革偶感」『都市問題』22巻5号、1936年
牧原出「〈書評〉辻清明著『公務員制の研究』」日本行政学会編『統治機構の諸相』ぎょうせい、1992年
松本岩吉『労働基準法が世に出るまで』労務行政研究所、1981年
丸山高満「事務再配分についての一考察(1)(2)」『自治研究』39巻8・9号、1963年
丸山高満「日本における政府間財政関係」大島＝宮本＝林編『政府間財政関係論』有斐閣、1989年
三浦洋一「占領下警察改革の一断面——1947年9月16日付マッカーサー書簡の成立過程」『歴史学研究』498号、1985年
御厨貴『政策の総合と権力』東京大学出版会、1996年
水野錬太郎『自治制の活用と人』実業の日本社、1912年
美濃部達吉『行政法撮要　上巻　第4版』有斐閣、1933年
宮沢俊義「地方制の改正について」『都市問題』36巻4号、1943年
宮沢俊義『固有事務と委任事務の理論』有斐閣、1943年
宮沢弘「機能の地域的分担」田中二郎編『広域行政論』有斐閣、1963年
務台俊介「国庫補助負担金の改革」神野直彦編『三位一体改革と地方税財政』学陽書房、2006年
村上貴美子『占領期の福祉政策』勁草書房、1987年
村上祐介『教育行政の政治学——教育委員会制度の改革と実態に関する実証的研究』木鐸社、2011年
村松岐夫「地方自治論のもう一つの可能性——諸学説の傾向分析を通して」『自治研究』55巻7号、1979年
村松岐夫『戦後日本の官僚制』東洋経済新報社、1981年
村松岐夫『地方自治』東京大学出版会、1988年
持田信樹『都市財政の研究』東京大学出版会、1993年
持田信樹『地方分権の財政学』東京大学出版会、2004年
森武麿『戦時日本農村社会の研究』東京大学出版会、1999年
森武麿「総力戦・ファシズム・戦後改革」倉沢愛子ほか編『なぜ、いまアジア・太平洋戦争か』岩波書店、2005年
柳瀬良幹「官吏制度」『国家学会雑誌』53巻9号、1939年
山口県文書館編『山口県政史　下』山口県、1971年
山之内靖＝ヴィクター・コシュマン＝成田龍一編『総力戦と現代化』柏書房、1995年
山下茂『体系比較地方自治』ぎょうせい、2010年
山本公徳「シャウプ勧告における地方制度改革構想と現代地方自治」日本行政学会編『政権交代と官僚制』ぎょうせい、2012年

弓削七郎「農村自治制度改正要綱批判」『斯民』33編巻9号、1938年
湯沢三千男「地方制度改正の根本精神」『斯民』38編巻3号、1943年
吉岡恵一「町村内に於ける各種団体等の綜合調整」『斯民』33編巻8号、1938年
吉田久一『新・日本社会事業の歴史』勁草書房、2004年
吉田久一＝一番ケ瀬康子編『昭和社会事業史への証言』ドメス出版、1982年
寄本勝美「四極構造による政治化――革新自治体のディレムマ」大森彌＝佐藤誠三郎編『日本地方政府』東京大学出版会、1986年
笠京子「新しい中央地方関係論へ」日本地方自治学会編『世界都市と地方自治』敬文堂、1991年
臨時行政調査会『行政事務配分に関する改革意見』1964年
連合国最高司令官総司令部労働諮問委員会「連合国最高司令官総司令部労働諮問委員会最終報告書」竹前栄治編『アメリカ対日労働政策の研究』日本評論社、1970年
労働省編『労働行政史 第1巻』労働法令協会、1961年
蠟山政道『地方行政論』日本評論社、1937年
蠟山政道「米国における中央・地方の行政関係」『法律時報』21巻7号、1949年
蠟山政道『行政改革の諸問題』中央公論社、1961年
ワープ、ジョージ・A「日本の地方行政に関する若干の考察」『都市問題』43巻4号、1952年

索　引

赤木須留喜 …………………… 4, 55, 64, 66, 179
天川晃 ………………… 47, 58, 64, 107, 140, 145
天川モデル ………………………………… 61, 141
温存説
　………… ii, 4, 10, 24, 51, 54, 55, 62, 150, 202, 244
間接統治、間接統治仮説 ………… 54, 62, 169
神戸勧告、神戸委員会 … i, iv, 177, 180, 221, 226
機関委任、機関委任事務
　… ii, 56, 120, 128, 141, 144, 178, 205, 223, 230, 235
機関委任事務8割説 …………………………… 207
亀卦川浩 …………………………………… 68, 122
機能的集権、機能的集権化、機能的集権体制
　………………… 11, 13, 46, 64, 134, 136, 150, 183
機能分担論 …………………………………… 222, 226
共管領域 …………………………… 216, 221, 226, 230
行政史 ………………………………… 52, 64, 248
国と地方の「協議の場」………………… 229, 232
憲法調査会 ……………………………………… 38
高度成長期の中央集権化 ……… 25, 40, 43, 49, 207
国政事務 ………………… 57, 81, 110, 126, 142, 207
国庫負担金、国庫負担金制度
　………………… 13, 22, 126, 167, 175, 186, 211, 212, 218
財源保障主義 ………………………… 129, 135, 185
三位一体改革 ………………………… iv, 228, 231
自己調達主義、費用負担団体 …… 81, 129, 134, 185
事務二分論 ………………………………… 221, 226
事務融合論 ………………………………… 222, 226
シャウプ勧告、シャウプ改革
　………………… i, iv, 24, 50, 127, 174, 186, 217
新自由主義 ………………………… 214, 217, 223
神野直彦 ………………………… 70, 125, 193, 214
積極行政、積極行政の全国化
　………………………… 48, 84, 135, 211, 219
「戦後啓蒙」………………………………… 9, 235

占領政策の転換 ……………………………… 156
総力戦体制論、総動員、動員 ……… 73, 110, 135
第1次分権改革 ……………………………… 224
高木鉦作 ………………… 44, 57, 64, 68, 80, 107, 246
地方財政計画 ………………………………… 188
地方財政対策、地方財政折衝 ………… 189, 190
地方制度調査会 ……………… 111, 141, 184, 222, 231
地方分権推進委員会（分権委）………… 223, 231
町内会、部落、部落会 ………… 87, 112, 118
辻清明 ……………………………… 4, 27, 37, 53, 207
出先機関（国の）
　……………… 57, 61, 67, 80, 104, 109, 139, 141, 157
道州、道州制 ………………………… 33, 106, 184
土建国家 …………………………………… 207
内務省-府県体制 ……… 47, 79, 101, 110, 136, 149
長濱政壽 …………………………………… 33, 37
西尾勝 …………… 7, 14, 19, 39, 40, 61, 216, 236
「二重の課題」（近代と現代の）、「二重の問題」
　………………………………… 24, 27, 235, 245
2000年分権改革 …………………… 224, 228, 230
日米クロス・ナショナル連合 ……… 63, 152, 173
野口悠紀雄 ………………………………… 72
林健久 …………………………………… 13, 192
福祉国家
　… ii, 3, 12, 20, 38, 135, 181, 209, 212, 218, 221, 242
平成の大合併 ……………………………… 224
ペンペル、T. J. ……………………… 62, 66, 153
包括的集権、包括的集権体制 ………… 46, 184
村松岐夫 ………………………… 5, 14, 37, 40, 216
名誉職自治 ………………………………… 123
持田信樹 ………………………… 69, 130, 186
連動システム（国政と地方財政の）………… 192
蠟山政道 ………………………… 26, 38, 79, 204

註　叙述が数ページに及ぶ場合は、それぞれにつき初出のページのみを記している。

【著者紹介】

市川　喜崇（いちかわ　よしたか）

1963年　信州松本に生まれる
早稲田大学大学院政治学研究科博士後期課程修了、博士（政治学）
福島大学行政社会学部専任講師、助教授、同志社大学法学部助教授を経て、
現在、同志社大学法学部・法学研究科教授
本書で日本公共政策学会2013年度著作賞受賞

〔主要業績〕
「都道府県の性格と機能」新川達郎編『公的ガバナンスの動態研究』（ミネルヴァ書房、2011年）
「市町村総合行政主体論と『平成の大合併』」寄本勝美＝小原隆治編『新しい公共と自治の現場』（コモンズ、2011年）
「分権改革はなぜ実現したか」日本政治学会編『政府間ガバナンスの変容』（木鐸社、2008年）
「道州制・都道府県論の系譜」日本地方自治学会編『道州制と地方自治〈地方自治叢書18〉』（敬文堂、2005年）

Horitsu Bunka Sha

日本の中央－地方関係
――現代型集権体制の起源と福祉国家

2012年11月20日　初版第1刷発行
2014年9月20日　初版第3刷発行

著　者　市　川　喜　崇
発行者　田　靡　純　子
発行所　株式会社　法律文化社

〒603-8053
京都市北区上賀茂岩ヶ垣内町71
電話 075(791)7131　FAX 075(721)8400
http://www.hou-bun.com/

＊乱丁など不良本がありましたら、ご連絡ください。
　お取り替えいたします。

印刷：西濃印刷㈱／製本：㈱藤沢製本
ISBN 978-4-589-03466-3

Ⓒ 2012 Yoshitaka Ichikawa Printed in Japan

JCOPY　〈(社)出版者著作権管理機構　委託出版物〉

本書の無断複写は著作権法上での例外を除き禁じられています。複写される場合は、そのつど事前に、(社)出版者著作権管理機構（電話03-3513-6969、FAX03-3513-6979、e-mail: info@jcopy.or.jp）の許諾を得てください。

居石正和著

府県制成立過程の研究

A5判・386頁・8000円

地方自治の日本的特質を歴史的に明らかにする本格的研究書。戦前の地方行政制度を展望することで、現在の地方自治発展の可能性に一石を投じる。自治と主権論とをからめて考えることで、地方制度史研究の発展に資する。

妹尾克敏著

現代地方自治の軌跡
―日本型地方自治の総括と課題―

A5判・310頁・5000円

1980年代以降のわが国における地方自治の法制度の変遷の軌跡とその「日本型地方自治」ともいえる特質を解明。地方分権時代の憲法と地方自治のあり方を総括する必要性を説く著者の地方自治研究の集大成。

中島 誠著

立 法 学 〔第3版〕
―序論・立法過程論―

A5判・384頁・3600円

議会前および議会内過程の考察を通して、立法過程の全体を掌握できる体系書。政治・行政の閉塞状況を立法過程の分析・考察を通じて構造的に解き明かし、日本政治を考えるための視座を提示する。

埋橋孝文著〔社会保障・福祉理論選書〕

福祉政策の国際動向と日本の選択
―ポスト「三つの世界」論―

A5判・226頁・3200円

エスピン－アンデルセン後の動向を検討し、新しい政策論を提示する。南欧、アジアの政策の考察や「雇用と福祉の関係の再編」に注目し、日本の位置確認と政策論議の場を提供。本書に関する文献レビュー付。

田尾雅夫著

市 民 参 加 の 行 政 学

A5判・214頁・2700円

地方自治体（公共セクター）における市民参加のための組織論化を提示する。市民運動が組織化され市民参加に至る過程を整理するなかから、従来の組織論に対置する組織生成過程を理論化した組織論の整備を試みる。

―――法律文化社―――

表示価格は本体（税別）価格です